LABERINTO EDUCATIVO Y APRENDIZAJE *FAKE*
TENEMOS QUE HABLAR

Ramón Espejo Romero

Brief
Editorial

Laberinto educativo y aprendizaje fake.
Tenemos que hablar

© Del texto: Ramón Espejo Romero
© De esta edición: Editorial Brief, 2025 (Grupo Editorial Sargantana)
   Email: info@editorialbrief.com
   www.editorialbrief.com

Primera edición: marzo, 2025

Impreso en España

Los papeles que usamos son ecológicos, libres de cloro y proceden de bosques gestionados de manera eficiente.

ISBN: 978-84-18641-52-7
Depósito legal: V-386-2025

Observatorio
PEDAGÓGICO

LABERINTO EDUCATIVO Y APRENDIZAJE *FAKE*
Tenemos que hablar

Ramón Espejo Romero

EditorialBrief • 2025

Mi más profundo agradecimiento a todas las personas que me brindaron generosamente su tiempo y sin las cuales este libro no sería una realidad.

Y un agradecimiento especial a Grupo Editorial Sargantana por creer en un proyecto que no busca contentar ni a unos ni a otros, sino analizar una cuestión capital con empatía y sin sectarismos. No ser binario en estos tiempos es lo más difícil que uno puede ser.

EL GRAN TRAMPANTOJO

Javier Orrico

La pregunta, brutal, era: ¿cómo ha sido posible que con las mayores inversiones de la historia, la mejor dotación de infraestructuras, bibliotecas, tecnología y centros educativos y la proporción alumnos-profesor más favorable que hayamos tenido en los últimos cincuenta años, lo que se haya conseguido sea hundir el nivel de instrucción de nuestros jóvenes, su capacidad de resistencia y superación, su curiosidad intelectual y su sentido del deber y de las obligaciones para con la sociedad en la que viven y las familias que los mantienen?

¿Era esto lo que se pretendía cuando se implantó la LOGSE, que es el origen de todo? La Ley de Ordenación General del Sistema Educativo, de 1990, el Escorial educativo socialista que encierra a todas las leyes posteriores, fijó la estructura, las pedagogías y los objetivos del sistema. Pero de entre todo eso, que suponía un cambio radical, quizás la decisión de más dañinas consecuencias —además de la cesión de contenidos a los nacionalismos— fuera la obligatoriedad de que todos los jóvenes siguieran un camino único hasta los 16 años, un principio ideológico ajeno a la realidad de los diferentes intereses y disposición de quienes ya no son niños; con ello, además, se impidió la implantación de una formación profesional temprana, bien dotada y accesible a todos, que era lo único que había que reformar. Las leyes que vinieron después no fueron más que variantes de lo mismo o se derogaron antes de nacer. Un error mantenido en el tiempo que ha acabado en todo lo contrario de lo que decía perseguir.

Quizás eso fuera lo que llevó a Ramón Espejo a intentar desembrollar este equívoco que ya había comenzado a sembrar la perplejidad también en las aulas universitarias. Y así se lanzó a buscar los testimonios de todos aquellos que pudieran aportar algo de luz para entender lo que estaba ocurriendo. Las razones que esgrimen son múltiples y, en ocasiones, contradictorias, y cada lector ha de escoger entre ellas. Como se hacía antaño en los institutos públicos: ofrecer todos los hechos y todas sus interpretaciones, de modo que el joven pudiera elegir su rumbo con conocimiento. Y eso puede que sea ya un principio de partida, una disposición moral que marca estas páginas: la defensa de la libertad de conciencia, que es, creo, uno de los valores esenciales del libro de Ramón. Frente al regreso de una enseñanza cada día más dogmática, religiosa, en su peor sentido, lo que hace este libro es combatir ese dogmatismo de la mejor manera: no siendo tajante y mostrándose, a la vez, absolutamente honrado y transparente en su investigación y sus conclusiones.

La tarea no era fácil. A pesar de algunos logros destacables como la universalización, la enseñanza en España se ha construido en las últimas décadas sobre un enorme trampantojo. Un gran engaño donde nada es lo que parece y lo único verdadero es su apariencia: el cartón piedra tras el que se esconden propósitos muy diferentes de los que los ciudadanos, una buena parte al menos, suponen.

Para empezar, la enseñanza ya no se propone enseñar, sino algo mucho más sutil: educar. Es decir, *conducir* los comportamientos y conformar la mentalidad de los jóvenes según un cuadro de valores y actitudes acordes con los grandes poderes económicos y sus servidores políticos y pedagógicos: todos aquellos que parasitan el sistema que ellos mismos idearon para su medro. Es aquí donde entra en juego el nuevo paradigma con el que pretenden ya no formar personas críticas, pertrechadas para defenderse de cualquier manipulación, seres libres con el juicio propio para el que facultaba el conocimiento de las humanidades, las ciencias y, en suma, nuestra herencia cultural; no, ahora se trata de situar en la cúpula de los objetivos lo que llaman «competencias», es decir, la conversión de los ciudadanos en aplicadores disciplinados de lo diseñado por otros (las verdaderas élites tecnológicas que decidirán nuestras vidas), pero privados del conocimiento de sus causas y razones. Lo que se les ha negado a nuestros jóvenes, en este ya largo período, ha sido un mínimo de erudición, como base fundamental, y el acceso a las estructuras de pensamiento y análisis que antaño nos conferían la física, las matemáticas, la gramática, los comentarios de texto, el latín o la geografía —una de las pocas materias que se estudiaban de memoria, frente a lo que dice la propaganda antimemorística—, imprescindibles para situarse en el mundo. Hemos perdido la fe en que la belleza y la verdad harían mejores a los hombres. Aquella enseñanza humanística, exigente, con sus clases a veces magistrales que nos enseñaban a razonar, era peligrosa para un sistema cuyo poder se fundamenta en dártelo todo hecho; en no ser protagonista de nada, sino consumidor de todo.

La consecuencia, y el segundo trampantojo, es que los conocimientos ya no son importantes. Esto lo han sostenido, y sostienen, prácticamente todos los integrantes del complejo *militar-industrial* de productores de ideología de la llamada «nueva educación». Si todo está en internet, ¿para qué tenemos que aprender nada, con lo que cuesta? La idea de que la cultura, lo que los hombres han ido aprendiendo y creando durante milenios, es una herencia que estamos obligados a transmitir a nuestros herederos yace hoy enterrada en una jerga voluntariamente abstrusa, en la que Garcilaso, Cervantes, la ingente aventura americana de España, Ramón y Cajal, Darío y Jiménez, Peral y De la Cierva, Unamuno y Galdós han sido sustituidos por las competencias, básicas, claves o específicas, los estándares, los indicadores de logro, los criterios de evaluación, las situaciones de aprendizaje, los procesos, los proyectos, la *flipped classroom*, el *mindfulness*, la transversalidad, los saberes básicos, los perfiles de salida, la educación emocional y toda la inculta *latiniparla* de los enemigos de la instrucción y el ideal ilustrado (¿hay que recordar que Hitler fue un declarado enemigo de la instrucción, a la que consideraba un arma de penetración liberal y corrupción de la raza?).

Entretanto, aplastados por la montaña burocrática que sostiene esta jerga, los profesores queman sus días en lugar de dedicarlos al estudio. Lo cual tampoco es ya necesario: ¿para qué tendrían que estudiar los profesores si ya no han de enseñar, si ya está Google? Hubo incluso una *didacta* de una famosa universidad española que, en un congreso dedicado a docentes, afirmó que «los profesores ya no tienen que ser cultos». Está escrito y publicado por el Ministerio de Educación de Zapatero. Claro, el profesor ya no debe ser más que un acompañante, un monitor, un experto en cartelería y juegos de ordenador, nunca más la encarnación del amor a una disciplina y, en general, a la cultura como vía para la redención de los hombres frente a su mayor enemigo: la ignorancia. Esta idea hace años que se aplica en los sistemas de oposición, donde cada vez se exigen menos conocimientos, hasta el punto de que casi la tercera parte de los temarios están dedicados a las leyes y a las pedagogías: doctrina, no ciencia. Por eso, y lo podrán leer en el libro que tienen en sus manos, ya se preparan proyectos para que los maestros de la llamada secundaria no sean especialistas, sino pedagogos, expertos en métodos, aunque apenas sepan matemáticas, física o gramática. De hecho, ya es así en las modernas facultades llamadas de educación, que es en lo que determinados intereses profesionales convirtieron a las viejas y eficientes escuelas de magisterio.

El tercer trampantojo es el de la igualdad, tan querido por todas las generaciones de profesores incorporados en la Transición y los años 80, cuando lo que nos movía era que los humildes por fin tuvieran acceso a la plenitud de esa cultura que históricamente se les había negado. Y para competir en igualdad era imprescindible que la enseñanza pública mantuviera la exigencia y la excelencia que dieran la oportunidad a la clase trabajadora de equipararse con las élites. Ahora que todos llegaban a la enseñanza, había que darles lo mejor, y hacer del mérito la vía para el orden social, en lugar de la cuna, la sangre, la raza o el origen territorial. Lo que diseñaron y consiguieron los reformadores de la nueva educación fue exactamente lo contrario: no solo no hicieron del mérito el criterio fundamental para la prosperidad, sino que acabaron con él: el principio de todos iguales, a la fuerza y por el mismo camino, llevaba sin remedio, para no hacer estallar el sistema, a la imposible selección. Destacar era, además, fatal para el que lo hacía. Hasta los profesores tenían órdenes de que nadie «se quedara atrás», aunque no hubiera abierto un libro en los últimos diez años. Daba igual. Si los resultados mostraban la disparidad, tanto por arriba como por abajo, el sistema se quedaba sin fundamento. Había que esconder los efectos de las leyes y camuflar las calificaciones. Las principales consecuencias de esta ficticia igualdad fueron la ingobernabilidad de las clases, donde los que estaban allí obligados sin el menor interés hacían imposible el trabajo de los demás; el hundimiento, ya señalado, de la formación cultural de los alumnos; y el acoso al que se vieron sometidos los pocos que sentían un mínimo de amor por el estudio, muchos de ellos hijos de familias trabajadoras que veían, así, cegadas sus opciones de ascenso social. Si a ello le unimos las dificultades burocráticas para suspender (no digamos para que un alumno repita), el hecho de que antes o después pasan de curso «por imperativo legal» y la ausencia de controles externos, se entenderá que los profesores fueran llevados al desistimiento y se jubilaran en masa; lo cual, inteligente, el propio Gobierno facilitó.

Y he aquí el cuarto trampantojo, quizás el más sibilino: el extendido engaño que ha convencido a muchísima gente de que este es un sistema progresista. Ese es el señuelo que sirve de validación a todos los demás: la adhesión ideológica. La única razón para creer que estas ideas son progresistas es que las sostienen los que se dicen progresistas, aunque sus resultados lo nieguen. Es un proceso comparable al juicio de la Iglesia católica contra Galileo: «Eppur si muove». Digan ustedes lo que digan, la Tierra se mueve; y, diga lo que diga el progresismo oficial, el sistema educativo español es de lo más reaccionario que hemos sufrido en democracia. Desde la Ilustración, la enseñanza se concibió para mejorar a los hombres, para que pudieran defenderse frente a los poderosos y frente a la superstición y los dogmas irracionales; salvo ahora, cuando volvemos —bajo la ilusión de que progresamos— a una sociedad en la que el conocimiento estará otra vez en manos de los privilegiados, de las élites que controlarán el saber y, con ello, el mundo. Como lo estuvo siempre.

El quinto engaño: la defensa de la enseñanza pública. Nunca la enseñanza pública estuvo tan desprestigiada como en esta época LOGSE. Y nunca la privada ha gozado de mejor salud, por la demanda incesante de los ciudadanos. De nuestros centros públicos salieron a escape las clases medias ilustradas o que aspiraban a que sus hijos lo fueran. Al dejar de haber un mínimo de disciplina, y de premiarse el trabajo y el talento, la ESO se ha convertido en un sumidero que ni enseña ni educa. Una gran factoría de irresponsables que solo creen tener derechos. Los profesores son casi fantasmas con cadena, metáforas desvaídas de lo que alguna vez fueron. Y la antimeritocracia, hoy tan de moda, ha conseguido que la selección no se haga por el estudio, sino por el poder adquisitivo de las familias. No podían ofrecerse itinerarios ni vías tempranas de elección para los alumnos, pero daba igual, porque estaba el gran itinerario de la privada. Que también está devorada por la *nueva pedagogía*, pero con la ventaja de que los padres de sus alumnos aspiran a que aprendan algo.

El sexto trampantojo es muy querido para la grey pedagógica: la ley era buena; su aplicación, mala. Se trata de no reconocer que se equivocaron —si es que lo hicieron y no buscaban desde el principio lo que van camino de conseguir—, la culpa fue de todo el mundo menos de ellos, empezando por los profesores de instituto, pintados como una pandilla de carcas que se negaban a aceptar la verdad revelada del nuevo testamento psicopedagógico. Si había alguna duda sobre las buenas intenciones de la ley y los métodos con los que se persiguieron, aquí se disipan: destruyeron los cuerpos de bachillerato y beneficiaron a los demás, que se convirtieron de inmediato a la nueva religión.

La falta de inversiones fue la segunda gran excusa. Resulta indiferente el enorme gasto educativo que supone hoy el sistema, la ingente inversión a que obligó sacar a los chavales de 12 y 13 años, que estaban estupendamente en sus colegios de EGB, y meterlos en los institutos de bachillerato, donde siguen sin adaptarse y se han convertido en los cursos más problemáticos en todos los centros. O la locura de un sistema disgregado en diecisiete, con el gigantesco aumento de la burocracia y, a su vez, de la ineficiencia. En fin, para qué hablar del engaño tecnológico y el pastón que se llevaron las empresas de telecomunicaciones y de material informático, para hoy andar buscando cómo sacar a los jóvenes de las adicciones provocadas por tanta fascinación interesada.

El séptimo: la primaria. La felicidad. Siempre se nos olvida que todo empieza en primaria. Que es allí donde se ponen los fundamentos sin los cuales no hay curiosidad intelectual ni afición al estudio ni, por tanto, libertad y responsabilidad. La enseñanza media es siempre el centro del debate, porque es donde chocan precisamente las consecuencias de la primaria y las exigencias de la universitaria. La etapa en que, como hubiéramos dicho en nuestra juventud, estallan las contradicciones. La primaria de hoy ya nada tiene que ver con aquella enseñanza enciclopédica que recibimos nosotros, la de las enciclopedias Álvarez. No es que los Álvarez fueran Diderot, Voltaire, Montesquieu y Rousseau, pero hay que agradecerles la intención de instruirnos con un poco de todo, unos mapas de la cultura que nos han acompañado toda nuestra vida. Desde Aníbal a Juan Ramón Jiménez. Hoy, la primaria, la de la LOGSE-LOE-LOMCE-LOMLOE, es lo más lejano a la instrucción de todo nuestro sistema, cuando debiera de ser su raíz, sólida, extensa, firme. No. Ahora el objetivo es la felicidad. Pero un concepto curioso de la felicidad, que ya no consiste en un cierto contento con uno mismo, con su trabajo y los resultados obtenidos para luego entregarse al juego desde la plenitud de quien cree haberlo merecido. La felicidad es jugar, hacer murales, salir de paseo, cantar, asistir a sesiones de las nuevas doctrinas posmodernas y estudiar poco, nada mucho más allá del entorno inmediato, a no ser que se haya tenido la *desgracia* de dar con una maestra de la vieja escuela, empeñada en desasnar a los asnos que todos hemos sido. Y así, cuando llegan a los institutos, el invento estalla en mil pedazos.

En fin, solo nos falta —aunque hay más— el octavo trampantojo, el último: las notas son mentira.

¿Queda alguna esperanza? La esperanza está aquí, en este libro, en el hecho mismo de haberlo escrito, en gentes como Ramón, profesores que han terminado por descubrir lo que realmente se escondía tras el lenguaje autorreferencial y engañosamente críptico —por vacío— del sistema. Un gran sortilegio embaucador. La esperanza está en todos aquellos que nos han contado —en las conversaciones formidables que constituyen el libro— su lucha, sus dudas, sus convicciones, los riesgos asumidos en esta batalla por ahora perdida, pero en la que se empiezan a percibir señales de un despertar con el objetivo más noble: salvar nuestra cultura, su transmisión, la herencia que se nos dejó, frente a la tecnocracia armada y enemiga de todo lo valioso. De todo aquello que merece la pena mostrar a nuestros hijos como un salvoconducto contra la estupidez y el vacío. De todo aquello que a nosotros nos proporcionó consuelo y sentido.

Y ahora, háganme caso: pasen y lean.

INTRODUCCIÓN DEL AUTOR

El revolucionario que enmienda la plana a la totalidad
corre el riesgo de acabar con las cosas buenas cuando
intenta acabar con las malas.[1]

Agnes Callard, en un artículo reciente en *The New York Times*, argumentaba que lo que hoy denominamos *turismo* es una consecuencia de la necesidad desaforada de consumir, poniendo seriamente en cuestión la idea, heredada del romanticismo, de que viajar nos hace diferentes al exponernos a otras culturas y sociedades. Según ella, la forma en que viajamos hoy nos hace consumidores de culturas, sin que ese consumo suponga un aprendizaje ni una transformación de nuestros valores y actitudes. El turista, en el fondo, busca aquello que conoce y quiere que si algo le sorprende lo haga por su carácter pintoresco y nunca porque amenace su seguridad o bienestar y mucho menos su visión del mundo. Su fin último, al volver a casa, es continuar haciendo aquello que ya hacía. En un edificio en el que viví, un vecino instaló un apartamento turístico. Nos prometió que aquello iba a ser una experiencia enriquecedora que nos permitiría conocer personas de un sinfín de culturas. Jamás conseguí que uno solo de sus huéspedes me saludara. Los turistas, como su propio nombre indica, no viajan: hacen turismo.

El mercado prefiere estas estancias breves en las que prima el consumo o lo que ahora se denominan *experiencias*, en entornos homogeneizados: aventuras precocinadas y envasadas para el consumo rápido y sin grandes consecuencias, sobre todo sin las incomodidades y disociaciones cognitivas que un auténtico viaje siempre plantea y que los turistas rechazarían de plano. Y los que se denominan viajeros a veces son la misma cosa, pero con un mayor poder adquisitivo para poder elegir destinos menos atestados. Aun así, buscan alojarse en hoteles cómodos, lejos de la pobreza y miseria locales y frecuentemente con nulo interés por conocer la cultura del lugar, si bien las agencias de viajes les ofertarán excursiones que parezcan implicar una inmersión auténtica en la cultura visitada.

La cuestión es si existe todavía la posibilidad de viajar de la manera en que se hacía en la época de los viajeros románticos y la respuesta es, quizás, que no, por la sencilla razón de que aquel mundo no existe ya. Hoy conocemos el planeta entero

---

[1] Ricardo Moreno Castillo, *Qué hay de nuevo, Chesterton. Conversaciones con un genio* (Madrid: Fórcola, 2022), 119.

por fotos y reportajes, utilizamos móviles que nos ponen en comunicación con nuestros hogares de manera rápida y barata, internet está extendido por todo el mundo y ya no es posible perdernos en lugares que, probablemente, sean en el fondo más parecidos a aquel del que venimos de lo que pueda parecer a simple vista. La sensación de lejanía es cada vez menor en un mundo más conectado que nunca. Y la homogeneización de los lugares permite que, estemos donde estemos, podamos hacer las mismas cosas.

A lo mejor los únicos viajes que merece la pena llevar a cabo son ya los que, paradójicamente, nos permiten entender nuestras realidades más cercanas, de las que quizás estamos más alejados de lo que creemos. Basta con sentarnos a charlar con calma con alguien de nuestro entorno para darnos cuenta de que tenemos el móvil lleno de fotos de lugares lejanos, pero lo desconocemos todo de lo que sucede a la vuelta de la esquina. Las redes sociales, la propaganda disfrazada de información, la falta de capacidad de atención inducida por la tecnología, lo superficial (cada vez más) de nuestra relación con los demás y con nosotros mismos, todo ello se traduce en la necesidad de viajes menos ambiciosos en cuanto al número de kilómetros recorridos, pero mucho más en la cantidad y profundidad de cosas que podemos llegar a conocer.

El viaje a la educación que les propongo en este libro tiene que ver con esto último. Pretende, para empezar, ser un viaje auténtico y no un mero recorrido turístico. O sea, tenemos que entrar a fondo en la cuestión y olvidarnos de estadísticas (que, según quien las elabore, nos dicen una cosa o la contraria) y soflamas. Vamos a sumergirnos en conversaciones extensas con personas que no forman parte de mi entorno inmediato ni probablemente del suyo, pero que creo que pueden ayudarnos a conocer el mundo de la educación en nuestro país. La realidad que me interesa no está en la superficie ni procede de un somero cuestionario. Eso sería turismo educativo.

Suena a cliché decir que no están todos los que son, pero sí son todos los que están. Podría haber hablado con más personas, pero mi objetivo era intentar conocer bien a aquellos con quienes me sentaba. Cada persona es importante, cada experiencia es única y dos individuos que parecen pensar lo mismo nos sorprenden cuando nos acercamos a ellos con humildad y un sincero deseo de aprendizaje: lo que desde la distancia parecía idéntico puede no serlo en realidad, y de hecho rara vez lo es.

Algunos nombres los tenía claros desde el principio y otros me los han sugerido mi investigación inicial sobre el tema y los propios entrevistados. Como en todo viaje, nunca conseguimos conocer y visitar todo lo que pretendíamos. Hay sitios que están en obras, cerrados o simplemente no nos permiten entrar en ellos por un sinfín de razones. Yo también me los he encontrado y los compartiré con ustedes. Las decepciones y los fracasos son parte de cualquier viaje y del aprendizaje que obtenemos de él.

¿Qué está ocurriendo con la educación en España? Yo tenía una visión de la misma hace meses y ustedes tendrán la suya. Mi viaje no ha echado por tierra lo que pensaba, pero sí lo ha matizado. Y son esos matices en los que me gustaría centrarme a lo largo de los capítulos que siguen. No crean que ha sido fácil. En la universidad española impera una cierta cultura de la hiperespecialización que nos arrastra a confinarnos en un minicampo de conocimiento y no nos deja tiempo ni energía para ver las cosas desde una óptica más amplia. Tampoco a las administraciones les interesa que opinemos públicamente. El papel de los intelectuales en la vida pública ha desaparecido, enterrado por *influencers*, *youtubers* y políticos, así como algunos periodistas afines a uno u otro partido, que han acaparado toda capacidad de opinar. Si ustedes proponen a las administraciones un estudio sobre el uso de YouTube en la enseñanza de los triángulos en 4.º de primaria para niños procedentes de entornos desfavorecidos, seguro que la idea será acogida con entusiasmo y financiada, incluso premiada. Pero algo como lo que abordamos aquí no solo no despierta el más mínimo interés por parte de quienes nos gobiernan, sino, como les mostraré, todo lo contrario.

Antes de emprender el viaje, me gustaría explicarles que llevo trabajando veinticinco años en la universidad pública y actualmente soy catedrático de Filología Inglesa en la Universidad de Sevilla. Son muchos los alumnos que han pasado por mis clases, muchas las conversaciones con compañeros y muchos los amigos que trabajan en la enseñanza. Ya les anticipo que mi visión siempre ha sido y continúa siendo crítica. Creo que muchas cosas se han hecho mal. Pero para mi viaje he intentado despojarme de cualquier apriorismo, a lo mejor no siempre con éxito. En todo momento he intentado salir de esa burbuja en la que tratan de mantenernos las redes sociales para que jamás escuchemos una opinión que nos incomode y de ese modo habitemos en una cómoda (pero peligrosa) zona de confort. Para aprender (y viajar) tenemos que ir allí donde nos vamos a sentir incómodos, perdidos, y yo no he esquivado esos lugares.

¿LOS INDIFERENTES?

Cuando le pregunté a Salvador Seguí Cosme, a quien enseguida les presentaré, qué le preocupaba más de la situación educativa actual, me contesto que era el hecho de que no le preocupara a nadie. Muchos otros entrevistados me han indicado que la educación es un tema que no interesa a la sociedad. Es posible que sea cierto y, en ese caso, habrá que plantearse las causas de que ello sea así. Obviamente, no me es posible hablar con más de cuarenta millones de españoles para confirmar o desmentirlo. Pero he seleccionado un grupo de ellos cuya opinión puede o no ser representativa, pero merece la pena ser escuchada. Antes, pues, de dar voz a quienes están o han estado más cerca del sistema educativo, me gustaría escuchar a quienes no lo están.

Antonio Muñoz Molina es uno de nuestros mejores escritores y realmente no necesita ninguna presentación. Conocía de su preocupación por los temas educativos y quise hablar con él. No fue fácil conseguir la cita debido a su apretada agenda, pero hizo todos los esfuerzos para atenderme y finalmente lo conseguimos. Huelga decir que le estoy muy agradecido. Charlamos en un local de Madrid en el que se respiraba calma y que invitaba a la conversación relajada. Si en algo no me equivocaba era en que, efectivamente, la educación es uno de los temas que más le concierne. Al menos en el caso de Antonio, la máxima anterior no se cumple. No es en absoluto indiferente a un asunto de tanta trascendencia.

En un ensayo sobre el *Quijote* y varios textos contemporáneos, Antonio citaba una frase del novelista Saul Bellow, que venía a decir que el ser humano se hace a través de la educación y la cultura. Somos, pero fundamentalmente nos hacemos. Hay una identidad de base, pero es solo la arcilla con la que convertirnos en aquello que deseemos y las circunstancias nos permiten. La educación, brindándonos el acceso a la cultura, nos lo concede. Antonio explica que antes la cultura era algo que se adquiría. Últimamente el término ha tomado un valor más antropológico: es de donde venimos y a lo que pertenecemos. Es una idea que está detrás de todo el *boom* identitario de las últimas décadas: ya no interesa dónde podemos llegar tanto como entender quiénes somos en función del grupo al que supuestamente pertenecemos y que constituye casi una obligación moral reivindicar. En su opinión, es una abdicación del proyecto ilustrado (y, se apresura a añadir, cervantino), que trataba de darnos herramientas para crear y transformar nuestra realidad, permitiendo una verdadera emancipación de cualquier circunstancia dada por nuestro origen familiar o socioeconómico.

Para conseguir lo anterior, no vale cualquier tipo de educación. Necesitamos una que se asiente sobre bases racionales y experimentales y que nos permita cuestionar y entender mejor el mundo. Es muy importante saber qué y quiénes nos han precedido, en una palabra, de dónde venimos como civilización. Ese sentido de continuidad nos permite construirnos como individuos y ciudadanos y avanzar como sociedad. Y la tradición debemos conocerla, no necesariamente para respetarla, sino para someterla a reflexión. Escuchar a Antonio es un placer para la mente y los sentidos. Somos efectivamente una sociedad con una memoria endeble. Y las redes sociales insisten en que ello no importa, en que solo el presente debe concernirnos. Pero Antonio postula que la escuela debe oponerse a tal presentismo. Ello crearía ciudadanos más libres y conscientes. Mi única duda es si es lo que le interesa a esta sociedad hipercapitalista y neoliberal que necesita mentes débiles y consumismo exacerbado, que nos roba la atención y la identidad y nos prescribe formas de ser felices sin darnos las herramientas ni permitir que las busquemos por nuestra cuenta.

Creo que Antonio compartiría esa duda. Me dice en un momento que el mercado y sus tentáculos nos rodean por todas partes y no es fácil sustraerse. Solo cabe conocer el devenir histórico y permitir que la educación nos sitúe en el espacio y el tiempo. De esa forma aprendemos que las cosas pueden cambiarse, igual que ha ocurrido millones de veces a lo largo de la historia. Vuelvo a cuestionarme: ¿de verdad al sistema le interesa que los ciudadanos cambiemos el mundo y lo hagamos nuestro?

Antonio saca a relucir el tema de la originalidad, para lo cual parafrasea a Nietzsche, que opinaba que estamos rodeados de una originalidad basada en la ignorancia: son esas ocurrencias que vivimos día a día, que se aplauden cinco minutos, pero que se olvidan con el mismo entusiasmo con que durante esos instantes se alabaron. No sé si lo trae a colación a propósito de este asunto, pero también en educación vivimos instalados en el reino de la ocurrencia: raro es el día en que no se anuncia alguna metodología revolucionaria, de la que en unos meses ya no se acuerda nadie, pero que iba a transformar toda nuestra experiencia educativa.

Lo que parece innegable es que no existe educación si no se transmiten y reciben saberes. No es que no debamos aprender también a hacer y a ser, pero no podemos ser ni hacer si no conocemos. Es imprescindible salir de nuestra burbuja y exponernos al mundo para aprender sobre él (incluso cosas que por el momento no nos parece que sirvan para nada). En cuanto a una educación basada en la gratificación presente, no parece en la línea de lo que mi invitado plantea, aunque volveremos repetidamente a ella en el transcurso de este libro.

¿Por qué el conocimiento tiene tan mala prensa? Antonio no sabe si la tiene, pero conoce algunos de los argumentos que se esgrimen y giran en torno a la obsolescencia de los saberes. Y es verdad, admite. Casi todo termina volviéndose obsoleto, pero ¿cómo sabemos cuándo eso ocurre si jamás hemos aprendido nada por temor a que en el futuro deje de servirnos? Otro de los anatemas de la pedagogía dominante es el esfuerzo. Le pregunto sobre ello y nuestro escritor opina que el conocimiento no es estático: viene y va, nos penetra, se transmite, cambia de manos. No es un hecho mecánico y debemos poner de nuestra parte para adquirirlo. No nos llegará por sí solo y no hay aprendizaje sin esfuerzo.

Es muy importante que la escuela pública esté dotada de calidad porque es a la que acceden quienes menos recursos tienen. Antonio me cuenta su caso personal: él provenía de una familia sin muchos medios, pero tuvo acceso a una buena educación pública. Sus hijos han estudiado en la privada y a todos les va bien. Uno de ellos, Arturo, acaba de publicar su primer libro: *Por un túnel de silencio* (2022). Pero Antonio no hubiera dispuesto del tipo de educación que ha podido disfrutar su hijo porque su familia no se lo habría podido pagar. Ya les adelanto que esta es una opinión compartida por muchos entrevistados: la sensación de alivio de haber estudiado en otra época y la triste constatación de que hoy el sistema no les hubiera permitido llegar a nada. No deja de resultar curioso, en mi opinión, que a este sistema se le llame «progresista». Se lo hago notar a Antonio, que no duda en denostar esta sociedad polarizada que se refugia en el maniqueísmo más zafio y postula categorías ideológicas absolutas sin querer ver que la realidad es siempre más compleja de lo que parece.

Antonio es una persona accesible, aunque seria e incluso distante. Pero no rechaza ninguna invitación si piensa que con sus ideas puede ayudar a arrojar luz sobre un tema o respaldar algo en lo que cree. Acude con asiduidad a centros educativos y habla con los docentes. Curioso, eso es lo que los políticos no hacen porque «ya hablan con los sindicatos». Entenderán más adelante a lo que me refiero con esta frase. En sus encuentros, muchos le insisten a Antonio en que no sienten que pedagogos e inspectores los ayuden, sino que los adoctrinan.

A veces se ha acusado a Antonio Muñoz Molina de traicionar a la izquierda expresando opiniones incómodas o divergentes con la oficialidad. Pero sospecho que es él quien se siente traicionado por la izquierda, y así me lo confirma. La quizás mal llamada «izquierda» renunció al proyecto de educación ilustrada, en parte porque se dejó seducir por los nacionalismos identitarios, adanistas en extremo, esos que pretenden borrar y reescribir el pasado a su medida haciendo *tabula rasa* de todo aquello que no se nos quiera vender como las esencias irrenunciables. Jamás les perdonará el auge de la privada a costa de mandar a la UCI a la enseñanza pública. Y de la derecha, que no ha tenido un proyecto educativo coherente, poco o nada se puede esperar.

A Antonio le parece peligrosa la idea de que la educación debe reforzar lo que somos. Como otros muchos, cree en el poder transformador del hecho educativo. En su visión, el presentismo es el principal de los males: nos ciega ante la presencia del otro y no nos permite entender los fenómenos que nos rodean. Me ha gustado oírle hablar de la sobrevaloración de una originalidad vacua y su reivindicación de otro tipo de originalidad: la que procede del conocimiento y el esfuerzo. La defensa que Antonio realiza de la enseñanza pública es la que vamos a encontrar en la gran mayoría de entrevistados, sobre todo los que son críticos con el sistema. Me gusta que me diga que le encanta hablar con los docentes y conocer la educación de primera mano, que es justamente el objetivo fundamental del presente volumen.

Rafa Castaño parecería no tener nada que ver con nuestro anterior entrevistado. El joven periodista sevillano se ha hecho muy popular gracias a los concursos de televisión, en los que ha demostrado un impresionante nivel de conocimiento, justo ese que para Antonio es tan importante. Pero Rafa no es solo un concursante famoso. He podido leer columnas suyas en prensa que me han parecido muy lúcidas. Ha sido librero y ha trabajado en el gabinete de prensa del Ayuntamiento de Sevilla. Me interesa su opinión sobre educación. A juzgar por lo que España entera ha visto, el suyo parece apuntar a un gran éxito de nuestro sistema educativo. ¿Cómo podemos seguir manteniendo que no se transmite conocimiento ante un caso así? Su actual popularidad es algo que pude comprobar de primera mano en la cafetería de Madrid en la que quedamos para charlar. Rafa lleva una gorra, que me dice que sabe que dentro de nada podrá dejar de utilizar. La popularidad es efímera, pero en el momento de encontrarnos se hallaba en su punto álgido.

Rafa me dice que un cierto peligro que tienen los concursos como el que a él le ha hecho famoso es que transmitan la idea de que el único objeto que tiene el conocimiento es utilitario. Él siempre se ha acercado al saber por una curiosidad que le hizo en su momento ser un chico algo *raro* en un entorno en que la lectura no era la actividad más popular. La curiosidad siempre lleva lejos y para él una de las misiones del sistema educativo es estimularla. Pero esta no se incentiva en el vacío, sino que es sumativa: cuando aprendes algo, eso te lleva a querer dar un paso más, a profundizar y seguir aprendiendo.

Entiendo, pues, que Rafa viene de un entorno educativo donde su curiosidad se ha visto potenciada y estimulada. Para mi sorpresa y decepción, me confiesa que no le debe mucho al sistema, en el que no se fomentaba demasiado esa curiosidad. Gran parte de lo que ha aprendido lo ha hecho por su propia cuenta. Su paso por el instituto le hizo más mal que bien y lamenta que en su época no pudiera optarse por el *homeschooling*. Esto me lo dice alguien a quien en estos momentos se le podría considerar el mejor ejemplo de que el sistema educativo no está en una situación tan mala como se dice: una persona joven, pero con una cultura amplísima y una inteligencia descomunal. Sin embargo, Rafa me insiste en que eso le ha venido de la lectura y de su tenacidad y no de la escuela.

Empecemos por el principio. Rafa procede de una familia de clase media y acudió siempre a centros públicos, empezando por el Colegio Adriano, a las afueras de Sevilla, a cuyos profesores está tremendamente agradecido. Cursó secundaria en dos centros del barrio de Triana, en un período en que la LOGSE se encontraba plenamente implantada. Luego estudió Ciencias de la Información en la Universidad de Sevilla y el Máster en Comunicación y Cultura. Tiene palabras de admiración para un docente en especial: Pedro Ruiz Morcillo, profesor de geografía e historia en el IES Vicente Aleixandre, de quien Rafa recuerda sus excepcionales valores humanos; nunca expulsaba a nadie de clase. Era un hombre tranquilo, que controlaba muy bien al grupo. Trataba a todo el mundo con gran educación y era muy respetado en el centro. El nivel académico de sus clases era excepcional y estudiar con él, todo un reto. Nunca aprendió tanto con otro docente. Rafa me insinúa que era un profesor de la vieja escuela, aunque bien entendido. Se refiere probablemente a que no llevaba la innovación por bandera, pero tampoco se limitaba a dictar apuntes y hacer exámenes.

Hay algo que Rafa no sabe. Pedro Ruiz Morcillo se ha destacado por su crítica al pedagogismo y a las reformas educativas a las que nos iremos refiriendo en este libro. También ha colaborado con numerosos medios de comunicación. En 2010 publicó *Una escuela de beneficencia*, obra en la que aborda críticamente las reformas educativas y cómo han conseguido convertir la escuela ilustrada, cuya desaparición lamentaba Antonio Muñoz Molina, en una suerte de servicio asistencial sin apenas contenido educativo de calidad. Tengo la sensación de que Rafa no ha leído el libro, que publicó la Editorial Alegoría. Es llamativo que recuerde con el máximo cariño y admiración justo a un profesor que se ha destacado por su crítica al sistema. Hablaremos enseguida con él.

Volviendo a Rafa, me dice que se encontró con muchos profesores quemados, hastiados, y que eso se transmitía y no hacía ningún bien. ¿Quizás estaban desmotivados por esos cambios normativos que comenzaban a hacer la labor del profesorado tan compleja y desmoralizadora? Las clases estaban masificadas y no se prestaba atención a los alumnos motivados. Entiendo por lo que dice que ya se había iniciado esa búsqueda de la igualdad, que significa desatención hacia los chicos con mayor interés y concentrar esfuerzos —por lo general con poca eficacia— en los menos interesados o más disruptivos. Rafa me confirma que, a medida que pasaban los cursos, el nivel iba siendo más bajo, con alguna excepción, y que se aburría en muchas asignaturas, donde se enseñaba lo mínimo. Además, las clases eran muy tradicionales: apuntes, exámenes y poco más. Quizás la masificación contribuía a que fuera difícil hacer algo distinto. Tiene Rafa mejor recuerdo del bachillerato: los menos interesados ya no estaban y eso se traducía en un nivel superior y mejor ambiente en el aula. Hay un aspecto más que quisiera destacar: me confiesa que en 1.º y 2.º de ESO sufrió situaciones que, si bien no llegaban a constituir *bullying*, sí le crearon cierto desasosiego. Ser estudioso y aficionado a la lectura era, al parecer, suficiente para despertar las iras de algunos compañeros, ante la total indiferencia del profesorado. A lo largo de este libro, nos vamos a encontrar con esta misma queja.

Rafa sabe poco sobre educación más allá de sus propios recuerdos y su experiencia. En este sentido, confirma el poco conocimiento que tiene la sociedad de lo que ocurre dentro del sistema. Sí tiene claro que las familias tienen un papel cada vez más disruptivo en la educación, pues, lejos de apoyar la labor de los maestros, la cuestionan permanentemente y no toleran que sus retoños sufran la más mínima reprobación o no consigan las calificaciones que opinan que merecen. También sabe que se culpa con frecuencia al profesorado de cosas de las que no son responsables.

Le pregunto a Rafa por las inteligencias múltiples y por los ámbitos de aprendizaje. Hablaremos de ambas cosas más adelante y no quiero ahora detenerme en ellos, a los que en el ámbito educativo nos referimos constantemente. Lo importante es que Rafa, una persona culta, no sabe bien lo que son ninguna de las dos cosas (y cuando se lo explico no se muestra muy convencido de sus bondades). ¿Cómo es posible basar la educación en unos pilares que casi nadie fuera del sistema sabe cuáles son? ¿No es arrogante pensar que la educación tenemos que pensarla y diseñarla en los despachos? Ambos conceptos son casi de obligado cumplimiento hoy día, pero tengo la sensación de que nadie se ha preocupado por explicárselos a la sociedad, que quizás confía demasiado en que lo que se hace en los centros educativos es lo correcto. Es un asunto que nos plantearemos en el curso de este viaje: ¿se sabe lo que ocurre en los centros educativos fuera de ellos?

Algo que Rafa sí conoce es esa supuesta educación de las emociones que hemos convertido en el centro de todo y que considera sobredimensionada. No cree que haya que tratar a los alumnos como seres endebles incapaces de enfrentarse a la más mínima dificultad. Lamenta también la disolución de la autoridad y la exculpación de cualquier responsabilidad por la tendencia a considerar al alumno víctima de unas circunstancias y sin ninguna agencia sobre sus propios actos. La enseñanza bilingüe le parece una auténtica farsa. Volviendo a los «ámbitos de aprendizaje», le comento que nos encaminamos hacia una escuela de pedagogos sin especialistas en las materias y lo encuentra una verdadera aberración: un profesor tiene que saber de qué habla. Pedro Ruiz Morcillo era un gran conocedor de la historia y tenía siempre respuestas a cualquier pregunta que le hicieran. Personalmente no conocía la palabra *filatería*. Rafa me la enseña. La aprendió cuando se preparaba para concursar. Es referirse a algo simple de manera rebuscada y con frecuencia incomprensible. Los pedagogos utilizan mucha filatería, como veremos. Alba Fons era más directa y hablaba de «pseudomandangas». Iremos descubriendo otros sinónimos.

Seguimos conversando sobre el esfuerzo. Le sorprende que esté denostado porque para él es la base de cualquier aprendizaje: incluso la cacareada mentalidad crítica, que es importantísima, solo puede proceder de un sufrimiento previo: el de conocer y aprender. No se puede ser crítico si no se sabe nada. También opina que en la enseñanza nada resulta más útil para el alumno que el hecho de que exista un orden y una estructura y los centros deberían esforzarse para que los hubiera. Mi invitado defiende que para que te llegue a gustar aprender tienes que pasar por cosas que no te gustan. Lo de la gratificación inmediata y que todo sea divertido y excitante es cortoplacista y falaz. Hay una tendencia humana al mínimo esfuerzo que es inevitable y hasta natural, pero es obligación del sistema contrarrestarla. Me gustaría mucho que los pedagogos escucharan esto cuando insisten una y otra vez en que el esfuerzo está sobrevalorado y que el alumno tiene que pasarlo bien en todo momento. Como vemos, el sentido común está muy alejado de las facultades de ciencias de la educación. Rafa añade que con tanto énfasis en la felicidad lo que estamos creando son generaciones de personas que serán infelices y débiles toda su vida. La felicidad es orden, según él. Cuando ordenas tu mente y tu vida, estás sentando las bases para ser feliz.

Hablamos brevemente de la universidad, donde se vio rodeado de un entorno más propicio a las inquietudes culturales. Y es la cultura la que te permite relacionarte, construir una identidad propia, ser útil, que se te reconozca y se te respete. Siente que la curiosidad intelectual no le hará envejecer nunca. El dinero obtenido en televisión le va a servir sobre todo para proporcionarle tranquilidad material, que le permitirá hacer lo que más le gusta en la vida: leer. Y es analógico. El libro, me dice, siempre en papel (ha venido hasta la mencionada cafetería en metro y con un grueso tomo bajo el brazo). Ahora está sumergiéndose en la literatura y el pensamiento clásico. ¿Alguien como él no es tecnológico ni amante de las redes sociales? No rechaza la tecnología ni internet, pero dice que hay que saber utilizarlas: pueden ser magníficas si el objeto de su uso es el correcto, pero terribles si uno busca seguir siendo un cenutrio porque nada como ellas para mantenerte un ignorante toda tu vida.

La curiosidad, el pensamiento crítico, etc., son aspectos muy deseables, pero, como dice Rafa, no pueden lograrse sin aprendizaje y sin saberes. Es el suyo un caso peculiar que debería despertar las alarmas si viviéramos en una sociedad seria. ¿O acaso no es alarmante que alguien con tanto conocimiento e inteligencia confiese que los posee no gracias al sistema educativo sino a pesar de él? En su caso, había algo innato que le impelía a leer y aprender por su cuenta. Pero ¿y otros chicos no tan aplicados como Rafa? ¿No estaremos perdiendo a mucha gente a quien podría irle bien con un método mejor, pero que se estrella porque el sistema es endeble y mediocre? Hay algunas cosas del sistema educativo que Rafa no conoce, pero otras sí: excesiva interferencia de las familias, demasiadas emociones y poco rigor y estructura. En nuestra conversación hemos aprendido el uno del otro: yo le he enseñado qué son las inteligencias múltiples y él me ha explicado lo que significa *filatería*.

Antes de acudir con mi siguiente entrevistado, quiero hablar con ese profesor al que Rafa recordaba con tanto cariño. Me encuentro con Pedro Ruiz Morcillo en una cafetería de Sevilla. Hace dieciséis años que está jubilado de la enseñanza. Poco después de retirarse, halló una actividad que desarrollar y que le ha resultado casi tan satisfactoria como la docencia: colabora con Cáritas Sevilla en labores relacionadas con la búsqueda de empleo y oportunidades para inmigrantes y personas vulnerables, esas por las que el sistema dice estar tan preocupado. Ha tenido también cargos de gestión en esta entidad, para lo que sin duda le vinieron bien sus muchos años de dirección en secundaria, donde fue jefe de estudios y director en diferentes ocasiones. Durante nuestra conversación repasamos la trayectoria de Pedro, que resulta fascinante pero difícil de resumir en unas pocas líneas. Tiene en proyecto un libro de memorias, de manera que aguardaremos con mucho interés a que lo publique.

Le pregunto si cree que en educación preocupan tanto como se dice esos colectivos vulnerables y me contesta que no: hacerlo requiere una gran inversión y los políticos prefieren destinar los fondos a asesores o a cursillos de innovación. Pedro es de Sabiote (Jaén), pero estudió en Granada y en un barrio marginal de esa ciudad comenzó su andadura como docente. Desde finales de los 70 fue profesor del IES Vicente Aleixandre de Sevilla, donde Rafa Castaño lo tuvo como docente. En 1990 comenzó a publicar artículos en prensa, muchos de los cuales fueron recopilados en 2010 en el libro *Una escuela de beneficencia*. Eran artículos críticos con la LOGSE, en un momento en que nadie osaba posicionarse en contra de la misma. En aquel momento fueron bien recibidos, de esos, según Pedro, que alguien, cuando nadie le veía, colocaba en los corchos de los institutos para que otros, cuando nadie los veía tampoco, los leyeran. El título responde a su visión de cómo ha evolucionado la educación, en una deriva que hace que cada vez se parezca más al Auxilio Social de Franco y menos a la escuela ilustrada que debería ser.

La crítica de Pedro se centra en tres cuestiones: el déficit de conocimientos que trajo aparejada la LOGSE (llevándose por delante un bachillerato de gran calidad); el deterioro de la convivencia, pues exigirla de pronto comenzó a denunciarse como fascista, y el desprecio y la humillación del profesorado. Hubo auténtica saña con este último colectivo. Un político una vez le dijo: «Os hemos reconvertido», refiriéndose a esa dinamitación de la función docente que hizo que de pronto los murales y las excursiones pasaran a ocupar el centro del proceso educativo y las clases fueran cada vez más irrelevantes. Pedro conoce bien la política. Fue uno de los dirigentes del PSA (Partido Socialista de Andalucía) y cofundador de la sección de enseñanza de CC. OO. Procede del mundo progre y, en concreto, de aquella iglesia roja del tardofranquismo, y era amigo o conocido de muchos de los altos cargos de Educación en la época en que se implantó la LOGSE. Siendo de izquierdas, le apena que sea en la escuela privada (no en toda) donde se mantenga cierto nivel, frente a una pública cada vez más endeble. Pedro recuerda que antes de la LOGSE venían estudiantes de centros privados a cursar 3.º de BUP y COU en su instituto por el mayor prestigio de la pública, algo que en la actualidad sería impensable.

Le pregunto cómo eran esas clases suyas que tanto marcaron a Rafa Castaño, que por cierto no fue el único. Pedro me cuenta que tiene alumnos que se han especializado en derecho del trabajo y, cuando se los ha encontrado posteriormente, le han dicho que eligieron esa especialidad por cómo él en su momento les explicó el movimiento obrero. Ventura Rico, director de la Orquesta Barroca de Sevilla, lo suele citar con mucha admiración. Y hay más. Pedro admite que hoy día sus clases se considerarían tradicionales, pero no sé hasta qué punto sería justo denominarlas así. En una época en la que nadie lo hacía, él renunció al libro de texto para elaborar sus propios materiales. Intentaba que la clase fuera dinámica y amena, pero él se exigía mucho a sí mismo y hacía lo propio con los chicos. Pero reconoce que la seriedad y el rigor están en vías de extinción. Me da un ejemplo: tenemos una ministra de Educación, Pilar Alegría, diplomada en Magisterio, que no cesa de atacar cualquier atisbo de contenido en la enseñanza, pero que no es capaz siquiera de expresarse correctamente cuando interviene en ruedas de prensa. Eso nos da el nivel de la política y del sistema en general.

Abordaremos asuntos apuntados en la conversación con Pedro a lo largo de capítulos posteriores. No podemos detenernos más, pero quería conocer a esa persona tan venerada por Rafa para entender mejor el motivo de esa admiración. Al final todo es más simple de lo que parece: un buen docente es aquel que ama su trabajo, que se exige, que quiere lo mejor para sus alumnos, que trabaja para ellos, que conoce bien su materia y que promueve un aprendizaje comprensivo y riguroso. Quizás lo que menos le importa a un alumno es que su profesor sea tradicional o innovador, y podría resultar una distinción que está más en nuestra cabeza que en la realidad educativa del día a día.

Daniel Gómez Aragonés es unos años mayor que Rafa, aunque nadie lo diría. Madrileño de nacimiento y residente en Toledo, ciudad de la que es un apasionado y que define como la Jerusalén española. Es uno de los autores más aclamados en el campo de la divulgación histórica. Como le ocurre con Toledo, la historia le apasiona y no para de viajar impartiendo cursos, charlas y realizando visitas guiadas y recorridos por lugares de especial relevancia histórica. Es licenciado en Historia por la Universidad de Castilla-La Mancha y obtuvo la suficiencia investigadora con una tesina sobre los visigodos. Iba a comenzar su tesis doctoral cuando una editorial le encargó un libro. La dejó aparcada con la idea de retomarla más adelante, pero siguieron llegándole encargos y no ha parado de publicar desde entonces.

Su coche, me dice, tiene medio millón de kilómetros. Cuenta con siete libros publicados, todos en importantes sellos editoriales, y colabora con varias revistas de divulgación. Claramente adicto al trabajo, Daniel me asegura que tiene *hobbies*, entre ellos el fútbol, la música y la astronomía. Con aspecto de roquero más que de escritor, intentamos dar un paseo por su ciudad, pero la climatología nos obliga a refugiarnos en una cafetería cercana a la plaza de Zocodover. Daniel es inquieto, casi hiperactivo, y no tiene ningún problema en definirse como una persona religiosa. De una educación exquisita y cordialidad abrumadora, es un auténtico placer mantener esta charla con él.

Comenzamos hablando de sus libros y de la gran demanda de divulgación científica. Podría decirse que vivimos un *boom* de la divulgación, incluso en campos que hasta hace poco estaban reservados para los especialistas. Daniel opina que hay una sed de conocimiento en la sociedad que ninguno de los dos sabemos si es quizás consecuencia de la relegación del conocimiento en otros ámbitos: el educativo, por supuesto, pero también en los medios de comunicación y en la sociedad en su conjunto.

Estudió, ya en el sistema LOGSE, en el IES Alfonso X el Sabio, en Toledo. Guarda buenos recuerdos de un centro que tenía fama y magníficos profesores. Le pido que me defina qué es para él un buen profesor: «Alguien —me dice— que transmite pasión por una materia, que te trata bien, que te atiende en lo que necesitas y está disponible». No está a favor de dictar apuntes, pero sí de las clases magistrales cuando lo son de verdad. La innovación es útil en ocasiones, pero nunca como fin en sí misma. Para él, lo importante es someter los saberes a debate, reflexión, y con ello estimular el pensamiento crítico. No comparte la idea de que haya que minimizar el rol del profesor y todo se base en exposiciones y trabajos. Siempre le resultó un placer escuchar a buenos docentes. En este sentido, cree en el equilibrio: hemos pasado de memorizarlo todo a renunciar a enseñar y debemos buscar un punto medio. No está en contra de los proyectos, pero le parece contraproducente fiarlo todo a eso en detrimento de la transmisión de unos saberes que son valiosos independientemente de la poca o mucha utilidad que tengan.

Daniel no es un profesional de la educación y me contó que no tiene vocación por la docencia ni intención de dedicarse a ello en el futuro. Pero, como persona culta e inteligente, no le resulta indiferente. Le hablo también de inteligencias múltiples, pero desconoce lo que son. Se lo explico. Tarda unos segundos en contestarme que no lo termina de ver claro y que para él es importante que cada chico obtenga su propia base cultural. Alberga la sospecha de que el sistema quiere ciudadanos fácilmente dominables, vacuos y sin capacidad crítica. No deja de resultar curioso que una conclusión a la que otros han llegado tras años de reflexionar y escribir sobre el tema, a Daniel le han bastado unos pocos minutos para llegar a ella. ¿No será que es todo más obvio de lo que nos empeñamos en creer o que un cierto discurso muy sedimentado ha logrado que haya que recorrer un gran camino para demostrar lo que cualquier individuo sensato es capaz de percibir?

Desde el punto de vista de Daniel, hasta un carpintero debería haber leído a Platón y hurtarle eso es una injusticia hacia él y un error nuestro como sociedad. La enseñanza, cree, no puede ni debe ser utilitarista. Y no puede porque jamás sabemos lo que a una persona le puede servir en algún momento de su vida y lo que no. Debemos abandonar ya el cortoplacismo. La enseñanza competencial le suena demasiado a una tabla de Excel. Aquí Daniel se deja llevar por la pasión y afirma que la educación son libros, libros y más libros. Y, por supuesto, ser capaz de darle una aplicación a lo que se aprende y que no sea meramente una retahíla de datos. Pero aborrece la educación concebida como una cadena de montaje. Le da pena que se hable tanto de diversidad cuando, a juzgar por algunas teorías pedagógicas, lo que se buscan son seres clónicos.

Cree nocivo que las familias tengan tanto peso en el sistema porque no utilizan ese poder para mejorar las cosas, sino para buscar el atajo y la comodidad. En «su época» (o sea, hace poquísimo) los padres no eran tan protectores y valoraban que en los centros demandaran esfuerzo. No hay que tener miedo al suspenso, ni como alumno ni como padre ni como profesor. Puede y suele ser enriquecedor. Es lo justo para el estudiante que se esfuerza. A quien no lo hace le otorga la posibilidad de completar lagunas. El sacrificio es muy conveniente: cuando algo cuesta, pero terminas lográndolo, lo valoras mucho más. Los chicos más interesados y respetuosos en las visitas que Daniel organiza con su empresa son los de escuelas militares: tienen estructura y disciplina.

No entiende que se hayan suprimido las convocatorias de septiembre y no ve problema en tener que estudiar en verano para superar una materia que no se ha asimilado adecuadamente. Cree que el fin de la educación no es la felicidad, sino el conocimiento y, en todo caso, el desarrollo de unos valores acordes con el mundo en que nos movemos. Sobre los pedagogos, dicen estar humanizando la educación cuando, en su opinión, la están deshumanizando con competencias empresariales, burocratización y un empeño incomprensible por tratar a los jóvenes como si fueran tontos y a todos por igual. Además, han conseguido que el protagonista de todo sea la manera de enseñar y no lo que se enseña, que es lo verdaderamente importante. La pedagogía también ha suprimido gran parte del contexto de los saberes, algo que vuelve a hacer un flaco favor a los alumnos y a la sociedad en su conjunto, profundizando en la vacuidad generalizada.

A Daniel la educación le parece muy ideologizada y por eso opina que es difícil el ansiado pacto educativo. No confía en que la solución venga de la política. Lo que me llama la atención es cómo Daniel, desde fuera del ámbito de la enseñanza, es capaz de diagnosticar lo que está ocurriendo de manera coincidente a como lo han hecho decenas de entrevistados. O Daniel es una persona extremadamente inteligente (que sin duda lo es) o muchas de las cosas que debatimos y debatimos son de Perogrullo. En cualquier caso, ¿no será que a la sociedad no le importa la educación porque realmente no se ha preocupado por enterarse un poco de lo que sucede en ella? Y, por cierto, notarán que algunas de las opiniones de Daniel coinciden casi al milímetro con las de Rafa Castaño. No se conocen de nada y les aseguro que han opinado libremente sin casi necesidad de que yo les pregunte nada.

Estoy tentado de escribir que, si me tengo que quedar con una conversación de las que he tenido, sería la que mantuve con Daniel Gómez Aragonés. Es verdad que en otras hemos tenido acceso a experiencias muy interesantes o a desarrollar algunos aspectos en mayor profundidad o conocido puntos de vista singulares. Pero me parece que el diagnóstico que realizó del sistema educativo es simple, claro y directo, rematado por unas conclusiones que compartirían el 80 % de las personas con las que me he encontrado. No me extraña el éxito que está consiguiendo con sus libros. De hecho, en el curso de nuestra conversación recibió una llamada telefónica de su editorial encargándole uno nuevo.

Me llevo conmigo su sentido común: ni hay que ser muy tradicionalista ni muy innovador. Como decían nuestras abuelas, en el término medio está la virtud. Necesitamos buenos docentes, accesibles y comprometidos, que enseñen bien y que formen ciudadanos cultos, preparados y con valores. Daniel reniega del enfoque utilitarista y competencial que está abrazando la educación: el saber tiene un valor en sí mismo muy por encima de su utilidad, siempre y cuando queramos formar ciudadanos y no meramente piezas en una cadena de producción fordiana. Defendiendo el rigor, el esfuerzo, los suspensos si son necesarios y que las familias se mantengan alejadas del mundo educativo pero apoyando la labor de los centros, su denuncia a la pedagogía es clara y directa: está deshumanizando la educación, sirviéndose de ella para fines ideológicos, y haciéndola insustancial.

El que algo en un viaje te deslumbre y fascine no suele hacer que pierdas las ganas de seguir viajando. Vuelvo a Madrid y me dirijo a la sede de la revista *El Cultural*, referente en España tanto en periodismo impreso como virtual. Me espera el periodista cultural y escritor Alberto Ojeda. Licenciado en Derecho, iba encaminado a la docencia universitaria cuando su vocación periodística se cruzó en el camino. Ahora está donde quiere: escribiendo e informando sobre cultura. Le pregunto sobre educación y me confiesa que no está al día. Charlamos sobre ello y nos damos cuenta de que hay muy poco periodismo sobre este asunto en España y que la educación solo parece interesar cuando hay confrontación política por medio: religión sí o religión no, concertada sí o concertada no. Pero Alberto sospecha que hay temas de mayor calado de los que no solo no se habla, sino que apenas conocemos.

Hablamos de su propia educación. Alberto procede del municipio de Coslada, cercano a Madrid. De familia sin grandes recursos, acudió tanto a un colegio como a un instituto públicos. Me explica, con emoción, que no hubiera sido quien es sin aquella educación que recibió. Se considera un ciudadano bien formado y con una base sólida de conocimientos, pero no recuerda ni mucho menos un aprendizaje memorístico: les enseñaban conceptos y destrezas, probablemente porque la LOGSE estuviera arrancando y no se había implementado del todo. El nivel de exigencia era aún alto. Recuerda que en 2.º de BUP leyó la primera parte del *Quijote* y en 3.º de BUP la segunda. No se siente en absoluto traumatizado (más bien al contrario), ni por dichas lecturas ni por unas asignaturas que no eran fáciles de aprobar y a las que había que dedicar tiempo. Esa exigencia fue el mejor legado que el Estado pudo proporcionarle. Noto que Alberto quiere profundizar más en ello y dejo que lo haga. Me dice que Coslada era en los 80 y 90 un lugar proletario, en el que las calles eran duras y las tentaciones para un joven como él se hallaban en cualquier rincón al que miraras. Gracias a la educación consiguió salir de allí y convertirse en alguien útil a la sociedad.

Alberto ha debutado con una primera novela en 2022: *Cuero contra plomo. Fútbol y sangre en el verano del 82*. Le ha costado lanzarse, pero lleva desde siempre queriendo escribir. Ser padre le ha animado a dar el paso. Jamás lo habría conseguido sin el amor a la lectura que le proporcionó su educación. Leer te permite ensanchar los horizontes, formar la personalidad, entender a los demás, vivir a través de otros. Es el viaje perfecto para huir de la cotidianeidad. Le cuento que en muchas escuelas de ciencias de la educación se insiste últimamente en que leer es una actividad obsoleta y sobrevalorada. Su reacción es tajante: decir eso es quitar a los jóvenes una herramienta clave para fortalecerse y enfrentarse a la angustia y al fracaso, a que las cosas no son siempre como desearíamos.

Hablamos de otras muchas cosas, pero me quiero quedar en este punto. Cada testimonio es valioso porque para mí cada opinión cuenta, sobre todo cuando es la propia y no repite soflamas de otros. Alberto no reivindica el esfuerzo desde la teoría, sino desde la experiencia personal, una experiencia que se diluye en teorías abstractas en muchos de los lugares en los que se fragua la educación del futuro (y del presente). Y es preocupante que esos lugares se hallen tan cerrados a opiniones como las que este redactor de *El Cultural* y lo que decenas de miles de personas más pueden aportar si solo nos tomamos la molestia de escuchar. Me voy con una pregunta en la cabeza. A Alberto le pilló una LOGSE que había introducido algunos cambios, pero sin renunciar del todo al paradigma anterior. ¿No será que ese sería un buen punto medio en el que decidimos no quedarnos porque queríamos conquistar la utopía? ¿Y no será que en el intento de alcanzar la utopía esta nos ha conquistado a nosotros y nos ha lanzado a la distopía?

Mario Obrero es un poeta y escritor de solo 20 años, pero cuenta ya con varios libros publicados. Su primer poemario es de 2018: *Carpintería de armónicos*. Y desde entonces no ha parado, compaginando la labor literaria con sus estudios (en la actualidad cursa Filología Hispánica en la Universidad Complutense) y colaboraciones en medios de comunicación, primero en Radio Nacional de España y, más recientemente, presentando dos temporadas del programa de TVE *Un país para leerlo.* En él, Mario viaja por distintas ciudades de España, habla con escritores, visita librerías y clubes de lectura e intenta tomar el pulso al ambiente literario y cultural de cada ciudad. Le molesta, y es fácil entender por qué, que lo primero que se mencione de él sea su juventud: quiere que le valoren por la calidad del trabajo que hace o por lo que escribe y no por su edad.

Aprovechando uno de los eventos a los que acude con frecuencia, en este caso la Feria del Libro de Sevilla, charlo un rato con él. Hablando de Sevilla, me sorprende su respuesta a una pregunta habitual en cualquier primer contacto con alguien que está de paso por la ciudad: ¿qué tal por aquí? Es la única persona en mucho tiempo que, lejos de hablarme del buen tiempo o de las tapas, me habla de gentrificación, turistificación, urbanismo e ideología. Y no se pueden imaginar lo que se agradece salir de la típica conversación trillada y entrar en la auténtica realidad de este mundo nuestro de oropel.

Mario es de Getafe y estudió en dos centros públicos de esa ciudad: el Colegio Concepción Arenal y el IES La Senda, este último bilingüe. Me sorprende el buen inglés que le he escuchado, así que imagino que en ese centro el bilingüismo sí está funcionando. No es así, por lo que me cuenta. Es verdad que el 70 % de la docencia se imparte en inglés, pero eso no significa que el idioma se aprenda bien. Su inglés procede del año en que vivió en Estados Unidos. El programa de centros bilingües de la comunidad de Madrid, en su opinión, es una gran estafa, pues el poco inglés que consigue enseñarse se logra a base de sacrificar otros contenidos. Dicho de otro modo, cuando se enseña Historia en inglés, por ejemplo, se opta por enseñar menos historia con tal de hacerlo en inglés, como si los contenidos de historia fueran irrelevantes o muy secundarios. Y Mario opina que es paradójico que ocurra esto en una comunidad que ha levantado la voz de alarma ante la falta de la debida atención a la historia de España o al idioma castellano en otras comunidades autónomas. En relación a esto último, asumo que Mario estudia Filología Hispánica, pero me corrige: ya no se llama Filología Hispánica, sino Español. No comulga con ese cambio de denominación y cree que las palabras no son inocentes. La falta de especialización (que es a lo que apunta la supresión de cualquier mención a la filología) y la precarización en el mundo actual son dos procesos íntimamente relacionados. Le hablo de los ámbitos de aprendizaje, que efectivamente dibujan un futuro de docentes sin un perfil definido, y a Mario le preocupa que eso suponga una pérdida de complejidad en los saberes que se transmiten. Es muy peligrosa la mala prensa que tiene el esfuerzo en nuestra sociedad y en el ámbito educativo.

Mario cree en la complejidad del mundo, pero piensa que esa complejidad no es algo a lo que podamos llegar por caminos simples, aunque a veces se nos quiera vender que sí, como hace a menudo el periodismo, que él denomina el «brazo armado de la simplificación de la realidad», proyecto estrella del aparato capitalista. Pero los ciudadanos no debemos esquivar las dificultades, sino abrazarlas y enfrentarnos a ellas como hermosas que son e inherentes a la condición humana. Me pone el ejemplo de las lecturas obligatorias en los centros educativos, con frecuencia denostadas. En su opinión, no pasa nada por obligar a un chico a leer un libro. Eso no lo va a matar ni a traumatizar. Recuerda que su instituto era muy riguroso y quizás, de no haber sido por eso, no habría llegado a donde está. Añade que la derrota es muy importante: es parte de la vida y enseña mucho. Pensando en la obligatoriedad de la lectura y su mala prensa, se me ocurre que el sistema que fomenta esa mala prensa ante la posibilidad de hacer a los jóvenes infelices es el mismo que luego les obligará sin pensarlo dos veces a pagar impuestos, a vivir en ciudades con unos precios de alquiler desorbitados por la indiferencia de unas administraciones que han permitido que la vivienda sea un gran negocio o que les obligará a trabajar por salarios con los que es imposible llevar una vida digna.

Repasamos con Mario el sistema educativo, del que mi entrevistado puede hablar como alumno y como hijo de docente. No le gusta que se conceda tanta importancia a los ordenadores, que no deberían estar en el centro de todo. Tampoco se siente cómodo con el énfasis en las competencias, primero porque siempre van en detrimento de los saberes, mucho más tangibles, y segundo porque suelen resultar vacuas y poco definidas. Algo que sí valora del sistema público es que permita que personas muy diferentes y de entornos muy distintos puedan convivir. Eso enriquece al individuo mucho más que la escuela privada, donde los alumnos suelen tener un perfil más uniforme.

Mario opina que los más desfavorecidos tienen una necesidad imperiosa de unirse y luchar por sus intereses, especialmente porque los poderosos ya lo han hecho y la unidad entre ellos carece de fisuras. Pero los demás no conseguimos ponernos de acuerdo, entre otras cosas porque nos suelen embarcar en debates falsos y sin mucha trascendencia. En este sentido, habría que trabajar para que el capitalismo no siga idiotizándonos. ¿Cómo lo logra? Según Mario, mediante los medios de comunicación, la tecnología y la educación, y encima lo hace en nombre del progresismo, lo que provoca que todo sea más sibilino y eficaz. Pero mientras más nos hablan de felicidad y bienestar, de menos felicidad y bienestar disfrutamos. Es curioso, sin duda, y aplicable a un sistema educativo que alega buscar la dicha del alumno por encima de todo y que está creando las generaciones más infelices de la historia. Por si fuera poco, explica Mario, quienes propician todo esto culpan luego a los jóvenes de su falta de preparación y a los docentes por no saber conectar y transmitir. Hay que desmontar tales falacias y atribuir las deficiencias del sistema a quien de verdad es responsable: una Administración hostil a la educación real y al aprendizaje y alejada de la realidad. En su opinión, debemos gritar a los cuatro vientos que nos estamos haciendo más mediocres cada vez y no desde luego por culpa nuestra.

¿Se puede ser crítico? Mario cree que es difícil porque el sistema fagocita la disidencia. Lo hace de manera disimulada, pero sin contemplaciones. Aun así, hay que seguir dando la batalla. En materia educativa, la educación progresista de verdad es rigurosa y seria y los maestros y profesores de los que guarda mejor recuerdo son aquellos que se lo pusieron difícil. Por otro lado, no debería esperarse que la educación la rescaten un puñado de profesores carismáticos e inasequibles al desaliento. Él los ha tenido, pero el sistema no puede depender de ellos porque son una minoría. Hay que arbitrar la manera de que la educación tenga calidad, sean quienes sean los que la imparten. De hecho, él no tiene en mente dedicarse a la docencia justo porque no se ve con ese carisma o con esa vocación exacerbada que se requiere hoy día.

Le pregunto por el binomio entre educación innovadora y tradicional y me advierte de los riesgos de ambas, incluso más de la primera. ¿Por qué? La segunda ya tiene mala prensa y en parte es merecida. Pero la primera suele percibirse como beneficiosa y deseable cuando frecuentemente esconde una transgresión meramente epidérmica y mucho más sumisa y acomodada a lo establecido de lo que quieren que pensemos. La innovación suele ser mediocre y falaz, pero de esto no se habla por esa simplificación del pensamiento que antes hemos mencionado. La prueba de fuego que nos permite saber cuándo algo es falaz consiste en ver cuántas veces se repite: a mayor número de veces, más posibilidades de que no guarde relación alguna con la realidad. Me cuenta que en la actualidad tiene en la universidad profesores supuestamente innovadores para los que *innovar* consiste en pasar lista y tenerlos la hora entera frente a una pantalla. Si tradición es tener delante un docente capaz de mantenerte atento a lo que te cuenta, volvamos a ella, eso sí, sin renunciar a una mirada crítica en la que no todo sea unidireccional y uno pueda posicionarse.

¿Quién puede objetar a que la enseñanza se lleve a cabo en dos idiomas que vamos a hablar a la perfección? ¿Qué más da que lo que antes era Filología Hispánica ahora sea Español a secas? ¿Cómo va a estar mal aprender sin esfuerzo y de manera grata y placentera? Mario nos alerta sobre estas preguntas de respuesta única (aparentemente), que para él merecen una reflexión en profundidad. Y propone otras: ¿por qué huir de la complejidad? ¿Por qué esquivar la derrota y pensar que solo debemos triunfar? ¿Por qué hay que ser feliz constantemente? ¿Por qué tanta tecnología y tanta falsa innovación? ¿De verdad son las competencias la panacea? ¿Nos hace mejores personas refugiarnos en una enseñanza privada de élite en la que jamás interactuaremos con personas distintas a nosotros pero que nos pueden enriquecer?

Eduardo Sáenz de Cabezón es matemático y profesor de Lenguajes y Sistemas Informáticos en la Universidad de La Rioja, pero se ha hecho muy conocido por conducir el programa de TVE *Órbita Laika*. Antes de ello, eran muy admirados sus monólogos científicos y su labor como divulgador, que incluyó una larga etapa como cuentacuentos para adultos por toda La Rioja. Lo que yo no sabía antes de desplazarme a Logroño a charlar con él es que durante diez años fue docente de secundaria.

Eduardo es fundamentalmente optimista porque observa a su alrededor un deseo de aprender y conocer cómo funcionan las cosas, esa curiosidad por el conocimiento que, según él, nos caracteriza como especie y de la que nos habló Daniel Gómez Aragonés. Saber, afirma, nos hace sentir parte de un todo más grande. Es lo que la educación debe proporcionarnos: sentido de pertenencia a una comunidad, en la que no podemos funcionar adecuadamente y con independencia si no conocemos cómo se articula. A Eduardo le va muy bien con su programa de televisión, su labor divulgadora y sus clases universitarias. Y no es extraño, dadas sus habilidades comunicativas, si bien también reconoce que los chicos necesitan que se les hagan atractivas las materias, no necesariamente divertidas pero sí atrayentes. Le pregunto por su visión de la educación y me explica que lo más importante es atraer a los jóvenes hacia el conocimiento. La etapa obligatoria debe tener un objetivo fundamental: que los chicos salgan con ganas de aprender. Para ello son necesarias varias cosas por parte del profesorado, pero él destaca un dominio amplio de la materia que se enseña, así como capacidad de comunicación. También es importante poner en relación lo que debe transmitirse con el mundo en que viven los alumnos: en palabras de Eduardo, «lo que yo sé con quiénes son ellos».

Eduardo se sitúa entre dos aguas. Valora los saberes y su transmisión, con el matiz de que no debe ser unidireccional. Tampoco esa transmisión ha de ser tan prolija que ponga en peligro su recepción, sino producirse en dosis adecuadas y razonables. Pero no me habla de que el alumno construya independientemente sus saberes y tiene claro que quien más sabe dentro del aula es el docente, que debe marcar el ritmo y establecer las reglas de juego. Considera importante el conocimiento, pero incluso también un cierto componente memorístico. Opina que las competencias, aunque necesarias, se encuentran en un momento de hipertrofia. Aborrece de la política, más preocupada por las estrategias electorales que por la mejora de la educación. Enfatiza que hablamos mucho de preparar profesionales, pero muy poco de preparar individuos, algo que apunta en la línea de cómo se están minimizando en las nuevas direcciones de la enseñanza los saberes y la formación humanística. También cree que la educación debe tratar de formar buenas personas para conseguir una sociedad cívica y madura. No cree que el sistema educativo deba tanto adaptarse a lo que hay como tratar de reconducir el futuro hacia donde queremos ir como sociedad. La clase magistral no hay que desterrarla, sino hacer que conviva con una aproximación más práctica. No se muestra contrario a la pedagogía, si bien la define como aquella ciencia que investiga la transmisión del conocimiento (y no como el dogma que prescribe cómo enseñar).

Quiero preguntarle a Eduardo por temas más concretos: por ejemplo, los ámbitos. No conoce a fondo en qué consisten, pero *a priori* le suenan bien porque coincide con la filosofía de que los saberes están interconectados. O sea, confirmamos que desde fuera pueden verse como algo beneficioso. Cuando profundizamos y le explico algo más en qué consisten, ya no lo tiene tan claro, afirma que no se debe en ningún caso diluir las diferencias entre los distintos campos del saber y que si no se aplican con mesura pueden llevar a la confusión de los estudiantes y alejarles del acceso al conocimiento. Sin ocasión de ahondar mucho más, a poco que se entre en la cuestión, empieza a percibir que lo que en un principio parece atractivo puede no serlo en virtud de cómo se aplique.

Eduardo no es una persona crítica ni combativa. Cuando dejó la secundaria lo hizo porque le interesaba la investigación y no porque tuviera ningún problema en el centro ni con sus alumnos. Confirma que había una buena gestión de la convivencia. Sus hijos pasan de los 25 y hace tiempo que dejaron el sistema. El gran carisma de Eduardo le hace un gran docente y sus planteamientos educativos son razonables y sensatos: no es un defensor a ultranza de la tradición, pero tampoco abraza una pretendida modernidad sin tratar de buscarle un encaje con aquello que sigue funcionando y teniendo sentido. ¿Quién puede objetar a que un docente tenga la obligación de buscar la complicidad de sus alumnos o que impartir una asignatura no consista solo en una sucesión de clases magistrales? Tras charlar con él, me reafirmo en la idea de que es imprescindible dar a conocer mejor qué estamos haciendo en materia educativa y por qué: da la impresión de que trabajamos a espaldas de la sociedad.

Claramente, todos somos parte del sistema educativo: unos como usuarios directos, otros indirectos y todos en último extremo, porque de lo que ocurra en él dependen el presente y el futuro. Algunos, sin embargo, parecen querer que creamos que el sistema está en manos de expertos y que no debemos preocuparnos más allá. Pero no lo está. Está en manos de unas ideologías cuestionables. Y la sociedad debería entender que, a diferencia por ejemplo de la atención médica —mucho más profesionalizada—, la educación de nuestros jóvenes se está desprofesionalizando y politizando rápidamente.

Si hablamos con personas inteligentes, nos damos cuenta de que el sistema educativo les importa. Mis invitados lo son. Otro problema es el desconocimiento que algunos han mostrado frente a determinadas praxis o teorizaciones sobre lo que debe ser la educación. Mi conclusión es que la indiferencia puede ser meramente un producto de la desinformación. Hay que hacer que la sociedad sepa lo que ocurre en los centros y cómo y para qué se está enseñando. Y hay que insistir a las autoridades educativas para que hablen, pregunten y, sobre todo, escuchen. Ganar unas elecciones no supone carta blanca para hacer lo que uno quiera con un asunto tan importante como este.

¿PARQUE JURÁSICO?

Tras esta etapa inicial del viaje, es momento de acercarnos a personas más directamente involucradas con la educación, comenzando por aquellos que ya no ejercen la docencia. No está de moda reivindicar la experiencia, los años y las canas. Pero no existe ninguna profesión que pueda avanzar sin nutrirse de la experiencia de quienes la han desempeñado antes. Así, mi próxima etapa supone encontrarme con personas de más de 60 años que se formaron en un sistema educativo, enseñaron en otro y, en un momento dado de su carrera, se toparon con otro. Algunos se adaptaron a la LOGSE o trataron de hacerlo y otros levantaron la voz de alarma y avisaron de los peligros que suponía. Con eso, probablemente, se contaba: los cerebros de la LOGSE sabían que surgirían críticos y crearon una etiqueta con la que descalificarlos: «profesaurios», o sea, docentes nostálgicos del franquismo, que pretendían seguir enseñando como siempre y que se resistían a cualquier cambio que mejorara la enseñanza. Eran siniestros representantes de la ultraderecha (¡qué pena que VOX no existiera aún!) y pretendían seguir dictando sus apuntes amarillos de siempre, tiza en ristre, dispuestos a atormentar a sus pobres alumnos y decididos a que la educación fuera el último reducto fascista en una democracia que aspiraba a la modernidad, la inclusión y el respeto a la diversidad. Debo confesar que mis expectativas iniciales no diferían mucho de lo que acabo de apuntar. Ahora las contemplo con ironía, pero yo también esperaba personas de ideas muy conservadoras, muy serias, poco dialogantes, encerradas en el enfado y el rechazo a todo lo que supusiera avanzar.

José Aguilar, hijo de profesores, fue docente de Lengua y Literatura hasta jubilarse en 2021 cuando ya «no aguantaba más». Su primer destino fue en 1988 San Roque (Cádiz). Luego ejerció en Málaga, en concreto en Ronda, Estepona y Marbella. Accedió al sistema público a finales de los 80 y ya se barruntaban cambios. Cuando estos se materializaron, José se mostró crítico. Constató que se buscaba a toda costa bajar el nivel, si bien no se decía con claridad. Para empezar, la llamada «enseñanza comprensiva», bajo la pretensión de no estigmatizar a ningún chico, obligaba a que todos los alumnos estudiaran lo mismo hasta los 16 años y no se pudiera establecer ningún tipo de separación o itinerario. Eso hacía, de forma natural, que los docentes tuvieran que ralentizar la marcha de los cursos. Se les decía que eso no importaba porque, como se sigue alegando, los currículos están muy sobrecargados. José no lo tenía del todo claro. En países como Alemania, desde los 12 años los estudiantes cursaban itinerarios adaptados a sus capacidades e intereses y todo funcionaba bien. Dice José que, si se compararan esos centros de finales de los 80 y los de ahora, no se salvaría absolutamente nada de los actuales.

Me interesa saber exactamente qué veía tan malo en la LOGSE. Para empezar, explica, que los contenidos no importaban nada. Se trataba de manera primordial de socializar, atender a las emociones y procurar la felicidad de los estudiantes. El centro era el alumno, a diferencia de la enseñanza tradicional, pretendidamente centrada en el profesor. Todo esto era pura palabrería, claro. ¿Por qué no hubo una contestación masiva? José responde que en ocasiones la Administración utilizaba pequeños sobornos: a los centros que aceptaran las reformas sin rechistar se les instalaba, por ejemplo, un laboratorio de idiomas o cualquier otra infraestructura. En pocos meses esos laboratorios no servían para nada, claro, porque jamás se había previsto un mantenimiento de los mismos. Pero la razón principal para la falta de oposición es lo que José denomina un «progresismo ambiental». Todavía no se acusaba a las personas de fascistas, pero oponerse a algo que venía de un gobierno progresista era tildado automáticamente de reaccionario. A quienes lo hacían se les llamaba «profesaurios», como he indicado, concepto muy extendido y que nadie definió nunca. Tampoco se creó para definir, sino para descalificar a los que no aceptaban el pensamiento único. Para Alicia Delibes, con quien luego hablaremos, estas etiquetas funcionaron bien, pues aquellas personas que veían que no iban a poder hacer nada tampoco querían que se les etiquetara y preferían callarse.

José no se atreve a sentenciar que lo ocurrido fuera exactamente lo que se pretendía y otorga el beneficio de la duda a los impulsores de las reformas. Sí les acusa de que jamás han hecho autocrítica. De hecho, siguen enrocados en que los equivocados eran los demás. El único político que en su momento no impulsó la LOGSE, pero tampoco se opuso a ella, fue Julio Anguita, quien, al volver a la docencia tras pasar por la política y viendo los resultados, reconoció públicamente que no lo habían hecho bien y pidió disculpas. Durante una época, José tuvo la esperanza de que el PP hiciera algo. Fue un espejismo. Utilizó mucho la cultura del esfuerzo como arma arrojadiza contra el PSOE en busca de algún voto, pero en cuanto llegaban al poder se olvidaban de ello o veían que no era sencillo retomarla. José Ignacio Wert fue de los que más claro tenía que había que hacer algo y que las reválidas o pruebas de diagnóstico podían ser útiles. Los intereses creados y los poderes fácticos se cobraron la cabeza del ministro antes de que tuviera tiempo de poner nada en marcha y lo poco que hizo se desmanteló de inmediato.

A finales de los 90, la LOGSE generaba ya alguna crítica. Quizás por eso, a lo largo de las décadas, se han introducido reformas cosméticas, pero, me dice José, sigue siendo el sistema que tenemos. Mantiene sus defensores, pero cada vez son menos. Más allá de consideraciones pedagógicas o pseudopedagógicas, piensa que es meramente una cuestión de observar la realidad: ¿cómo puede alguien defender un sistema en el que ni con dos profesores en el aula se consigue mantener un clima de trabajo? José me habla desde su propia experiencia y me dice que el ambiente en muchos centros es irrespirable. En su caso personal, solía conseguir que los alumnos lo respetaran, pero conoce compañeros con serios problemas. Los partidarios de la oficialidad educativa ni siquiera permiten que se mencione la disciplina por ser un concepto reaccionario: hay que hablar de convivencia, siempre en positivo, nunca dando la impresión de que no es buena sino proponiendo, en su caso, medidas con las que mejorarla «aún más».

Esto último es claramente una falacia. Pero hay otras. A José le molesta que se diga que el problema es la falta de financiación. Inyectar más dinero en un sistema disfuncional es contraproducente. Deberíamos parar en seco y replantearnos qué hemos hecho mal. José no es del todo pesimista, pese a lo que pueda parecer, y cree que se habla cada vez más de la necesidad de devolver cierta disciplina a los centros. No hay una aceptación generalizada del sistema y la crítica va siendo más abierta. No obstante, muchos jóvenes docentes vienen con la LOGSE inculcada y no son conscientes de que exista nada más. Que los alumnos no presten atención en clase, que no dejen de hablar, que se griten y se falten el respeto y que la clase casi nunca se pueda dar para ellos no es problemático ni llamativo ni requiere de ninguna medida especial.

José cree que hay demasiada mediocridad entre los docentes, a quienes no se puede echar y que ingresan en el cuerpo por un sistema que no selecciona a los mejores. Difícilmente puede haber exigencia al alumnado si no la hay en la selección de docentes. Como veremos luego, muchos defensores de la innovación y la pedagogía argumentan esto mismo, aunque su idea de cuáles son los mejores es probablemente otra. El nefasto máster de enseñanza secundaria[2] es, según José, mero adoctrinamiento sin función alguna más allá de cercenar cualquier espíritu crítico, presentando la pedagogía supuestamente renovadora como el único camino hacia la luz y evangelio de la verdad. La legislación y la burocracia son objeto de especial atención de cara a ir preparando al profesorado para lo que será su verdadera tarea: aprobar alumnos de manera indiscriminada, enseñarles lo mínimo, aguantar sus impertinencias y rellenar papeles. José comenta irónicamente que en ese máster

---

2   A lo largo de este libro me refiero a este máster como si fuera uno solo, cuando cada universidad que lo imparte lo hace con un programa de estudios diferente y a veces incluso con una denominación ligeramente distinta. Pero todos estos títulos son muy similares en su filosofía y objetivos.

cuenta más que la encuadernación de los trabajos sea bonita que lo que ponga dentro, cosa que a nadie le interesa y que en la mayoría de los casos es inaplicable.

José combate lo que le enerva mediante un personaje con el que es muy activo en redes sociales: Fray Josepho, con cerca de 200 000 seguidores en Twitter, ahora X. Durante mucho tiempo no se sabía a quién correspondía el seudónimo. Fray Josepho pretende ser un fraile que se expresa en castellano antiguo y transmite verdades incómodas parapetado tras un humor corrosivo. Fue un recurso para gestionar esas quejas que había intentado llevar a claustros y otros foros sin mucho éxito. José se define como alguien progresista y explica que el progresismo oficial lo es solo de nombre: no hay en realidad nada más progresista que comprometerse con valentía con la enseñanza pública de calidad. Es el mejor ascensor social que existe y cuando no funciona suelen ser los más desfavorecidos los que lo acusan. Es la misma postura que muchos otros entrevistados han defendido. Opina que todo el que aplaude el sistema educativo tal cual lo tenemos lo hace por interés personal y no por los alumnos: hay mucho dinero y prebendas en este ámbito y los beneficios de apoyar activamente esta manera de educar son enormes.

Me dice mi entrevistado que la línea que separa a los políticos de los pedagogos es muy difusa, casi inexistente. Una de las cosas que trajeron la LOGSE y los pedagogos fue la supresión de jerarquías académicas en enseñanzas no universitarias. El cuerpo de catedráticos de instituto se desmanteló, porque no parecía interesar una élite docente que pudiera objetar a las reformas. Se creó un cuerpo único, que integraba también a los profesores de Formación Profesional. No obstante, hay que utilizar la palabra *desmantelar* con cautela. No se abolió la jerarquía, sino que esta mutó, redefiniéndose en términos que no tenían nada que ver con lo académico y que eran de índole política. Los políticos arrebataron a los profesionales cualquier papel en la toma de decisiones, pero la jerarquía sigue existiendo. En la cúspide de la pirámide están ahora los políticos, y justo debajo sus asesores pedagogos, que sientan cátedra y transmiten doctrina. Junto a los pedagogos están los inspectores, que constituyen la policía política. Es una jerarquía más siniestra, más tácita y por ello menos objetable, pero más despiadada.

José opina que las reválidas y pruebas de diagnóstico pueden ser una solución, pero no termino de ver que un sistema responsable por esta situación ponga en marcha unas pruebas y que no vaya a intentar maquillar los resultados. El mismo problema le veo a su propuesta de que en las oposiciones se elimine lo didáctico y se prime el contenido. Mucho tendría que cambiar para que esto ocurriera y hacia donde nos encaminamos es más bien a lo contrario. José cree que la competencia entre centros con mayor autonomía para elaborar sus propios proyectos educativos puede ser una solución. Hablaremos de todo ello con más detenimiento más adelante. José, en cualquier caso, es una persona con un gran sentido del humor y muy alegre. Le preocupa la educación, pero de una manera constructiva, si bien algunas de sus afirmaciones puedan parecer catastrofistas o incluso exageradas. Mi primer profesaurio no ha sido como me esperaba y mucho menos como me habían hecho creer que sería. Sus reflexiones me han dado que pensar y me ha sorprendido su concepto del progreso, tan alejado de lo que catalogamos como tal.

Pongo rumbo a Madrid para charlar con Mariano del Mazo Unamuno, bisnieto del famoso pensador y escritor bilbaíno. Durante cuarenta años ha sido docente en la enseñanza pública, en los últimos años como catedrático de Lengua y Literatura. Ha enseñado en secundaria, en escuelas oficiales de idiomas y en enseñanza exterior, primero en Marruecos y más tarde en Estados Unidos. Hasta que se jubiló en 2022, impartía clases a futuros maestros. En aquel entorno notaba la paradoja de que muchos de los supuestos *expertos* en educación jamás hubieran pisado un aula. Eran expertos sin ninguna experiencia. Pero luego era a quienes se encargaba la redacción de las leyes educativas. Mariano ha escrito artículos sobre todo ello y sigue publicándolos.

Cuando Mariano regresó a España en 1994, tuvo ocasión de comprobar lo reaccionario de la LOGSE, que bajaba el nivel, daba cancha a la enseñanza privada y amenazaba la educación como ascensor social a base de despreciar el conocimiento. Su opinión es la misma que la de José Aguilar, que se declaraba progresista, aunque Mariano es más duro con la enseñanza privada. Le pregunto por sus simpatías políticas y no duda en aseverar que se siente socialista y de izquierdas. Desde la oficialidad se le tacha de fascista, reaccionario, segregador, nostálgico del franquismo y clasista, a él precisamente, que, a diferencia de muchos que defendían públicamente la LOGSE, jamás quiso que sus hijos estudiaran en ningún centro que no fuera público.

¿Sigue teniendo la LOGSE partidarios? Según Mariano, muchos, pero sobre todo entre los poderes establecidos: sindicatos, políticos y pedagogos. Insiste, como José, en que la LOGSE sigue vigente, pese al batiburrillo de siglas de leyes posteriores (la última es la LOMLOE), que solo introducen cambios menores, pero sin tan siquiera arañar la columna vertebral de aquella ley socialista. Mariano me habla del «búnker pedagógico», un lugar no fácilmente accesible desde el que los pedagogos imponen su lenguaje y su visión del mundo, a espaldas de todo e indiferentes a cualquier crítica o discrepancia. A diferencia de ese «búnker», los críticos con la LOGSE suelen estar poco cohesionados y se oponen a todo lo que suene a consignas y adoctrinamiento. Eso ha hecho que fracase algún intento de encontrar cierta cohesión y plantear un frente común. Los partidarios de la LOGSE, en cambio, tienen muy bien articulado su discurso, que es homogéneo y sin fisuras. Mariano les llama «mefistofélicos» y «perrofláuticos».

Añade que el pedagogismo se mantiene inmutable, pero de vez en cuando varía el énfasis, que por turnos recae en el alumno como centro del proceso, en las emociones o en las nuevas tecnologías. Es siempre lo mismo, pero el disfraz va mutando. Los pedagogos, por otra parte, están en todo: en los medios de comunicación, copando el cuerpo de inspectores y en la política. Uno de sus principales *lobbies* es el Foro de Sevilla. Cuando investigo esta última organización, me sorprende que no haya ninguna forma de contactar con ellos. Puede uno adherirse, pero sin rechistar. Lo integran profesores de universidad en su mayoría, con una representación casi nula de docentes preuniversitarios.

Mariano pone el dedo en la llaga de lo que debilita el sistema: la idea de que nunca se repita y rara vez se suspenda, que es lo que promueve el Foro de Sevilla cuando indica que la evaluación debe ser formativa y no punitiva. No solo comete el error de desincentivar el esfuerzo, también consagra la idea de que el conocimiento no es sumativo y jamás se van a necesitar en un curso superior los saberes o competencias que debían haberse adquirido en uno anterior. No ve la educación como un proceso estructurado, sino como forma de dar respuesta a lo que en cada momento le apetezca al alumnado. Ignora el pasado y el futuro para centrarse en la satisfacción inmediata, eje de la ideología que busca convertir al ciudadano en mero consumidor.

Puesto que en opinión de Mariano lo que se está haciendo a nivel educativo no tiene nada de progresista, le pido que establezca cuatro pilares para una pedagogía que lo sea. Lo primero es reivindicar el conocimiento inútil o lo que el Foro de Sevilla denomina saberes «descontextualizados y sin sentido»: adquirir conocimiento es un proceso enriquecedor más allá de su utilidad inmediata; En eso se basa nuestra cultura. En segundo lugar, hay que prestar atención a los resultados. Si el alumno aprende algo o no lo hace debe ser parte integral del proceso. Mariano afirma que los pedagogos llaman a esto «resultadismo», despreciando lo que la teoría posmoderna llamaría teleológico, o sea, con un principio, un desarrollo y un final. Lo importante no es, según el pedagogismo oficial, lo que se vaya a conseguir, sino que cada momento resulte grato. El tercero de los pilares es el fomento del esfuerzo y el mérito. Y el cuarto es considerar la disciplina y el respeto a la convivencia asuntos medulares. Estos cuatro pilares se resumen en una idea muy sencilla: que en los centros pueda volver a enseñarse en un clima adecuado, con unos fines claros, desde la exigencia y estimulando el esfuerzo e involucración del alumnado.

Me va quedando clara una idea: nada de lo que pasa es casual y hay un grupo muy específico de personas interesadas en que lo que está ocurriendo siga ocurriendo y que o no ven problema alguno o han decidido mirar hacia otro lado. Quizás podríamos hablar de una suerte de *establishment* educativo,[3] que está detrás de todo este vaciamiento de contenidos, pedagogía invasiva y otros males que me han hecho notar. Sigo planteándome muy seriamente qué es progresista en educación. Y no se

---

3   Dice Guy Debord que las ideologías totalitarias contemporáneas han dejado de referirse a sí mismo como ideologías; mientras más poderosas son, más se resisten a ser nombradas (58).

me olvida lo mencionado por Mariano de un sistema que busca el éxito universal, donde no se exija nada, a nadie se le diga que no ha hecho lo suficiente y en el que el resultado sea irrelevante.

Volvemos a Andalucía para charlar con otro profesor jubilado. Juan Guzmán estuvo dando clase hasta hace solo cinco años. Oriundo de Ceuta, comenzó a trabajar como docente de biología y geología en 1981 en Barcelona y su área metropolitana. En 1992 se trasladó a Andalucía, donde siguió ejerciendo hasta 2018. Ahora reside en Tomares, localidad cercana a Sevilla. Me recibe en su domicilio e iniciamos la conversación hablando sobre la jubilación. Juan comenta que en los años 80, cuando él comenzó, los docentes trataban de retrasar la jubilación lo máximo posible y se iban con pena. Eran un colectivo muy vocacional. Hoy día la mayoría cuenta los días para retirarse y, cuando les llega, la reciben con una enorme alegría. A quienes todavía les quedan unos años les toca afrontarlos con resignación. ¿Y él? Dice que no echa de menos la docencia. En los últimos tiempos no le veía mucho sentido a lo que hacía. No conocí a Juan anteriormente, pero me llama la atención su aspecto juvenil. Afirma tener una vida muy activa: viaja, lee, hace ejercicio e incluso ha vuelto a tocar la guitarra.

Me interesa profundizar en aquello que hizo que su trabajo dejara de motivarle y surge nuevamente la LOGSE. En este caso hacemos un poco de historia. Juan me cuenta que no se aplicó de inmediato sino con mucha cautela, casi diríamos que con nocturnidad. De hecho, durante unos años él ni siquiera la sufrió. Comenzaba a implantarse en los pueblos y luego se llevaba a la periferia de las ciudades. Esto nos lleva a preguntarnos: si tan buena era la ley, ¿no hubiera debido establecerse en todos los centros por igual o al menos comenzar a aplicarse de forma aleatoria? ¿Es progresista que los conejillos de indias fueran los chicos de entornos más humildes? Claro, siempre se podrá contraargumentar que la llevaron a esos lugares para que ellos fueran los primeros en disfrutar de sus múltiples beneficios. Pero lo que Juan me dice a continuación deja claro que eso no fue lo que ocurrió. Resulta que los que defendían la LOGSE, y él lo vivió en primera persona, llevaban a sus hijos a colegios en los que aún no se aplicaba y, cuando el sistema se generalizó masivamente, a la privada o a la concertada. Esta última había sido creada en 1985 por el gobierno de Felipe González dada la escasez de centros públicos en aquel momento. Los colegios privados accedían a fondos públicos a cambio de seguir algunas directrices gubernamentales. Juan es muy crítico con esto: es inconcebible que un gobierno socialista salvara con dinero público a muchos centros privados que se encontraban en aquel momento al borde de la bancarrota.

Era todavía más perverso: en algunos colegios se *olvidaban* de aplicar la LOGSE y allí era donde algunos socialistas andaluces llevaban a sus hijos, que luego salían en prensa presumiendo de que sus vástagos iban a la enseñanza pública. Es cierto, según Juan, que sigue habiendo centros donde la LOGSE se aplica solo nominalmente y se siguen exigiendo resultados y manteniendo unos niveles de excelencia, pero otros muchos persisten en hacer las cosas como un día creyeron que había que hacerlas.

Otro problema que tuvo la ley, según Juan, fue que sus artífices procedían en más de un 80 % de lo que entonces se llamaba Magisterio y ahora Ciencias de la Educación. Este colectivo votaba y vota mayoritariamente al PSOE (luego explicaremos cómo Juan conoce tan bien todo esto). O sea, el sistema fue creado mayoritariamente por maestros y no por profesores de secundaria y en él se vertió mucho resentimiento. Había un complejo de inferioridad entre los maestros, que difundieron la idea de que los licenciados, que contaban con dos años más de estudios universitarios, no sabían nada de educación y ellos sí. Toda la ley rezuma desprecio a la especialización y a los conocimientos y consagra la pedagogía como el dios supremo. Esto explica muchos comentarios que llevo años escuchando de parte de pedagogos sobre los profesores de secundaria y universidad como profesionales incapaces de enseñar por carecer de una formación específica para ello.

La mescolanza de profesores de primaria (que ahora imparten clase en primero y segundo de ESO) y secundaria no fue buena, según Juan. Los primeros carecían de contenidos que enseñar, pero acusaban a los segundos de hacer fracasar la LOGSE por no saber aplicarla correctamente. Llegaban a decir que a estos últimos no les interesaba el corazón ni las emociones de sus alumnos, solo sus cerebros. Se les acusaba de antiguos, de no querer innovar ni adaptarse a los nuevos tiempos. Todo esto procedía de un discurso pedagógico que Juan califica de vacuo, remoto, irreal y demagógico. Otro ejemplo: los centros se llenaron de orientadores, que jamás habían enseñado, pero a los que se ungió con la capacidad de decirle a los demás cómo había que enseñar. Estos mismos orientadores les insistían en que un alumno no podía ser expulsado de clase bajo ningún concepto y que cualquier conducta disruptiva debía ser gestionada por el docente mediante sus conocimientos pedagógicos, pero sin especificar nunca cuáles.

Juan opina que la ESO tiene que permitir una diversificación más temprana de los alumnos según sus intereses. Juan Antonio Rodríguez Tous me llegó a decir que la ESO era casi un frenopático: los estudiantes se vuelven agresivos porque no quieren estar ahí y piden a gritos que los echen mediante un comportamiento desbocado. Pero este es otro asunto muy ideologizado: la izquierda oficialista insiste en que esto es fascista y se demoniza a quien diga lo contrario. Según Juan, mantener a un chico en una clase en la que no desea estar lo desmotiva. La clave, según esa izquierda, es que el profesor capte su atención, aunque para ello tenga que mantener a otros alumnos cruzados de brazos o desmotivados. Lo de igualar por abajo y no dejar a nadie atrás (salvo a los más motivados y con más capacidad, que esos no importan;

ya hemos escuchado antes a Rafa Castaño hablarnos desde el otro lado, como uno de aquellos a quienes no merecía la pena prestar atención) es una estrategia neoliberal que busca otorgar solo a los centros privados de pago la capacidad de formar personas preparadas. Lo que a Juan le desconcierta es la deriva antiintelectual de la izquierda española, que no tiene paralelos en el resto de Europa. Todo ello es difícil de combatir porque se parapeta tras la bella idea de que el objetivo fundamental es que el alumno sea feliz y no sufra.

La LOGSE instaló un mundo de grandes falacias. No dejar a nadie atrás suponía una inflación de notas sin precedentes, con consecuencias terribles para cualquier sociedad que pretenda avanzar. La LOGSE proclamaba que traía la innovación, como si nunca antes se hubiera innovado. Juan opina que el problema no es en sí tal innovación, sino que la que se extendió fue una vacua (esa sí era nueva), que dinamitaba la exigencia porque había que divertir y entretener. Juan defiende la innovación cuando esta aporta aprendizaje real y resulta útil y sensata. Dice haber innovado mucho hasta darse cuenta de que la mejor docencia no precisaba de tanta reforma novedosa, aunque un uso puntual de las tecnologías sí ayuda. Es curioso porque incluso entre los sectores más cercanos al *establishment* está cundiendo la idea de haber atravesado una etapa de locura tecnológica en la que quizás se ha exagerado la centralidad de lo que es en definitiva un medio. No obstante, a nivel oficial no se está viendo ningún reflejo, probablemente porque hay intereses económicos muy potentes detrás del uso de las tecnologías y la digitalización. Son intereses muy similares a los de las editoriales: cada vez que ha habido un cambio normativo se han tenido que rehacer los libros de texto y eso ha proporcionado grandes ingresos a estas últimas. Los docentes, perdidos entre tanto cambio, confiaban en esos nuevos libros que ya lo detallaban todo como la ley exigía e incluso ofrecían programaciones confeccionadas. Son editoriales, por otro lado, que pertenecen a grandes grupos empresariales con intereses en las nuevas tecnologías y que últimamente han comenzado a implantarse en un gran nicho de mercado: la enseñanza universitaria.

Entre las falacias, una de las más importantes es el bilingüismo, con el que tan crítico se mostraba Mario Obrero. Observen la absoluta correspondencia entre lo que uno y otro me han contado, personas de lugares diferentes, edades diferentes y sin ningún vínculo entre ellos. Juan me dice que se ha usado como estrategia al servicio del vaciamiento de contenidos en la enseñanza. Un alumno que cursa la modalidad bilingüe va a cubrir un 50 % menos de materia que un alumno que no. La razón es que no se explican cosas en inglés y otras en castellano o el idioma oficial de la comunidad, sino que o se hace en ambos para que todos lo entiendan o, si de verdad hay clases que se imparten en inglés, en ellas apenas se avanza por las dificultades que supone enseñar en ese idioma a alumnos que no lo dominan. El sistema se vendió como magnífico, pero, como ocurre con la tecnología, el descrédito ha comenzado a ser generalizado. Fue un eslabón más de ese pensamiento mágico que se ha instalado en educación: el de creer que por decir que somos inclusivos ya lo somos o que un centro es verdaderamente bilingüe porque un cartel en la puerta diga que lo es.

Sobre el profesorado joven, Juan ve que muchos de ellos se han creído todos los dogmas que les han inoculado. En general, es un cuerpo docente poco formado y menos crítico, que hará lo que el sistema le mande sin cuestionarlo. Cada vez se les pide menos a los que ingresan en la carrera más allá de conocimiento pedagógico o, mejor, demostrar (aunque sea sobre el papel) que han memorizado las consignas. Juan opina que esta es una profesión que solo se aprende mediante la experiencia y no en los cursos de pedagogía. Pero en un sistema tan totalitario como el nuestro pensar que algo se vaya a dejar a una cosa tan etérea como la experiencia no es fácil de concebir.

Juan votó durante los años 80 al PSOE. Le costó mucho dejar de hacerlo porque le parecía que de ese modo traicionaba sus principios. En algún momento entendió, sin embargo, que podía seguir siendo progresista sin necesidad de apoyar a los que habían dinamitado el sistema educativo e instaurado una ley del silencio gracias a la cual oponerse a la LOGSE era un suicidio profesional. Algunos (y él también) sortearon tal ostracismo pidiendo el traslado a otros centros, refugiándose en el bachillerato, etc. Esto ha contribuido a lo que antes comentábamos: a crear centros buenos donde se refugian profesores que de verdad quieren enseñar y centros malos muy logsificados a los que van los alumnos que no tienen otra opción y en los que enseñan profesores jóvenes a los que no les importan mucho.

De la conversación con Juan me voy apenado con la idea de que los docentes quieren marcharse cuanto antes: personas con experiencia, vocación y conocimientos que no ven el momento de abandonar el sistema. ¿Se puede seguir negando que algo se está haciendo mal? Por otro lado, sus observaciones sobre la manera hipócrita en que se aplicó la ley o el hecho de que el mismo gobierno que hablaba de progresismo rescatara de la quiebra a los centros religiosos privados me han dado mucho que pensar. Me intriga la idea de que los pedagogos siempre han querido desplazar a los licenciados y los expertos. Es verdad que llevo años notando hostilidad, pero no se me había ocurrido que viniera de tan atrás. Seguimos en nuestro viaje desvelando falacias: el bilingüismo, no dejar a nadie atrás, la innovación como dogma, etc. Por otro lado, en las conversaciones que llevamos hasta ahora parece configurarse la idea de un *establishment* con actores poco claros y métodos no declarados, pero con mucho poder e intereses espurios.

Hablaremos más adelante de sindicatos y en ese punto retornaremos a Juan Guzmán. Por el momento acudimos al encuentro del mallorquín Eduardo Jordá, conocido como escritor y columnista, pero que también fue docente en Mallorca en los años 80. Es alto y cortés, pero con una afección vocal debida a un tumor en las cuerdas vocales que hoy le impediría enseñar. Como profesor de literatura, mi tendencia natural a ver símbolos en todas partes me lleva a plantearme si ese tumor que ha silenciado en gran medida la voz de Eduardo es el que se extiende por el sistema educativo, silenciando la crítica, obligando a que cualquier objeción deba hacerse en voz baja y tras haber comprobado que nadie nos escucha. Eduardo huyó de la educación por razones personales, pero también porque «se veía venir la reforma educativa», en sus propias palabras.

Le pido que me explique qué le resultaba tan temible de la LOGSE. Según él, había un dogma que sostenía que todo lo que se hacía *antes* era malo, aunque nunca se llegaba a explicar claramente qué se hacía antes y en qué momento en concreto. Todo lo nuevo, especialmente si tenía que ver con la tecnología y la *innovación*, era bueno y deseable. Otro dogma era que enseñar no consiste en transmitir contenidos, que no importaban nada. En su lugar había que aprender a hacer cosas, a ser feliz y a gestionar las emociones. Ese buenismo que quiere monopolizar la autoridad moral frente a cualquier crítica recorre todo lo que huele a pedagogía, con una aureola progresista que no resiste un análisis en profundidad, pero que hace difícil la crítica. Es un buenismo que Jordá compara a las criaturas de H. P. Lovecraft: esas que reptan en las tinieblas de los despachos con intereses políticos nunca confesados, las que poseen ambiciones desmedidas y no paran de sonreír mientras imponen a hierro sus voluntades. Es el buenismo de los nacionalistas catalanes, dice Eduardo, con su anhelada república de las sonrisas, pero que se ceban sin piedad con quienes no piensan igual que ellos, quienes no tienen nombres que suenen suficientemente catalanes o, peor incluso, con quienes hablan la lengua maldita y estigmatizada de la vieja y decrépita Castilla.

Eduardo me cuenta que él quería mucho a sus alumnos y se consideraba un docente cercano. O sea, no echa de menos ejercer la autoridad, sino todo lo contrario: poder enseñar. Tiene claro que la enseñanza no puede seguir consistiendo en alguien que desde una tarima nos «dicta la lección». Hay que adaptarse a los tiempos, una obviedad en cualquier profesión, pero que en esta tenemos que repetir continuamente. Al tiempo, Eduardo habla de la necesidad de ser exigentes con nuestros alumnos, una exigencia que nace del amor y no del odio. Se exige a quienes queremos para que estos desarrollen todo su potencial. Quienes no exigen nada son aquellos a quienes menos les importan sus estudiantes. Pero nos han hecho creer justo lo contrario.

Eduardo me habla de sus hijos. ¿Cómo afrontó su educación? Muy a su pesar, los llevó a un centro privado, en el que existía disciplina y se demandaba esfuerzo. También les obligaban a dedicar parte del tiempo a ayudar a personas necesitadas. O sea, no elaboraban carteles con eslóganes bonitos, pero sí se acercaban al mundo real a aprender de quienes lo pasaban mal. No debían ir lejos porque en el mismo barrio en el que estaba el centro había muchas personas viviendo en situaciones difíciles. Eduardo aprovecha para denunciar que en los centros públicos la realidad se ha sustituido por una especie de paraíso discursivo en el que mencionar las palabras parece crear por sí solas las realidades a las que aluden: ayudamos a revertir el cambio climático mediante un mural en lugar de emplear ese tiempo en una reflexión crítica sobre qué ocasiona ese cambio climático y, sobre todo, por qué hay tan poco interés en hacer nada por revertirlo.

Eduardo opina que hay tantas falacias en el ámbito educativo que casi hace falta un glosario. Cuando se habla desde la pedagogía de que hay que amar al estudiante y buscar su felicidad, lo único que significa es que hay que ponérselo todo fácil, no obligarle a aprender nada y, pase lo que pase, felicitarlo por lo bien que lo está haciendo, sin importar cómo lo haga en realidad. Ayudar al vulnerable, que también suena muy bien, consiste en tirar la toalla desde el primer momento y pensar que aquel que viene de un entorno desfavorecido o parte de circunstancias que puedan limitarle no va a conseguir nada y por tanto que no merece la pena siquiera intentarlo.

Las criaturas de Lovecraft es cómo Eduardo Jordá se ha referido a lo que otros entrevistados han considerado el *establishment* educativo, expresión que trata de reflejar una cualidad antitética: su invisibilidad y al tiempo, su ubicuidad. Me quedo con la metáfora. También me llevo sus advertencias sobre el buenismo y la necesidad de profundizar en las consignas y no quedarse en la superficie. Pero también debe tenerse en cuenta que el actual sistema se ha armado de palabras muy efectivas a la hora de legitimarse, con lo cual quizás lo primero que debería hacerse es luchar por exponer las falsedades detrás de ciertos términos o, dicho de otro modo, dejar meridianamente claro qué significa realmente cada una de esas expresiones que escuchamos a diario.

Juan Antonio Rodríguez Tous ha sido profesor de filosofía hasta hace poco. Se incorporó a la docencia a principios de los 80 y fue de los primeros en obtener plaza en las oposiciones convocadas por la comunidad de Andalucía, teniendo como primer destino Ayamonte, en Huelva. El perfil de Juan Antonio no es el de un profesor de secundaria medio y así lo demuestra su extensa lista de publicaciones. En 1985 cofunda *ER. Revista de Filosofía*, activa hasta 2005. En 1994 se incorpora a la Universitat Pompeu Fabra, en Barcelona, y allí enseña durante una década. La institución se había creado en 1990 y pretendía ser pionera en ofrecer una docencia dinámica y de calidad. Pese a que llegó a ser vicedecano de la Facultad de Humanidades, en 2005 retorna a Sevilla y se reincorpora a la secundaria en un instituto del barrio de Rochelambert, en la periferia de Sevilla. Le supuso un gran *shock*. Nada era como él lo recordaba y en aquellos diez años la llegada e implantación de la LOGSE había traído el caos. En sus últimos años en aquel centro apenas podía enseñar y pasaba más tiempo pidiendo a los alumnos que guardaran silencio. Para entonces compaginaba la secundaria con una plaza de profesor asociado de Metafísica en la Universidad de Sevilla y en un centro de adultos, donde la situación era significativamente más propicia al aprendizaje y la enseñanza. Desde 2020, cuando se jubiló, Juan Antonio disfruta de sus aficiones: el submarinismo (se sacó el título justo después de retirarse), leer y escribir. Su último título es *Hegel para lelos*, de 2022. También colabora en Canal Sur Radio hablando de filosofía.

Juan Antonio y yo quedamos en un bar junto a la basílica de la Macarena, huyendo del parque temático en que se ha convertido el centro histórico de Sevilla. Tras deplorar este turismo tan invasivo y congratularnos de que aún queden lugares como este, le pregunto a Juan Antonio por qué no ha publicado nada sobre educación. Dice que carece aún de la distancia necesaria. Recuerda los tiempos en que fundó, junto a otros como Carlos Rodríguez Estacio, el sindicato PIENSA, que Juan Antonio define como «cachondo y de gente inteligente». Ahora está desactivado, pero en su día consiguieron algo que parecía imposible: desmantelar los planes de la Consejería de Educación de la Junta de Andalucía de comprar aprobados masivos mediante regalos a profesores y centros. Se denominó Programa de Calidad y Mejora de los Rendimientos Escolares y se aprobó en 2007: al profesorado se le pagaba 7000 euros más anuales si en cinco años se conseguía aumentar el nivel de aprobados. Un 85 % de los centros votó en contra, aunque aquello se retiró y volvió a presentarse al cabo de poco tiempo, consiguiendo mucha más adhesión, seguro que porque se había trabajado mejor desde los despachos.

Juan Antonio cree que la educación se encuentra en estado canceroso y cada vez atrae gente menos preparada. Para muchos es una salida fácil en un mercado laboral complicado. Las reformas educativas son intentos de imponer una ideología y están muy alejadas de cualquier intento de mejorar la educación. Las dos estrategias para combatir ese asalto ideológico son, por un lado, el sentido del humor inteligente y, por otro, no cejar en el empeño de desmontar argumentarios falaces, pero sin agresividad. Juan Antonio es un bohemio. Le pregunto si se reconoce en la idea de un profesaurio y me dice que no cree serlo. Pero no le importa mucho lo que le llamen. Siendo un gran amante del cine, en el centro de adultos rodaba cortometrajes con sus estudiantes. Se lo pasaban muy bien y aprendían mucho. Su docencia en absoluto era tradicional y siempre buscaba innovar y motivar. Si algo me llevo de esta conversación, en la que volvieron a salir muchos de los temas antes tratados, es que esto no es una batalla entre profesores inmovilistas e innovadores. Hasta ahora todas las personas con las que he hablado son entusiastas de la educación, progresistas, adaptadas al entorno actual y nada desfasadas.

Quiero hablar con alguien más y me traslado a la localidad de Tres Cantos, al norte de Madrid. Pablo López Gómez lleva cinco años jubilado. Como me puntualiza en un primer momento, se retiró de la docencia, pero no de la educación, tema que le sigue ocupando. No deja de leer y escribir sobre ello, lo que me corrobora su mujer arqueando las cejas. *La escuela insustancial: De la LOGSE a la LOMLOE (1990-2023): Tres décadas de desastre educativo* es su libro más reciente y salió en 2023. Me cuenta que en este título ha conseguido ser más analítico y calmado que en el anterior, publicado en 2018, cuando estaba aún en activo: *Lo que estamos construyendo*. Desde 1983 Pablo había impartido clases de lengua y literatura, primero en primaria y desde 1993 en secundaria, siempre en centros de la comunidad de Madrid. En algunos de ellos podía aún enseñarse, pero otros han aparecido en las páginas de sucesos de los periódicos, con alumnos muy problemáticos y presiones constantes de las familias para que los titularan a toda costa. Es la gran falacia de que todo el mundo lo puede todo y la picaresca de que maquillando las cifras y el relato estamos transformando la realidad. Habiendo sido profesor de primaria, Pablo pide que se preste atención a esa etapa educativa, que se ha quedado casi sin contenido. Es posteriormente cuando eso se convierte en un problema, pero de ahí parte todo y quizás es por donde podría empezar a solucionarse, si es que estamos a tiempo de hacerlo.

La LOGSE buscaba aprobar a todo el mundo, basándose en una pedagogía constructivista que se decía amable y se definía contra una supuesta escuela represora y tiránica. Ahora que lo dice, caigo en que yo estudié en esa escuela supuestamente represora, pero no la recuerdo así. Tuve magníficos profesores: unos eran más cercanos, otros menos, algunos muy exigentes y otros muy poco, bastantes de ellos innovadores, pero no recuerdo ni represión ni tiranía. Claro, sigue diciendo Pablo, si aquello contra lo que nos definimos es falso, las soluciones que planteamos serán necesariamente inadecuadas, pues buscan resolver problemas inventados, y terminaremos cambiando lo que no necesitaba cambiarse.

La última ley educativa, la LOMLOE, se aprobó en agosto de 2020, en plena pandemia y en mitad del verano. Sé que Pablo acaba de publicar sobre el tema y me interesa mucho su punto de vista. Me dice que no hay ningún cambio sustancial en la filosofía que anima a ambas. Me llama la atención lo curioso del preámbulo, en el que se dice textualmente que todas las leyes aprobadas por gobiernos socialistas (no se dice así, pero se colige) han funcionado magníficamente y la única que aprobó el PP fue terrible y es urgente revertirla. Leyendo estos párrafos es cuando uno toma conciencia de la necesidad de sacar la educación del debate político, sobre todo porque dicho mal llamado «debate» no lo es en realidad y constituye poco más que una lucha entre partidos políticos preocupados casi en exclusiva por sus escaños y poco o nada por la educación.

Pablo cree que estas leyes «terribles», como él las define, no parten de ingenuidad alguna, sino de puro fanatismo y autoritarismo. Y cree que muchos docentes han ido cambiando su postura a este respecto: en un principio creyeron que las leyes eran buenas, pero no se estaban aplicando bien o con suficiente financiación, pero cada vez hay más gente convencida de que eran leyes malas y sus promotores lo sabían.

Pablo es capaz incluso de aventurar una fecha en que el estado de ánimo en los centros experimenta un giro y me dice que fue a mediados de la década de 2000, tras la llegada al gobierno de José Luis Rodríguez Zapatero. Surgieron entonces blogs como *Des-educativos*, que cerró en 2012, y el que Pablo creó, *La garita del guachimán*, en el que sigue escribiendo. Estos blogs venían a dejar claro que en los centros había cada vez más docentes que no se autocensuraban a la hora de criticar el sistema.

Otra idea interesante que apunta es que a veces tendemos (con razón) a cargar las tintas contra lo que él llama el «dogma pedagógico», culpándolo de la falta de cualquier atisbo de disciplina y del clima anárquico que se ha instalado en los centros. Pero se nos olvida la parte de culpa que han tenido los medios de comunicación, muchas familias, los políticos, la inspección y los sindicatos, o, en otras palabras, aquello a lo que me referí como el *establishment* educativo. Lo que Pablo me dice a continuación nos va a resultar familiar: se define como alguien de izquierdas y por eso le duele especialmente que los centros privados se estén frotando las manos ante el abandono de funciones del sistema público. Hace años se oponía radicalmente a la enseñanza concertada y ha tenido que rectificar su postura y aceptarla como un mal menor: es preferible que exista algún refugio donde se pueda enseñar, aunque haya que pagarlo. Le pregunto a Pablo si cree de verdad que en la privada se enseña más y mejor y lo veo reflexionar. Depende del centro, afirma, pero por lo general los privados esconden mejor sus vergüenzas. Lo que es innegable es que la concertada juega con ventaja porque, a diferencia de la pública, puede seleccionar los alumnos que más le interesan.

Si el PSOE ha elaborado una ley tras otra y todas promueven una educación de escasa calidad, lo lógico sería votar al partido de la oposición que más ha criticado la política educativa socialista, o sea, el PP. Le pregunto a Pablo por ello y reconoce a su pesar que el PP alguna vez ha intentado cambiar alguna cosa, pero concluye que o nunca ha podido o le ha faltado coraje. La demagogia ha sido muy poderosa y se ha vendido muy bien y el PP no se ha atrevido a plantarle cara, refugiándose en una pasividad *táctica*.

Charlamos sobre algunos otros integrantes del sistema, por ejemplo, los inspectores, que, según Pablo, tienen como único fin maquillar el fracaso, siguiendo intereses que vienen marcados por la política. Los sindicatos, por su parte, están a lo suyo y han hecho seguidismo de las leyes progresistas a la manera de los sindicatos verticales del franquismo, que apoyaban la lucha trabajadora siempre que al Régimen no le resultara incómoda. Estos son peores, dice Pablo: no les importan los docentes lo más mínimo y solo se preocupan por ellos mismos. Hasta la pérdida de apoyo entre sus supuestamente representados parece darles igual, quizás porque se sienten amparados por lo que hay arriba, que les utiliza para legitimar lo que hacen. Pablo me dice que UGT y CC. OO. funcionan de facto como pseudoministerios.

Sobre los pedagogos, su sueño es clonarnos a todos y convertirnos en docentes idénticos, de manera que no solo enseñemos lo mismo, o, mejor, no enseñemos nada o casi nada, sino que además lo hagamos de la misma manera. Según Pablo, esto empequeñece la escuela, que debe ser heterogénea en métodos y en estilos docentes. Además, cuando no solo se deciden los contenidos sino que también se pretende usurpar el derecho del profesor a emplear los métodos que considere adecuados, la deriva es claramente totalitaria. Y es conveniente aclarar que los regímenes totalitarios, fascistas o no, se caracterizan por su incapacidad de permitir que ningún aspecto de la vida social escape a su control. Pretenden regularlo todo y que en todo esté su ideología. Pablo se apresura a aclararme que él no está en contra de los proyectos ni de otras actividades innovadoras, pero no piensa que toda la enseñanza deba basarse en eso.

Es importante irnos de Tres Cantos con esa idea de que la primaria es una etapa muy descuidada y que si ahí no se han puesto unas bases sólidas va a ser muy difícil en momentos posteriores solventar lagunas y construir lo que entonces no se hizo. Me llama la atención su idea de que unos partidos han pecado por acción y otros por negligencia u omisión, pero no me termina de convencer: ¿realmente al PP le interesa otro sistema educativo? No lo tengo claro y debo seguir escuchando opiniones para poder formarme un juicio. Por otro lado, ¿podría ser que haya un *establishment* del que los políticos sean una mera pieza, pero ni la única ni necesariamente la más importante?

Mi Atapuerca está llena de personas con años en el cuerpo, pero mucha juventud en la mente, de docentes que lo han sido y lo siguen siendo, que leen, escriben, que son auténticos maestros, pero a los que nadie parece interesado en preguntarles nada. Deberían estar dando conferencias y cursos en las facultades de ciencias de la educación, pero lo más que hacen es escribir algún libro o colaborar en algún blog. No merecen el ostracismo. Tampoco las etiquetas. De profesaurios no tienen absolutamente nada. Son personas de izquierda, progresistas de verdad. Me alegro de haber comenzado mi viaje con ellos. Más que Atapuerca, tengo la sensación de haber atravesado el desierto posapocalíptico de *Mad Max*.

¿LA LITERATURA DEL DESASTRE?

Charlaremos luego con Alejandro Tiana. Por el momento, tengo en la cabeza algo que me dijo cuando le pregunté por las personas críticas con el actual modelo educativo y en concreto por quienes expresan sus opiniones públicamente. Los denominó colectivamente la «literatura del desastre». No es el único entrevistado que se ha referido a estos autores como personas reaccionarias y desmesuradas en sus afirmaciones. Su análisis de la educación es desatinado y lo pintan todo con brocha gorda. Para ellos, todo lo que no sea lo de antes es una calamidad y una catástrofe. Veamos si es así.

Fuera de los círculos educativos e incluso dentro de ellos una de las personas más conocidas es Gregorio Luri, autor de varios títulos entre los que destacan *La escuela no es un parque de atracciones* (2020) y *La escuela contra el mundo* (2010). Había escuchado hablar de Gregorio con algo de desprecio, caracterizándolo como un gurú de la derecha más rancia. Lo que me encuentro cuando acudo a conocerlo no se corresponde con nada de ello. Para empezar, no es un activista sino un filósofo. Su conversación es sosegada y cualquier cosa que dice viene acompañada de argumentos y datos. Sabe de lo que habla. Charlamos en una cafetería del barrio de Gracia de Barcelona, junto a una librería en la que Gregorio participará a continuación en un interesante coloquio sobre estoicos y epicúreos junto a su compañero editor Francisco Martínez Soria.

Gregorio es un intelectual, término que ha caído en el descrédito en un mundo en el que solo se espera que sepamos hacer una cosa y en el que a cualquiera con ambición intelectual y curiosidad se le mira con desprecio. Comenzamos charlando de literatura norteamericana, que es mi campo de especialización. Gregorio es un amante de esta. En un primer momento le atrajo la generación *beat* y en especial *En la carretera* (1957), de Jack Kerouac, que denomina su libro de cabecera. Como muchos conocemos, no es precisamente una novela ni convencional ni reaccionaria, sino más bien una de las más radicales y personales que se han escrito en Estados Unidos, imbuida del espíritu contracultural y bohemio de la generación *beat*.

Volvemos al tema que nos ocupa. Nacido en Navarra, pero residente en Cataluña desde 1978, Gregorio impartió clase hasta hace una década. Ahora está jubilado, pero casi podría vivir de la escritura. En 2010, *La escuela contra el mundo* comenzó a proporcionarle cierta fama. El proyecto partió de una propuesta de Josep María Espinosa, de la editorial La Campana. Hasta entonces había escrito solo de filosofía, un tema sobre el que no ha dejado de publicar. Me dice que aquel primer libro sobre educación fue difícil de escribir. No estaba acostumbrado a expresar sus opiniones, sin citas ni notas a pie de página, que Espinosa le prohibió usar. Iba a ser solo su punto de vista y pensado para un público general. Paradójicamente, ese libro tan poco académico fue el que le proporcionó un número imprevisto de seguidores y admiradores. Cree, y puedo corroborarlo, que algunos cimientos de todo el edificio de la educación comenzaron a tambalearse. Tuvo ocho ediciones en catalán y tres en castellano; se vendió mucho y se sigue vendiendo. Aunque temía reacciones furibundas, no las hubo, si bien tampoco fueron entusiastas. Algunas personas le han dicho que lo que cuenta en ese libro y posteriores estaba en sus cabezas desde hacía tiempo, pero que no sabían cómo articularlo.

Visto lo visto, cabe imaginar que Gregorio recibirá invitaciones constantes de facultades de ciencias de la educación. Me lo matiza: es verdad que algunas veces le llaman para dar charlas en universidades privadas, pero casi nunca en las públicas. En ocasiones le han invitado de otras facultades, como la de Derecho de la Universidad de Sevilla. Tampoco lo necesita o lo echa de menos. Siente que sus ideas se escuchan y eso le basta. A mí no. Me parece inconcebible que una de las personas que más libros vende sobre educación no tenga nada que transmitir a jóvenes que se preparan para ser profesores. O que quienes enseñan en esas facultades así lo crean.

Pensaba que Gregorio iba a compartir conmigo opiniones mucho más broncas y hostiles, pero no fue así. Quizás se debe a que los años y la distancia le permiten ya opinar de manera sosegada y sin apasionamiento. También es verdad que su visión de la enseñanza pudo quedar algo sedimentada hace una década y lo ocurrido desde entonces le haya llegado como una suerte de eco, pero sin la virulencia de quienes lo tienen delante todos los días. Sus libros son quizás más combativos que el propio Gregorio, que respeta demasiado a los docentes y a la educación como para caer en la brocha gorda u opinar sin haberse documentado. En absoluto cree que todo es un desastre sin solución.

En opinión de Gregorio, el punto de fractura del sistema educativo se halla en tercero y cuarto de primaria, que es el punto en el que los estudiantes protagonizan una revolución intelectual. Pasan de aprender a leer a aprender leyendo, es decir, a situar el texto en su debido contexto. Sin embargo, la comprensión de un determinado contexto está muy mediatizada por el bagaje social de cada estudiante. Ahí es donde la escuela afronta su gran reto: compensar las diferencias culturales y proporcionar a los estudiantes un bagaje común. Si no lo hace, ¿a quiénes se perjudica más? La respuesta es bastante obvia: a aquellos con menos recursos para conseguirlo de otro modo.

Según Gregorio, las familias dedican mucha energía a que sus hijos realicen actividades extraescolares, al menos las que se lo pueden permitir. Existe claramente una conciencia de que la escuela no es suficiente y que allí no les van a proporcionar todo lo que necesitan. En cierto modo, eso supone una privatización encubierta de la educación y con ello un incremento de la brecha social: quienes pueden pagar clases particulares y de refuerzo, así como academias de música, idiomas, etc., compensan las carencias del sistema. Los que no, se quedan fuera. Según me dice, hay centros privados que ya se están lucrando gracias a lo disfuncional del sistema público ofreciendo lo que Gregorio en sus libros ha denominado «conocimiento poderoso», es decir, saberes que nos capacitan de verdad para entender, analizar y posicionarnos ante la realidad.

Es imposible no mencionar la LOGSE, que para Gregorio ha sido un éxito. Consiguió exactamente lo que pretendía. Pero su objetivo no era mejorar la educación, sino convertirla en lo que es ahora. Lo peor de las reformas es que lo que eran puras medidas políticas terminaron convirtiéndose en un dogma, en una religión. A diferencia de la ciencia, donde todo está sometido a un cuestionamiento continuo, la religión funciona solo cuando consigue establecerse en las mentes y en los usos y convencer de su inevitabilidad, sin admitir fisuras o dudas, pues la duda es su principal enemigo.

Gregorio afirma que la LOGSE sonaba bien en un principio: había que reducir la memorización, ensayar otros métodos, desarrollar capacidades. En sí, aquello no era malo, siempre que no se dogmatizara o llevara a los extremos a los que se ha llevado. La innovación pedagógica no es en absoluto rechazable y de hecho cree que deberían haberse arbitrado maneras de convencer a los docentes de la conveniencia de innovar y cómo hacerlo, pero sin imposiciones, como forma de acompañarles en su labor. Pablo López Gómez, en el libro citado anteriormente, *La escuela insustancial*, afirma, y con ello huye de los dogmatismos y apriorismos, que la LOGSE no eliminaba los contenidos; más bien al contrario, a veces sobrecargaba las asignaturas con ellos, si bien cometía el error de rebajar la exigencia y al final terminaba haciendo que esos contenidos que debían enseñarse no pudieran transmitirse de manera efectiva.

Gregorio afirma que vivimos ante una fiebre de transformaciones que parecen obedecer más al cambio por el cambio que a una estrategia seria. En muchas ocasiones no entendemos por qué hay que cambiar ciertas cosas, pero aceptamos ciegamente que todo tiene que hacerlo permanentemente. Otra cosa ante la que hay que tener cierta cautela es la felicidad. Para él es un concepto sin ninguna relevancia, aunque lo ha invadido todo en la enseñanza. El reto, en su opinión, es aprender a amar la vida a pesar de que siempre esta termina apuñalándote por la espalda. Me alerta sobre el peligro de las buenas intenciones, de las que existe una inflación. Estas conllevan que uno se rodee de un manto de superioridad moral que le hace impermeable a la crítica y que demoniza al que discrepa.

Gregorio cree también que lo nuevo ha usurpado el papel categorial que antes ocupaba lo bueno. Si algo es novedoso, eso lo justifica plenamente y ya no nos preguntamos nada más. Es lo que nuestras abuelas llamaban lo «novelero» y los más sofisticados lo «esnob». Me proporciona un ejemplo: ha tenido familias muy deseosas de que sus hijos trabajaran por proyectos, pero cuando ha intentado averiguar qué ventajas le veían a ese sistema, no se lo han sabido explicar. Los discursos de algún modo pisotean y usurpan la realidad. Gregorio pide sentido común y lo ilustra gráficamente: para saber si un centro es bueno no hay que escuchar lo que diga el director (que siempre dirá que lo es), sino visitar los lavabos y comprobar si están limpios. Si lo están, las buenas intenciones se habrán transformado en resultados tangibles.

Gregorio se muestra hastiado de la búsqueda casi paroxística de la metodología adecuada. Lo que se enseñe da igual porque interesa más cómo se enseña. Su opinión es que es más importante el entusiasmo y el convencimiento del docente que el método. Si el docente le pone ganas, cualquier método puede funcionar y proporcionar buenos resultados. Quizás hacen falta menos pedagogos y más motivación del profesorado, que la Administración les cuide más, les respete y valore y, por qué no, que premie en mayor medida no tanto cómo se hacen las cosas sino qué resultados se consiguen. Escuchando a Gregorio, no puedo evitar pensar que la prevalencia de la metodología es irreversible e intencionada: el entusiasmo del docente es una cantidad intangible, algo que no se puede monetizar ni comercializar. El sistema capitalista no puede beneficiarse de un docente motivado. La metodología, en cambio, genera pingües beneficios, económicos y profesionales, para muchas personas e instituciones. Le planteo por ello a Gregorio si cree que existe una estrategia clara detrás de lo que está pasando. Me dice que no: el problema es que quienes dirigen no son lo suficientemente inteligentes y carecen de miras.

De todo lo que he podido tratar con Gregorio, lo que más estupefacción me causa es que en las facultades de ciencias de la educación públicas, que tienen la obligación legal y moral de dar voz a todo el que tenga algo serio que decir sobre el tema (lo contrario se llama adoctrinamiento), se hayan parapetado en una visión de las cosas, claramente ideológica, a la que nadie niega su legitimidad, pero que parece haberse convertido en la única postura posible. Cualquier opinión discrepante es demonizada por ser de derechas, con la paradoja añadida de que lo que se considera de derechas es enteramente ajeno a lo que proponen o arbitran los partidos conservadores cuando gobiernan y de que quienes sí lo defienden se definen de izquierdas y su discurso así lo confirma. Gregorio no se definió políticamente, pero no paró durante nuestra conversación de defender la enseñanza pública y reprocharle a quienes mandan la forma en que, recubierto todo ello de bondad, han condenado a muchos chicos a la cuneta mientras convencían a sus padres de que lo hacían por su bien. El autor de *La escuela no es un parque de atracciones* es un paladín de la innovación siempre que se proporcionen las herramientas para ponerla en práctica y no se imponga por la fuerza ni mediante el BOE. Cuidado con las buenas intenciones: las hay por todas partes, pero no todas las que dicen serlo lo son. Me llama la atención que Gregorio no critique en sí la LOGSE y que opine que incluso podía haber conseguido cosas buenas. Como filósofo, me alerta de la necesidad de someter a reflexión ideas como la felicidad, la igualdad o la innovación, que suelen utilizarse de forma torticera.

En mi despacho de Sevilla recibo a Rafael Rodríguez Tapia, autor de varios libros y muy conocido en el ámbito educativo por *La enseñanza neutral* (2000). Acude a charlar conmigo acompañado de su esposa, Mercedes Ruiz Paz. Son un matrimonio que, como me explican, discute acaloradamente (lo pude atisbar durante nuestro encuentro), pero también se quiere y respeta mucho, lo que también percibí. Y es verdad que pueden discrepar en los matices, pero no en lo sustancial: Rafael ve las cosas desde una mayor distancia y sus planteamientos son maximalistas. Mercedes viene del aula y busca soluciones intermedias, alejadas de lo que podría ser el ideal. Tiene el corazón dividido y es empática. Por ejemplo, aunque entiende que el hecho de que los inmigrantes convivan en las mismas aulas con otros alumnos es perjudicial para el ritmo del aprendizaje, también recuerda algún caso en que ello ha funcionado bien y no es capaz de condenar la idea sin más.

Rafael procede de una isla de progresismo en pleno franquismo. Heredera de la Institución Libre de Enseñanza y poblada por los hijos de la «bohemia antifranquista madrileña» era un colegio laico que abrazó el método Montessori, que rechaza la idea de enseñar y cree que solo se debe acompañar al estudiante en su aprendizaje, si bien la escuela, según Rafael, no tardó en tener que adaptar ligeramente el método a la realidad del alumnado. Recuerda con especial cariño las clases de arte, en las que no se memorizaban contenidos sobre historia del arte, sino que se trabajaba con materiales y se experimentaba. Era un centro exigente que enseñaba a pensar y a conceptualizar y entender las cosas, en el que la memorización quedaba reducida a lo mínimo indispensable. Rafael estudió posteriormente Física y Filosofía y ha sido guionista de televisión. También ha regentado su propia productora junto con Mercedes.

Mercedes estudió Pedagogía en la Universidad Complutense. Sobrevivió a ello de milagro. Accedió a esos estudios porque le apasionaba la enseñanza y casi termina odiándola. Tuvo posteriormente su propia escuela infantil y llegó a dirigir la de la Universidad Politécnica de Madrid. Ha desarrollado toda su carrera como docente de infantil y primaria. En sus últimos años en activo fue asesora técnica en la Consejería de Educación de la Comunidad de Madrid y posteriormente directora general de infantil y primaria, en ambos casos bajo la presidencia de Esperanza Aguirre, a quien no le importó que Mercedes no fuera (ni sea en la actualidad) militante del Partido Popular. La llamaron porque les interesaron sus libros. Mercedes había adquirido notoriedad como defensora de una enseñanza distinta a la que estaba de moda y hablaba sin ningún pudor de niveles, rigor y exigencia. De todos sus trabajos, *La secta pedagógica* (2003) fue su principal contribución a la literatura del desastre.

Comenzamos haciendo un poco de historia con Rafael. El origen de la situación actual es el Concilio Vaticano II, que bebe de un momento de relativización de los valores y actitudes. En la misma década tuvo lugar, en 1968, el famoso Mayo francés. Ambos acontecimientos entroncan con la posmodernidad, una época cultural nunca bien definida, pero que arranca, según consenso generalizado, de la II Guerra Mundial. En los años 60 se llega a un cuestionamiento de cualquier cosa que suene a tradicional. Como explica Rafael, el postmodernismo se ceba con la ciencia y la racionalidad como agentes de represión de la libertad y la creatividad e instrumentos de dominación por parte de una sociedad heteropatriarcal y clasista, como, entre otros, había argumentado el filósofo francés Michel Foucault. A consecuencia del franquismo, todo esto llega tarde a España, en concreto en la década de los 80. A este sustrato común en la cultura europea se une, en el caso español, el deseo legítimo de la sociedad española de poner fin a los modos heredados de la dictadura. A la educación también le llega su momento. Y había cosas que cambiar, pero el gobierno que ocupaba el poder en aquel momento pecó de un adanismo excesivo. Cuando se derriba todo, la consecuencia es que se destruye incluso lo que era valioso y se reemplaza por lo primero que se tiene a mano. Así, unos cambios necesarios terminaron por dar al traste con un sistema educativo que no era perfecto, pero que hubiera habido que reformar con más cautela y menos prisas.

El PP criticó la LOGSE en aquel momento, aunque es difícil saber si lo hizo por partidismo o porque creyera de verdad que la ley no era buena. Puede que hubiera un momento en el que el PP creyera en la necesidad de apostar por la educación: los Planes de Mejora del Rendimiento Académico de la Comunidad de Madrid, por ejemplo, buscaron aumentar unos niveles alarmantemente bajos, si bien la propia Mercedes, con responsabilidades políticas en aquellos momentos, reconoce que no se llegó tan lejos como hubiera sido deseable. Quizás (esto no me lo dice Mercedes) en el fondo pudo ser más un empeño personal de Esperanza Aguirre o de algunos miembros de su círculo. Pero ni todo el mundo en aquel gobierno consideraba el asunto prioritario ni gobiernos posteriores del PP lo han tenido en la agenda.

Les pido a Rafael y Mercedes que me describan su visión de la situación actual. Rafael lo tiene claro: los centros supuestamente educativos han sufrido una transformación a lo largo de los últimos años y, aunque han retenido la denominación, han ido abandonando el deseo de educar y derivando hacia lo asistencial o esa escuela de beneficencia, como la denominaba Pedro Ruiz. Se enseña poco o nada y el objetivo fundamental, aunque públicamente se diga otra cosa, es ofrecer a los padres un lugar en el que dejar a sus hijos cuando se van a trabajar. Mientras los chicos estén en el centro, importa poco que no hagan nada. Mercedes apostilla que cada vez que se apuesta por aulas en las que conviven inmigrantes sin un buen conocimiento del idioma con españoles o alumnos con necesidades especiales y otros que podrían avanzar a un ritmo más ágil se está lanzando el mensaje de que el aprendizaje es secundario y de que debe primarse la convivencia, la multiculturalidad, la inclusión o cualquier concepto análogo. Mercedes no se opone a ello, pero cree que habría que hacer una distinción entre lugares en los que primordialmente se enseña y aquellos que cumplen una función asistencial, necesaria sin duda, pero en los que el aprendizaje pasa a un último plano.

Mercedes opina que a veces los docentes carecen del nivel académico para desarrollar una enseñanza de calidad. Recuerda a sus compañeros cuando era docente y el rango de temas que podía tratar con ellos era muy limitado y la mayoría eran algo «simples». Uno de los problemas cuando en un grupo de personas digamos «simples» se cuela alguien con mayores inquietudes y mejor preparación es que este último puede llegar a verse como prepotente o con ínfulas. Así, Mercedes me cuenta que algunos compañeros la denunciaron a Inspección porque era demasiado exigente y rigurosa. Cuando el inspector la vio dar clase, la felicitó por la calidad de su trabajo. Pero Mercedes no quiere cargar las tintas contra el profesorado y atribuye los problemas a la casta pedagógica, que detesta cualquier contenido y solo busca que se entretenga y se proporcione felicidad a los alumnos.

Rafael opina sobre lo que hemos denominado buenismo hipócrita y avasallador. Dice que en las escuelas de magisterio el amor se ha convertido en el bien más preciado. Se debe por encima de todo amar a los alumnos. Mercedes está de acuerdo y va más allá: los pedagogos (ayudados por los inspectores y algunos políticos) llevan años enzarzados en una campaña silente para que todo el que no cumpla con una imagen buenista se vea estigmatizado. Rafael no establece grandes distinciones entre políticos y pedagogos, que, en sus propias palabras, constituyen un tándem indestructible, un ejército de Fraggle Rock que va demoliendo con sigilo pero sin descanso lo que queda de una educación auténtica. Rafael y Mercedes coinciden en que los pedagogos carecen de preparación y, sobre todo, de experiencia docente, pues su ámbito es la teorización y el adoctrinamiento.

Mercedes y Rafael opinan que funcionarizar a los docentes es un arma de doble filo. No es que no los haya excelentes dentro del funcionariado, pero ocupar un puesto de trabajo vitalicio con frecuencia desincentiva la mejora y el esfuerzo. Además, crea un tipo de docente que ve su trabajo como forma de ganarse el sustento, sin ninguna pasión ni interés por hacer más de lo estrictamente indispensable. En un contexto favorable, con buenas leyes educativas, centros de calidad y alumnos preparados y de los que se exijan unos mínimos, ello no supondría un problema y el propio sistema presionaría a los menos motivados para incrementar su esfuerzo. Pero en las condiciones tan desfavorables actuales, lo último que se necesitan son docentes desmotivados, indiferentes y mediocres, que encima pueden permitirse el lujo de hacer lo mínimo sabiendo que no va a importarle a nadie y ni siquiera se va a notar. Las oposiciones son también blanco de crítica por parte de ambos. Cada vez se pone mayor énfasis en los conocimientos pedagógicos y en la burocracia. Y los centros se están llenando de personas con una preparación mínima porque todos sus esfuerzos se han orientado a conocer bien los mantras pedagógicos que los tribunales quieren escuchar y a rellenar papeles.

El caso de Rafael ya nos lo hemos encontrado. Defensor acérrimo de lo público, el desastre que se ha generado en educación lo ha arrojado a los brazos de lo privado como último reducto en el que encontrar enseñanza de verdad. Me dice con gran pesar que lo público no tiene arreglo. Matiza que cuando habla de ámbito privado no se refiere a la concertada, que aspira a ser tan mala como la pública. En este sentido, Mercedes opina que la privada es «tramposa» porque suele nutrirse de alumnos con mayores recursos y posibilidades. Pero está de acuerdo con Rafael en que lo público carece de remedio: si se pudiera despedir a quienes no saben o no enseñan, las cosas serían diferentes. Al decirme esto no puedo evitar pensar que el problema no es tanto que los docentes no hagan aquello que les exige, sino justamente que hacen eso: lo que el sistema les dice que hagan. No sería lógico que el propio sistema los despida por ello. Mercedes quizás no quiere ver que el profesorado que tenemos es el que el sistema necesita: que maquillen el fracaso con números desproporcionadamente altos de aprobados y que encima no se quejen de nada y rellenen todos sus formularios sin rechistar.

Para cerrar la charla, Mercedes me ofrece una cifra demoledora. Hoy por hoy salen de los centros un 10 % de alumnos bien preparados. El resto carece de la preparación necesaria. Es un dato que jamás se publicará en prensa, pero la inmensa mayoría de docentes comprometidos y serios estaría de acuerdo con esa cifra. ¿Qué está pasando? ¿Es todo culpa de la escuela y el sistema o es consecuencia de que hay algo fuera que impide que se pueda ir más allá? Cuando menos, tendríamos que reflexionar entre todos y proponer alguna solución. Pero es difícil hacerlo cuando quienes pueden contribuir a resolver el problema están instalados en negarlo a toda costa e incluso peor: en maquillarlo y hacernos creer que las cosas son de manera opuesta a como son.

Me ha sorprendido la moción de censura a la idea de que el profesorado sea víctima pasiva de todo y la certeza de Mercedes y Rafael de que la mediocridad de una parte de este es clave en el problema. Ambos coinciden en una connivencia de intereses entre la política y la pedagogía, si bien quizás Mercedes es más generosa con los políticos (o con algunos, al menos) y olvida que los pedagogos están donde están porque los políticos los han apoyado, refrendado y entronizado.

Inger Enkvist está actualmente jubilada y es frecuente coincidir con ella en Madrid en actos y eventos relacionados con educación, tema sobre el que ha publicado extensamente. Le proporciona autoridad para hablar y pensar sobre el tema el haber sido profesora de secundaria antes de serlo de lengua y literatura castellanas en la Universidad de Lund, en Suecia. Hasta jubilarse, enseñó literatura medieval. Sabe lo que es dar clase a todos los niveles. Le pregunto por su amor por España. Dice que lo que más admira es que aquí se disfruta mucho y bien de la vida, aunque a veces echa de menos que eso fuera compatible con mayor puntualidad y seriedad. Teme que una sociedad hedonista e imbuida del estado de bienestar pueda degenerar rápidamente hacia la indiferencia o la falta de esfuerzo. Pese a su jubilación, Inger sigue coordinando clubes de lectura, colaborando con la universidad y escribiendo y dando charlas sobre educación.

Hablamos en una cafetería próxima a la puerta de Alcalá. Hace muchos años que Inger se percató de que el rumbo de la educación era desacertado. Para ella, la crítica a una serie de presupuestos ilógicos es una cruzada en la que hay que dar la batalla todos los días y en todas partes. Ella no se muerde la lengua ni se va por las ramas. Quizás porque no es española dice cosas que aquí somos incapaces de decir. Por ejemplo, defiende sin ningún complejo lo que denomina «enseñanza tradicional». Es lógico preguntarle qué entiende por enseñanza tradicional y su definición es simple pero clarificadora: un modelo educativo en que alumnos y profesores se dividen los papeles: los primeros aprenden y los segundos enseñan. No me habla de metodologías ni de qué tipo de contenidos se imparten, sino solo de una división de funciones, muy alejada del alumno como constructor de su propio aprendizaje o del docente como mero facilitador del mismo. Y dentro de ese concepto tradicional de la educación es plenamente factible innovar o utilizar un amplio abanico de metodologías.

Inger no es solo una opinadora sobre educación, sino también una analista del tema con estudios científicos reconocidos. El libro que le granjeó mayor reputación fue en 2001 *La educación en peligro*, aunque desde entonces no ha parado de publicar en inglés, sueco y castellano. Merece la pena reseñar brevemente su visión de cómo se estructura el aprendizaje. Hasta los 10 años aprendemos básicamente a socializar. Desde los 10 a los 15 se amplían los horizontes temporales y espaciales del alumno: se estudia ciencia, arte, geografía e historia y se aprende que el mundo va más allá de lo inmediato y que se extiende en el espacio y en el tiempo. A partir de los 15 el centro del aprendizaje es el punto de vista, la comprensión de que existen muchas perspectivas y cada una tiene su razón de ser. Todo ello, explica Inger, es conocimiento. Existe la idea falsa de que conocimiento es memorizar datos. No es que desarrollar la memoria no sea útil, pero ni es lo único ni lo más importante. Teniendo esto claro, hay que defender sin complejos ese conocimiento que resulta imprescindible tanto para entender el mundo y las diversas visiones de él como para exponerse a la cultura.

¿Cuándo comenzó a ponerse en cuestión la llamada «enseñanza tradicional»? Según Inger, en los años 60, tanto en Suecia como en Estados Unidos, que son los países, junto con España, que más ha estudiado. La LOGSE sueca se instauró un cuarto de siglo antes que la nuestra, pero también prometía igualdad y armonía social. Procede, como ya hemos comentado, del posmodernismo y está impregnada de ideología y escasísima base científica. Promueve los estudios pedagógicos para enmascarar dicha ideología y darle una pátina científica que a estas alturas ha sido puesta en evidencia por muchos. Se duda de la existencia y objetividad del conocimiento y a partir de ahí se procede a desmontar la idea de enseñar. En una visita reciente a Estados Unidos, Inger observó que hay miedo a que parezca que se enseña y eso se interprete como represivo y anticuado.

Inger no está instalada en el desastre, aunque así me lo pueda parecer cuando califica la situación actual de «suicidio civilizacional». Para ella, sin embargo, es fundamental reconocer que las cosas están mal antes de proceder a cambiarlas, algo que piensa que es factible. No sé si confiar del todo en su optimismo, pero me interesa ver cómo lo plantea. Me dice que, igual que en España se imitaron esos cambios de los 60, aunque mucho después, se terminará saliendo de este *impasse* en cuanto veamos que otros países lo están haciendo. Está convencida de que el grado de desacuerdo con la educación actual es enorme a nivel mundial y que eso no tardará en obtener una plasmación legislativa. Se está viendo ya que un crecimiento económico no puede sostenerse sin el conocimiento. No hay estado de bienestar, que para España es un pilar básico, sin personas formadas.

Inger asume que lo que ha ocurrido es un error y quienes pueden rectificarlo no se han dado cuenta todavía. Me gustaría creerlo. Pero ¿cómo esperar que quienes deliberadamente han creado el problema vayan a querer solucionarlo, cuando además tienen mucho interés en no hacerlo? En cuanto a los docentes, Inger se refiere a «la traición de los clérigos», en alusión al ensayo homónimo de 1927 del francés Julien Benda. En ese texto se criticaba la traición de quienes, viendo lo que estaba pasando en Europa en ese momento, prefirieron callarse, por miedo, indiferencia, interés personal o por una combinación de todos esos factores.

A diferencia de Suecia, donde se ha normalizado la crítica al sistema y son pocos los que apoyan abiertamente que las cosas sigan como están, dice Inger que en España el discurso educativo es «violentamente ideológico». Se habla de dinero, de diversidad, de inclusión, de igualdad o de centros concertados. Nada de lo anterior va a la raíz del problema, que es que no se transmiten conocimientos y no hay consecuencias para el alumno que no sigue las normas y se resiste a aprender. Es paradójico y preocupante que las escuelas privadas y concertadas se vendan como lugares en los que se mantiene el orden, como si esto no debiera ser lo normal en cualquier escuela. Esa anarquía en las aulas es también grave porque desmotiva a chicos vocacionales a la hora de decantarse por la carrera docente, dejándonos en manos de quienes solo la ven como forma de conseguir un empleo estable y largas vacaciones. Me dice también que la manera en que se encumbra en España la enseñanza privada es incomprensible para alguien como ella, que viene de un país con una sólida tradición de tratar la educación como un servicio público y no un negocio. Quizás, explica, es por el sustrato católico y la presión de los colegios religiosos, pero desde luego no es de izquierdas obligar a quienes quieren que sus hijos reciban una buena formación a recurrir a esa red de centros.

Inger no teme, como nos pasa a los españoles, que la acusen de franquista si, por ejemplo, reivindica el conocimiento o habla de la autoridad del profesorado. Tendremos ocasión enseguida de conocer un poco más sus ideas, pero me llevo conmigo su definición de «enseñanza tradicional»: unos enseñan, otros aprenden. Es simple y, sin embargo, casi imposible de plantear en España. Inger habla sin tapujos de conocimientos y de esfuerzo y lo hace con datos y argumentos. Quizás peca de optimista sobre la facilidad con la que esto puede arreglarse, pero me gustaría creer que tiene razón. Si Inger habitara en el desastre, hace mucho tiempo que hubiera tirado la toalla.

Nos quedamos en Madrid, en el barrio de Chamberí, donde reside José Manuel Lacasa, en una vivienda con vistas de los tejados de la ciudad que harían las delicias de Antonio López. Su perfil puede ser atípico pero interesante de conocer. Tiene como caballo de batalla las pruebas diagnósticas, que en su opinión son las únicas que de verdad nos permiten conocer la salud del sistema más allá de las opiniones de unos y otros. José Manuel es un hombre inteligente y luchador, riguroso en sus planteamientos, pero también alegre y enamorado de la vida: me cuenta que es un magnífico cocinero y cuando terminamos la entrevista lo dejo preparándole la comida a su esposa.

Ni siquiera me molesto en preguntarle por su afiliación política. De sus palabras se desprende que es una persona de izquierdas y no para de repetirme que todo su trabajo en favor de una educación de calidad tiene como objetivo que a los más desfavorecidos les vaya bien: los ricos siempre encontrarán la forma de que sus hijos reciban una buena formación si es eso lo que quieren. Del PP, con el que no se identifica, me dice que su única preocupación ha sido siempre la economía y gobernar para las élites. La decepción de José Manuel con la izquierda oficial estriba en que ha promovido activamente la desigualdad, condenando a los chicos de familias más vulnerables a un sistema mediocre. Los datos que maneja demuestran que la enseñanza pública no hace nada por los alumnos de baja extracción social, pese a la retórica de la inclusión y el respeto a la diversidad. En sus estudios ha llegado a la conclusión de que hay poquísimos centros que sigan enseñando. Respecto a los demás, la mayoría son o muy mediocres o directamente malos. Los primeros, aunque con dificultades, consiguen corregir las dificultades de partida. Los mediocres las mantienen como están y los malos directamente las acrecientan.

Licenciado en Historia del Arte, José Manuel trabajó en prensa y llegó a ser redactor jefe de Editorial Magisterio Español, especializada en temas educativos, fundada en 1936 y activa hasta 2011. Fue allí donde comenzó a interesarse por la educación y en concreto por los efectos demoledores que, a la luz de los datos, estaba teniendo la LOGSE. Eran los 2000 y la ley comenzaba a mostrar su verdadera cara. La editorial era responsable de un periódico educativo con el mismo nombre, que hoy sigue apareciendo en versión electrónica. En un momento en que llegaron cambios a la editorial y al periódico, hubo muchos despidos y José Manuel fue uno de ellos. Le pregunto si fue a causa de sus ideas y no me lo confirma, pero sí confiesa que había empezado a resultar incómodo, sobre todo a partir de la publicación de *El efecto LOGSE* en 2006, un informe que desmontaba de forma categórica muchas mentiras sobre la famosa ley educativa. Supongo que esto será literatura del desastre, pero hay cada vez más entrevistados que no tienen ningún reparo en admitir que sí, que escriben sobre el desastre, pero sobre el desastre que otros han creado. José Manuel además lo hace desde la evidencia empírica.

Europa ha llegado a ser lo que es por los grandes avances educativos del siglo XIX, no necesariamente en cuanto a métodos docentes, sino por la extensión de la educación. Sigue diciendo José Manuel que no fue el aprendizaje memorístico el que hizo de Europa lo que es, luego copiada por China y otros países, sino la adquisición de conocimiento y la comprensión de conceptos. No es la memoria la que revolucionó la sociedad europea del siglo XIX, sino la filosofía positivista que apostaba por los saberes y la ciencia. Todo esto ahora se quiere desmontar, lo cual llevará a Europa a la decadencia o al suicidio. No deja de ser cierto, según se me viene a la cabeza mientras hablo con él, que toda la teoría, las artes y la filosofía del siglo XX han tendido a considerar a ese positivismo al que él ve tantos beneficios como el origen de todos los males del último siglo. José Manuel escribió sobre la LOGSE en 2016 que había copiado el modelo nórdico, poniendo fin a todo lo logrado hasta entonces y afectando de forma catastrófica a la igualdad de oportunidades. Era una ley contra los expertos y los intelectuales. Los contenidos se devaluaron y se ideologizó la educación de tal manera que incluso hoy es imposible abordar este debate sin confrontación partidista. Naturalmente, puesto que lo que importaba era poner en práctica una ideología, cualquier dato que alertara de un retroceso era objeto de burla, ignorado o refutado con bellas palabras y argumentos vacuos.[4]

Le pregunto a José Manuel cómo puede ser que en este tiempo no haya existido una contestación explícita. Me habla de *Des-educativos*, una web que ya conocemos y de la que luego hablaremos más. Abogaba por el conocimiento y la meritocracia

---

4   https://blogdelifie.blogspot.com/2016/12/inger-enkvist-me-hace-una-entrevista.html

entendida como la incentivación del esfuerzo. Tuvo poca capacidad frente a un poderoso *establishment*, que, según José Manuel, engloba a las autoridades educativas, pero también a los inspectores, la mayoría de sindicatos y de las ciencias de la educación. Como dice, pocas cosas que escuchemos a los políticos en materia educativa se les han ocurrido a ellos: se limitan a repetir lo que les dicen los pedagogos. ¿Son los pedagogos los que marcan la senda? ¿Son los políticos los que lo hacen y los pedagogos quienes les proporcionan argumentos supuestamente científicos? ¿Hay una conjunción de intereses? ¿Son todos ellos siervos de un señor incluso más poderoso? Sigo sin verlo claro.

En la conversación con José Manuel no paró de proporcionarme datos que ni siquiera soy capaz de resumir (la mayoría están publicados y pueden hallarse fácilmente). Me pregunto cómo un historiador del arte es capaz de tal sofisticación estadística. Interesado cada vez más por la educación, pero deseoso de argumentar no desde la opinión sino desde los hechos, José Manuel realizó un máster en Análisis de Datos y Psicometría. Me explica que ahora es autónomo y vive de sus investigaciones y los informes que realiza. De hecho, a veces su tono es bronco y parece molestarle que todo el mundo opine sin datos por delante. No alberga grandes esperanzas de que se tomen medidas serias. Eso sí, piensa seguir trabajando por la educación, de la que no cobra ni vive, pero es lo que más le interesa en el mundo. Y bien podría estar dedicándose a cuestiones bastante más lucrativas si quisiera, cosa que no me dice, pero que percibo con claridad.

Hay dos temas a los que dedicamos bastante tiempo. Uno es la enseñanza primaria, que nos tiene engañados. Cuando pensamos en las disfunciones del sistema, siempre nos vienen a la cabeza los centros de secundaria, o sea, los institutos. Eso es porque la falta generalizada de disciplina suscita más titulares de violencia y agresiones. Pero con quien más se cebó la LOGSE fue con la primaria, vaciada de cualquier contenido educativo y entregada a la promoción automática generalizada. Hace unas pocas décadas, los alumnos solían salir de la primaria sabiendo leer, con unos conocimientos básicos de matemáticas y algunas referencias culturales. Ya no. Esos déficits hacen que muchos chicos no sepan encontrarle sentido a nada y de ahí las actitudes de rechazo o, como se lleva decir, disruptivas, que se manifiestan con mayor virulencia en la secundaria. Pero es porque la etapa anterior les ha lastrado hasta tal punto que, incluso en los centros donde se hacen verdaderos esfuerzos, los problemas son ya imposibles de corregir.

Una segunda cuestión que considero interesante de esta conversación son las pruebas de diagnóstico. Hablamos brevemente del informe PISA, el que con frecuencia nos hace sonrojarnos (no a todos). José Manuel afirma que es útil pero no infalible. En su opinión, debería haber una evaluación final de conocimientos tras cada etapa educativa, con criterios estrictos y resultados públicos y transparentes.

No la hay y nadie tiene interés en que la haya: no lo tienen los centros o los docentes, pues ello podría revelar verdades incómodas, justo el mismo motivo que tiene la Administración. Pero un sistema que no rinde cuentas tiende a corromperse y esclerotizarse. ¿Cómo conseguir que las hubiera? José Manuel no tiene ninguna duda de que ello pasa por despolitizar la educación y entregársela a quienes no tengan miedo a decir qué es lo que va mal. Así es, por ejemplo, en Estados Unidos, donde frecuentemente son los políticos los que piden explicaciones a los gestores si las cosas no marchan bien; claro, allí el intervencionismo de la política no es tan desmesurado. También hay que decir que las familias y los estudiantes parecen tener poco interés en la calidad de lo que reciben. De hecho, si en un colegio hay goteras y los padres se echan a la calle, lo habitual es que el problema se resuelva en un abrir y cerrar de ojos. ¿Dónde están las familias demandando enseñanza real en los centros de sus hijos?

De la conversación con José Manuel me llama la atención su gran entrega a la educación, fruto de una generosidad admirable. Pero sobre todo quedémonos con su idea de situar en el mapa a la primaria como responsable de gran parte de problemas que luego se manifiestan en otras etapas. No es el único que nos lo ha dicho. Y me voy dándole vueltas a la ironía de que quienes presumen de un sistema tan inclusivo y bello no quieren ni oír hablar de pruebas de diagnóstico que confirmen tan favorable percepción.

En 2023 se ha publicado *El culto a la innovación*, libro que cuestiona ese dogma que afirma que todo lo innovador es bueno y lo que no lo es debe descartarse. Su autor es Eduard Aibar, a quien acudo a conocer a Barcelona. Es doctor en Filosofía y catedrático de Estudios de Ciencia y Tecnología en la UOC (Universitat Oberta de Catalunya). Su ámbito de investigación son las interacciones entre ciencia, tecnología y sociedad, todo ello desde una perspectiva filosófica. A propósito de una investigación que lleva a cabo en estos momentos sobre el caso de un profesor de la Universidad de Oviedo, muy prestigioso pero acusado de manipular datos e imágenes en trabajos científicos, hablamos de las métricas y la manera en que la obsesión por las citas lleva a algunos científicos a cometer fraudes. Sin duda, todo ello contribuye a un descrédito de la ciencia, suficientemente socavada ya desde el neoliberalismo y últimamente objeto de ataques furibundos por parte de posiciones de extrema derecha en muchos países.

La investigación de Eduard me parece de gran interés. Un ejemplo: el último grito en mi ámbito es lo que se denomina humanidades digitales, que hemos abrazado con pasión y vehemencia, casi con fanatismo. Eduard me habla de ellas con escepticismo y desde una óptica revisionista. Este campo de trabajo surge de un planteamiento mercantilista: como mucha de la investigación en humanidades no tiene un mercado, se persigue que lo tenga. Ello supone asestar un duro golpe a aquellos estudios sin mucha utilidad práctica, pero sin los cuales el conocimiento no puede avanzar. Las humanidades digitales son de gran interés para las empresas tecnológicas y no en vano son grandes bancos, como el Santander, los que más invierten en educación, o mejor dicho, en convertir la educación en el gran negocio que puede llegar a ser llevándola al ámbito de lo digital. Todo lo innovador depende de la tecnología y lo que no lo hace es innovación de segunda.

Eduard es muy crítico con el abuso de la tecnología en educación. Los pésimos resultados de PISA en Cataluña los atribuye a la ubicuidad de las pantallas, los proyectos y la tecnología. Afirma que a lo largo de sus estudios ha tratado de demostrar que el elemento fundamental para una buena enseñanza es el docente, algo que viene a ser casi revolucionario dado el ninguneo generalizado de esta figura por parte de la política y la pedagogía. La calidad del profesor y lo bien que domine la materia son claves en una enseñanza de calidad. En sus trabajos ha revelado que el docente que enseña es el más liberador porque no transmite puntos de vista, sino saberes y destrezas. El profesor «acompañante», como muchos lo denominan, el que parece que no influye en el aprendizaje del alumno y solo lo acompaña, es el que más adoctrina, pues desde la supuesta distancia que mantiene es parte de un engranaje de transmisión de ideología y de ingeniería social que no busca empoderar, sino fragilizar. Se habla de potenciar la autonomía del estudiante, que suena bien, pero eso solo significa colocarle delante de una pantalla, por lo general sin ningún control, para que aprenda lo menos posible.

En el libro de Eduard hay un capítulo sobre los gurús tecnológicos, más cerca de los sacerdotes —lo que dicen no es discutible— que de los científicos. Repiten continuamente «Estamos en un momento de cambio», frase que parece encerrar un gran significado pero que resulta hueca. ¿Qué momento en la historia de la humanidad no ha sido testigo de grandes cambios? Pero da igual porque lo importante es situar a quien escucha la frase en la tesitura de aceptar lo que viene a continuación, que es: «No sabemos cómo va a ser el futuro». De ello se debe colegir que enseñar es absurdo, pues no sabemos cuánto tardará en cambiar, desaparecer o dejar de ser útil aquello que enseñamos. O sea, mejor no enseñar nada o, en todo caso, fiarlo todo a unas etéreas competencias sin mucha rendición de cuentas. Además, para no quedarnos atrás, tenemos que adaptarnos rápidamente a lo que venga y la educación debe volvernos flexibles, o sea, sumisos a lo que en cada momento nos digan que tenemos que hacer. El discurso es ciertamente falaz y retorcido, pero difícil de contraargumentar, en especial ante personas poco formadas o sin una cierta capacidad de crítica.

Eduard es moderadamente optimista. Percibe un movimiento cada vez más extendido que cuestiona la tecnología y reclama mayor consciencia a la hora de usarla. Se clama contra la obsolescencia programada, por ejemplo, y se exige que se puedan reparar las cosas que no funcionan para no comprar y tirar continuamente. Hay un movimiento *low-tech*, por ejemplo, que aboga por el uso de teléfonos móviles clásicos y minimizar los inteligentes, que son mucho más adictivos. También piden repensar la tecnología de forma que sirva a nuestras necesidades reales y no al deseo de lucro de las empresas tecnológicas. La imposición de la IA es otro asunto del que apenas se habla, y menos aún de las terribles consecuencias que puede tener sobre la vida como la conocemos, pero existe una agenda en su implantación que es preciso comenzar a desvelar. En esto no sé si Eduard tiene razón porque últimamente se oye hablar de ella y no demasiado bien, aunque los políticos parecen adoctrinados para repetir el mantra de que efectivamente tiene peligros, pero también oportunidades que debemos saber aprovechar.

Hay que estar atento a las investigaciones de Eduard, que no se revuelcan en el desastre: más bien tratan de lograr que no se produzca y parten de la idea de que el desastre real acaece cuando aceptamos todo lo que se nos pretende imponer como dogma de fe y sin el menor cuestionamiento. No debe olvidársenos lo que nos ha contado. En sus encuestas entre compañeros acerca de los mejores profesores que recuerdan y tras el análisis de los datos obtenidos, ha llegado a la conclusión de que los que suelen recordarse con más afecto son los más «clásicos» a la hora de enseñar, quienes dominan la materia y contagian entusiasmo a la hora de aprender. No es ello incompatible con un uso moderado y pertinente de la tecnología, pero no parece que el mejor camino hacia una educación de calidad sea reemplazar a los buenos docentes por las máquinas.

La gran estafa. El secuestro del sentido común en la educación, de 2006 (reeditado en 2012), es otro texto fundamental de la literatura del desastre. Su autora, Alicia Delibes Liniers, es sobrina del admirado escritor vallisoletano. Alicia fue profesora de matemáticas tanto en primaria como en secundaria. También fue atleta. Ahora está jubilada de ambas cosas, de lo segundo por una lesión. Ha vivido muchos años fuera de España, en Alemania y Luxemburgo. Mientras residía en este último país, se aprobó la LOGSE. La leyó de cabo a rabo y terminó desolada. Hasta entonces siempre había sido votante del PSOE, pero en ese momento dejó de serlo, aunque siguió considerándose de izquierdas: siente, por ejemplo, una gran admiración por Tony Blair y la sensatez con que trató los temas educativos. Alicia es tajante: la LOGSE es una traición a la izquierda por parte de gente de izquierda. En realidad, quienes convencieron al PSOE de que aquello era progresista no eran de izquierda. Pero el partido socialista pecó de ingenuidad y lo compró. Jamás han admitido el error. ¿Quiénes los convencieron? La UNESCO, organismo con fama de beatífico, pero que ella conoce bien por haber trabajado allí como consejera en 2017 y 2018. Es una organización inundada de falsa izquierda y falso progresismo, a la que atribuye la dinamitación de los contenidos y su reemplazo por unas competencias cada vez más cuestionadas como tendentes a una mercantilización encubierta de la educación.

Alicia me plantea la siguiente pregunta: ¿qué civilización aguanta que no solo no se aprenda lo que ha venido antes sino que incluso se desprecie?

Mantenemos nuestra conversación en una cafetería del barrio de Almagro de Madrid. Alicia habla con mucho conocimiento de causa pero escasa vehemencia. Es cordial y educada. Aquella ley que tanto la enfureció era un texto ilegible, incluso para una persona inteligente como ella, resultado de haberle dado una pátina científica a lo que no era más que ideología sustentada por pseudociencia con la que justificarse y de la que servirse. En la novela de Orwell, *1984*, el régimen totalitario crea una neolengua con la que apropiarse del lenguaje y con ello dominar aún más las mentes de los sometidos. La jerga pedagógica comparte con esa neolengua el deseo de retorcer las palabras para que signifiquen incluso lo contrario de lo que deberían significar. Quienes dominan la neolengua son los míos; quienes no, están con el enemigo.

La LOGSE es condescendiente con el alumno hasta el paroxismo: le da todo el poder y deja al profesorado a su merced. Esto no es, como se repite, centrar la enseñanza en el alumno, sino socavar la autoridad y dignidad del profesorado y privarle de herramientas que le permitan enseñar. Lo que Alicia me cuenta hace pensar en un cierto revanchismo por parte de los legisladores, que usaron al profesorado como chivo expiatorio de todos los males del sistema franquista. Con la perspectiva del tiempo, le pregunto si salvaría algo de aquella ley. A Alicia no le pareció mal que se concluyera la primaria a los 12 años y sin embargo no entendía por qué no se habían contemplado itinerarios diferenciados para los dos últimos cursos de ESO. Por otro lado, no existía prueba alguna para diagnosticar el sistema; se asumía que funcionaría bien porque partía de los presupuestos correctos. Alicia cree en uno más flexible: no solo con itinerarios que se adapten a los intereses y capacidades de los alumnos, sino incluso con centros especializados como hay en Estados Unidos: en artes escénicas, ciencia, deporte, música, etc. Me insiste en que las pruebas no son escollos que busquen suspender; sirven meramente para diagnosticar y detectar fallos en el sistema.

Fue Mercedes Ruiz Paz quien contactó con Alicia para implicarla en la plataforma www.docencia.com, pionera en la crítica a la LOGSE. Posteriormente, a través de su marido, que ejercía la actividad política, Esperanza Aguirre se puso en contacto con ella para elaborar un decreto de humanidades a nivel nacional que jamás llegó a implantarse al ser tumbado en 1997 por los nacionalistas. Aguirre quería reforzar saberes comunes en materias como la historia, pero eso entraba en conflicto con la reescritura de la misma que se llevaba a cabo en algunas comunidades. Pilar del Castillo, posteriormente, también entró con la idea de hacer reformas, pero no la dejaron. Y el ministro José Ignacio Wert hizo lo posible por introducir pruebas diagnósticas, pero se quedaron en nada en cuanto volvieron al poder los socialistas.

Le hablo a Alicia de *La gran estafa* y el revuelo que causó. Aunque en España en aquel momento nadie que no fuera pedagogo tenía bula para hablar y mucho menos escribir sobre educación, Alicia fue valiente y se atrevió, alentada por ejemplos de otros países como el de Philippe Nemo en Francia y su École Professorale de Paris. El libro de Alicia fue el resultado de numerosas lecturas y abundante reflexión. Antes, en 2003, Esperanza Aguirre la había nombrado directora general de Ordenación Académica de la Comunidad de Madrid, y posteriormente viceconsejera. En su opinión, se hicieron bastantes cosas y muchos docentes la felicitaban por la valentía, aunque siempre cuando nadie los oía.

Alicia no es en una política profesional, pero valora muy positivamente esa etapa. Le pregunto por Esperanza Aguirre y no desea entrar en profundidad, pero sí explica que era alguien que escuchaba y confiaba plenamente en el criterio y bagaje de las personas de su equipo. No se rodeaba de aduladores, sino de personas con conocimiento, siguiera o no con posterioridad sus consejos. Pusieron en marcha unas pruebas diagnósticas en sexto de primaria mediante las que descubrieron un nivel inferior incluso al que se esperaba. Insiste en que cualquier sistema que aspire a funcionar debe ser testado. Es consciente de la hostilidad que esto genera, fruto quizás del odio sistémico a todo alumno que pueda destacar de la mediocridad general. En una ocasión incluso le dijeron que el esfuerzo era un concepto neoliberal.

Alicia me ha abierto los ojos sobre la responsabilidad de la UNESCO en las reformas y la falsa pátina de progresismo de este organismo. No es este el lugar, pero creo que el asunto merecería un estudio más detenido. Me llama la atención que sea de las pocas entrevistadas que ha confesado abiertamente que fue votante del PSOE hasta la aprobación de la LOGSE. Otros lo han sugerido o simplemente se han declarado de izquierdas.

Tras la charla con ella acudo a una mesa redonda en la Fundación Rafael del Pino denominada «Por una educación de calidad», organizada por Foro Libertad y Alternativas y Foro España Cívica, dos *think tanks* conservadores. Participan en la mesa la propia Alicia, además de Inger y Montserrat Gomendio, esta última secretaria de Estado de Educación entre 2012 y 2015. Gomendio dice algunas cosas interesantes. Explica que en educación hay dos mantras: el de la equidad, que es al que suele agarrarse la izquierda, y el de la calidad, que se atribuye a la derecha. La derecha, según esto, busca la excelencia y que quienes no la logren se queden atrás. La izquierda no quiere dejar a nadie atrás y opta por la equidad incluso en detrimento de la calidad. Según Gomendio, el enemigo de la equidad no es la calidad sino la mediocridad: una enseñanza mediocre es la que hará que muchos estudiantes carezcan de oportunidades. En este sentido, hasta la OCDE reconoce que España es de los países más equitativos en materia de educación, pero el precio que pagamos es que nuestros niveles son de los más bajos de nuestro entorno. El sistema, según ella, abandona a los extremos: desmotiva a los mejores estudiantes, pero tampoco (por la falta de diversidad curricular) da ninguna solución a los que proceden de ámbitos desfavorecidos o no sienten vocación por el estudio. Estos últimos terminan constituyendo esa bolsa de ninis pésimamente formados y que jamás encontrarán un empleo de calidad. Gomendio cree que la solución pasa por los itinerarios, a los que los gobiernos del PSOE siempre se han resistido. La idea de tener a todo el alumnado estudiando lo mismo hasta los 16 años se antoja poco práctica y nada respetuosa con la diversidad de intereses. Afirma Gomendio que la inversión no es lo fundamental y un sistema inoperante no mejora porque le inyectemos más recursos.

Me reencuentro con Inger, a la que escucho con atención. Comienza proclamando que no hay educación sin disciplina y un entorno de trabajo respetuoso y adecuado y tampoco si no hay esfuerzo por parte del estudiante. Se antoja extraño pensar que esto en España no se pueda decir. Podemos discrepar sobre la metodología, los itinerarios o muchas otras cosas, pero ¿de verdad alguien piensa que con alumnos que no guardan un mínimo de decoro en el aula y sin esfuerzo alguno por su parte se puede culminar satisfactoriamente un proceso educativo? Pues parece que sí. Inger explica que el uso que se está haciendo de la escuela para la ingeniería social e intentar crear un mundo perfecto, transmitiendo valores en lugar de conocimientos, es abominable. En esta óptica el alumno no es más que un instrumento para conseguir unos fines sociales; es decir, el sistema, bajo pretexto de darle protagonismo, lo anula. Y hemos llegado a un punto en España en que no es posible evaluar nada ni determinar qué alumnos tienen el bagaje necesario. Con tanto buenismo y énfasis en los valores y actitudes, es imposible dotar a las mentes de las estructuras necesarias para progresar en el aprendizaje.

Inger realiza dos propuestas muy controvertidas: una prueba al término de la enseñanza obligatoria que no permita titular si no se supera y suprimir los consejos escolares para evitar interferencias en el funcionamiento de los centros por parte de las familias. Casi nadie cree en España en ninguna de estas cosas: muchos piensan que no titular en secundaria condena al alumno al ostracismo social y debe ser algo excepcional. Tampoco creo que nadie apoye la supresión de los consejos escolares, aunque sí hay quienes cuestionan, como hemos visto, la intervención de las familias, que solo en contadas ocasiones es constructiva. La propia Alicia, presente en la mesa como hemos indicado, que es realista y ha tenido responsabilidades de gestión, le sugiere a Inger que son propuestas algo radicales.

Es casi una obligación dentro de este capítulo charlar con un nombre fundamental de nuestra literatura del desastre. Seguro que algún lector ha echado de menos a Ricardo Moreno Castillo, uno de los históricos en aplicar una mirada crítica a la innovación y la pedagogía. Es el padre del cuestionamiento de la pedagogía en nuestro país y uno de los que primero dio la voz de alarma. La primera fue Alicia, pero

Ricardo me explica que, con el terreno abonado por ella, su *Panfleto antipedagógico* tuvo aún más impacto. Dice que le costó escribirlo. Se trataba, nada menos, que de desmontar un discurso muy bien armado, que poseía coherencia interna, pero que resultaba falaz y vacío. Lo considera el mayor trabajo intelectual de su vida. Sabe que muchísima gente lo ha leído, aunque pocos han hablado públicamente de ello, si bien logró que se comenzara a salir del armario y a decir públicamente lo que algunos llevaban tiempo pensando.

Ricardo nació en Madrid por accidente, pero es gallego de origen. Sus padres, republicanos exiliados, no pudieron volver a Galicia hasta 1950. Ricardo se licenció en Filosofía y se doctoró en Matemáticas, que es lo que terminaría enseñando. En la carrera tuvo una asignatura, Teoría de la Educación, que le reveló lo peligroso y erróneo de ciertos planteamientos contra los que luego se revolvería. Su trayectoria se ha desarrollado en secundaria, aunque en los últimos años en activo fue también profesor asociado en la universidad. Se jubiló a los 60 años, en cuanto pudo, me dice.

A Ricardo, como a varias personas con las que ya hemos hablado, le preocupa especialmente lo que ocurre con los alumnos procedentes de familias con escaso poder adquisitivo, pues las pudientes siempre encontrarán la forma de compensar carencias. A quien más ha fallado el sistema es a ellos, privándoles del ascensor social del que generaciones anteriores disfrutaron. El constructivismo (la idea de que es el propio niño quien debe construir sus aprendizajes) puede estar bien para chicos y chicas que cuentan con los materiales para hacerlo, pero no para los que carecen de ellos. Adaptarse a un niño que no sabe nada es, según Ricardo, enterrarlo vivo. Mi entrevistado me apunta una perspectiva interesante: él fue un mal estudiante al principio y venía de una familia modesta. Afortunadamente, no estudió bajo la LOGSE, que lo hubiera machacado, sino en un sistema en el que se le exigió y gracias al que ha llegado donde ha llegado. Si recuerdan, algo parecido nos contaba Antonio Muñoz Molina.

Me reúno con Ricardo en el Café Gijón de Madrid. Una de las primeras cosas que me cuenta es que ni él ha sufrido en exceso la LOGSE (estaba ahí, pero no le impactó directamente) ni ha tenido mala relación con sus alumnos. Cuando se cruza con alguno de aquellos a los que dio clase suelen saludarle con respeto y cariño y eso le enorgullece. Quienes no lo conocen lo fustigan en redes sociales por su inconformismo. Esos mismos son los que, según Ricardo, hablan de libertad y respeto a la diversidad, pero no soportan que alguien no esté de acuerdo con ellos. Me cuenta que, antes de escribir sobre pedagogía, se documentó y leyó todo lo que cayó en sus manos. Sus críticas y argumentos, por tanto, no proceden de la especulación.

A Ricardo le han llamado «fascista» y no me queda otra opción que preguntarle si lo es. Sonríe. No sabe cómo ubicarse ideológicamente, pero desde luego siempre en el centro-izquierda. A diferencia de otros muchos que llevan el marchamo de progresista, él sí corrió «delante de los grises». No es nostálgico de nada, pero opina que la historia debe ser analizada y no solo juzgada. El franquismo fue abominable, pero en educación no lo hizo del todo mal porque supo poner al frente a buenos ministros. Y, en cambio, en la democracia hemos conseguido crear, en su opinión, una educación nada democrática, que somete y estigmatiza al disidente y condena a los más desfavorecidos a la ignorancia y a la irrelevancia social. Los políticos, según Ricardo, desprecian el saber y la LOGSE fue en su momento la bomba de neutrones perfecta: en un clima como el de la posdictadura, todo lo que sonara a libertad y adanismo era bien acogido.

Le pregunto a Ricardo si ve alguna salida a esta situación. Tras pensarlo, y no del todo convencido, cree detectar entre profesores jóvenes cierto hartazgo. Es con ellos con quienes hay que realizar una labor de difusión y sobre todo que sepan que aquello en lo que les han adoctrinado en las facultades de pedagogía y en los másteres no es lo único que existe. Hay vida fuera y realidades de las que no les han hablado nunca.

Ricardo tiene una hoja de ruta y es sencilla. Se articula en base a dos cuestiones: romper con la homogeneización curricular y hacer pruebas de diagnóstico. En cuanto a lo primero, está de acuerdo en mantener una escolarización obligatoria hasta los 16 años, pero diversificando a partir de los 12, edad a la cual, en sus propias palabras, «un niño es ingobernable si no está donde quiere estar». Debería haber un itinerario orientado a la formación de profesionales y otro para estudios universitarios, ambos reversibles. En cuanto a las pruebas de diagnóstico, son, dice, la única manera de aportar rigor al sistema: si quien enseña es también quien toma la decisión última de aprobar o suspender, sin rendición de cuentas de ningún tipo, habrá muchos que no enseñen nada, pero aprueben a todos. Si alumnos y profesores saben que habrá una evaluación externa, es más difícil pervertir el sistema y hay que enseñar de verdad. Aboga también por despolitizar la educación y por un menor peso de lo pedagógico en la formación de docentes.

Como no podía ser de otra manera, le pregunto a Ricardo sobre la pedagogía. La denomina una «ciencia suflé»: en base a unas pocas ideas se crea una tarta que sube y sube hasta convertirse en algo fuera de todo sentido de la proporción. De ello se desprende que la queja de Ricardo no es por la existencia de una disciplina académica que aporte claves sobre la enseñanza y el aprendizaje, sino por su omnipresencia, más intrusiva que útil. Me dice que Chesterton (sobre el que Ricardo ha publicado en 2022 *Chesterton. Qué hay de nuevo, viejo*) ya decía que cuando la pedagogía entra por la puerta, el sentido común sale por la ventana. Unamuno era también muy crítico con los pedagogos. Ambos autores pensaban que cuando el contenido no importa y solo nos fijamos en el cómo, el resultado es la ignorancia masiva. Ricardo opina que los pedagogos crean más problemas de los que resuelven: son grandes negacionistas de la realidad y no ven el fracaso, el caos en muchos centros, la dificultad para realizar una labor docente digna, y en cambio sí un mundo en el que todo se resuelve a base de sonrisas. Les critica también a los pedagogos una obsesión con la originalidad muy perniciosa: para educar bien, hay que hacerlo de una manera eficaz. Que sea o no original o novedosa es secundario.

Ricardo cree que la escuela tiene que ser autoritaria para exigir y aportar disciplina. No hay que tenerle miedo a ese concepto. Me recuerda mucho a Inger al referirse a algo que parece proscrito del debate público. De personas como Ricardo se suele decir que lo fían todo a la autoridad. Es curioso porque ellos son precisamente los que no detentan autoridad alguna. Quienes los descalifican, en cambio, controlan el BOE y desprecian el consenso. Es razonable pensar que es más autoritario un gobierno que impone una ley educativa en plena pandemia y sin diálogo que un profesor que reclama que en su aula exista silencio y respeto para poder desarrollar su trabajo. O sea, la autoridad no ha desaparecido del sistema, es solo que ahora se ejerce sobre el profesor por parte del *establishment* y es tan implacable como la otra lo era en el franquismo.

Me apena que alguien como Ricardo reciba tantas críticas e insultos por expresar sus opiniones. ¿No sería saludable que escucháramos con respeto y atención voces como la suya? Ninguna profesión puede prosperar cuando quienes más saben y más experiencia acumulan se ven privados del derecho a opinar o son atacados por hacerlo. Ricardo es una persona razonable, pero negar que considera un desastre lo que ha ocurrido sería absurdo. Casi todos los entrevistados en este capítulo coincidirían en esa denominación, con más o menos matices, pero ninguno ha reaccionado ante el desastre con indiferencia, lo cual sí sería condenable. Cada uno desde su ámbito emplea muchas horas en explicar por qué creen que lo ocurrido es desastroso y les importa tanto o más la educación que a quienes los puedan denostar por su pesimismo. Hablando con ellos, uno se da cuenta de lo pertinente de esa frase que dice que un pesimista es un optimista bien informado. Lo más sorprendente es que muchos de ellos ni siquiera son pesimistas.

Francisco López Rupérez es doctor en Física, catedrático de Educación Secundaria y en la actualidad dirige la cátedra de Políticas Educativas en la Universidad Camilo José Cela de Madrid, donde dirige un máster en Políticas y Gobernanzas de los Sistemas Educativos. Resulta difícil seleccionar entre sus numerosos cargos de gestión cuál destacar: ha sido presidente del Consejo Escolar del Estado, pero también director del Liceo Español de París. En París, fue consejero de educación en la delegación permanente de España ante la OCDE y la UNESCO. Si a ello sumamos sus numerosísimas publicaciones sobre educación, podemos concluir que estamos ante una verdadera autoridad en la materia. Ha publicado extensamente y uno de sus libros más citados es *La gestión de calidad en educación*, de 1994, pero con varias reediciones. *La gobernanza de los sistemas educativos* es el más reciente, de 2021.

La conversación con Francisco en el Café Oriente de Madrid la inicio preguntándole por sus proyectos más recientes y me explica que acaba de publicar un artículo sobre diferencias educativas territoriales en España, tema que han estudiado mucho desde su cátedra. Todo lo que hacen desde ella está basado en evidencia empírica y Francisco me advierte desde el principio que, en su opinión, la educación padece de una sobrecarga de opiniones y un déficit de evidencia empírica, al menos en nuestro país. Lamentablemente se ha visto atrapada en el fuego cruzado de la refriega política y eso hace que las opiniones tengan para los que las sostienen valor de hechos irrefutables. En Europa, sin embargo, la educación, que es un asunto prioritario en estos momentos, se aborda de manera más profesional y científica y menos ideologizada.

Conoce bien la situación europea por los dos extensos períodos en los que residió en la capital francesa. Algo que le sorprende de España es la sintonía entre sindicatos y políticos, impensable en Europa, donde los sindicatos no defienden solo derechos laborales y reivindicaciones económicas de los docentes, sino que entran mucho más a fondo en las condiciones de trabajo y en lo que se espera de ellos. Algo que también es distinto es la manera en que se entienden las competencias. Francisco cree en ellas tal como Europa las plantea: habilidades que permiten, basándose en un conocimiento previo, aplicar ese conocimiento a situaciones y contextos específicos. En España cada vez más se definen competencias y conocimiento como opciones distintas y mutuamente excluyentes.

Para contrarrestar todo ello, Francisco ha imprimido tanto a la cátedra como al máster que dirige un rigor científico poco común en nuestro país a la hora de abordar la educación. Intentan alejarse de la opinión y centrarse en la evidencia. Cree que es lo que se está haciendo de manera mayoritaria en Europa y eso le da el optimismo de que algún día no muy lejano termine llegando a España. Hoy por hoy, muy a su pesar, los datos se miran de manera superficial y se suelen ignorar, pues, como ya hemos indicado, es algo que no interesa al *establishment* educativo. Francisco se declara conservador, pero admite, con cierta tristeza, que la educación no parece interesarle mucho ni a la izquierda ni a la derecha, lo que hace incluso más grave que los políticos hayan acaparado el debate educativo, silenciando cualquier otra voz y obligando a opinar desde un binarismo que ellos han creado y que no tiene ningún aval científico. En opinión de Francisco, la izquierda quiere una educación al servicio de la ingeniería social, sin descontar que haya cierto electoralismo en tratar de agradar a las familias facilitando que sus hijos promocionen sin esfuerzo. La derecha, por su parte, se ha inhibido del tema, confiando en que a quien no le guste el sistema público siempre tendrá centros privados a los que llevar a sus hijos, postura retrógrada y nada liberal. La cultura del esfuerzo es un mantra muy repetido, pero nunca se ha llevado a la práctica cuando la derecha ha gobernado. Como liberal que es, opina que la educación es lo único que puede garantizar una sociedad mejor formada, de individuos con una buena instrucción, sea cual sea su origen social.

El posmodernismo, con su cuestionamiento de todos los principios de la civilización (la occidental solo, claro), está detrás de un pedagogismo ideológico que ha incorporado sus planteamientos teóricos y especulativos, sin preocuparse por los resultados de su aplicación y amparándose meramente en la pretendida nobleza de sus motivaciones. En resumen, no hemos sabido distinguir la reflexión especulativa, sin duda necesaria en cualquier ámbito, de la verdadera indagación científica y nos hemos puesto a aplicar recetas solo porque sonaban bien. Me da un ejemplo: los proyectos. Cuando son puntuales y están en el contexto de una enseñanza estructurada, son una buena forma de trabajar algunas cuestiones. Situarlos en el centro de la enseñanza es un gravísimo error, no porque él lo crea así, sino porque todas las investigaciones científicas serias que se han llevado a cabo demuestran que lo es.

Francisco siente que en algunos aspectos hemos retrocedido a la Edad Media al tener que explicar todos los días la diferencia entre ciencia y opinión o entre ciencia y mito, algo que en la pandemia se vio exacerbado con múltiples bulos y cuestionamientos. Dicho esto, Francisco sí cree que existe una ciencia educativa que avanza y se desarrolla y aporta información útil en la que basar nuestra labor docente. Pero comprende que esté muy cuestionada en España por la contaminación ideológica a la que ha sido sometida. Pero sería, en su opinión, un error demonizar toda la investigación educativa solo porque una parte de ella esté tergiversada por intereses de políticos con estrechez de miras o académicos que solo quieren hacer carrera a base de lo que sea.

Francisco tiene una misión: que la pedagogía sea como la medicina, que utiliza los datos para proponer soluciones, observa cómo funcionan esas soluciones y las adapta en función de los resultados obtenidos. Hacer eso es poner al alumno en el centro del aprendizaje, mantra del que algunos se han apropiado para proponer e implantar pedagogías sin aval científico. También le irrita el falso binarismo entre equidad y calidad, como si fueran incompatibles. En su opinión, no existe equidad si no hay calidad: un centro no puede amparar la mediocridad en que está siendo equitativo porque, al hacerlo, deja de ser equitativo y segrega a su propio alumnado, condenándolo a la irrelevancia social. El facilismo es justo eso: facilismo. No es equidad. Solo sirve para depreciar los títulos y que cada vez signifiquen menos. Y la solución nunca vendrá del poder. Debe partir de las familias y de los docentes. Pero tardará. No cree que esto sea una lucha de malos contra buenos, sino de un sistema que, a la vista de la evidencia, necesita altura de miras para solucionar lo que no funciona.

Quiero ahora charlar con profesores de secundaria en activo, todos ellos en una fase media de su carrera docente y que superan los 40 años de edad. Algunos (pocos) conocieron la LOGSE como alumnos. Otros estudiaron en el sistema anterior y vivieron los cambios educativos desde el ejercicio profesional. Conoceremos a personas críticas y veremos cómo algunos han pagado un precio por serlo. En la primera conversación en la que nos adentraremos, un docente me dijo que su relación era cordial con sus compañeros, pero que, a la hora de comer, en un entorno más relajado, solía hacerlo solo, como metáfora de una soledad que muchos sienten al hallarse sumidos en un sistema que no tolera la crítica y en el que presuntamente se valora por encima de todo la sumisión al poder establecido.

Nacho Camino transita por la cuarentena. Es músico y profesor de música. Su carrera como músico le salva de caer en la desesperanza, aunque durante nuestra charla lo noto hastiado. Asturiano de nacimiento, comenzó en la enseñanza pública en 2002 y no ha conocido otra cosa que la LOGSE. Imparte clase en el IES Burguillos, en la Sevilla profunda o «Macondo», como él lo denomina. Este pueblo iba camino de convertirse en una ciudad dormitorio de la capital andaluza durante el *boom* inmobiliario, pero se vio afectado por la crisis de 2008 y aquello se truncó. La flema asturiana de Nacho no consigue del todo esconder que la procesión va por dentro. Es de los que comen solos y quien pronunció la frase que he tomado prestada para el título de este capítulo. Sus compañeros no quieren complicaciones y ni se plantean hacer las cosas de modo diferente a como les han programado para hacerlas. No les importa mucho —en términos generales— que se consiga algún resultado o no. Han asumido que el alumnado y las familias tienen la sartén por el mango y lo último que quieren son problemas con la inspección.

Nacho acude a la charla con su amigo, el sevillano Carlos Rodríguez Estacio, uno de los docentes que más ha cuestionado el sistema desde Andalucía. Carlos posee vigor, energía y alegría de vivir. Fue el primer seglar que impartió clases de filosofía, que es en lo que se licenció en el Centro de Estudios Teológicos de Sevilla. Pronto comenzó a impartir clase en secundaria, primero en un centro privado y luego en públicos. La docencia no era una vocación en su caso, sino algo a lo que fue tomándole cariño con el paso de los años. Su primer destino fue en una conflictiva barriada sevillana y justo en su escuela se estaba testando la LOGSE. Ni guarda mal recuerdo ni cree que aquello saliera mal. Sus efectos más nocivos se notaron después: cuando años más tarde retornó a aquel centro se dio cuenta de los efectos demoledores que había tenido. Antes de marcharse, aún se enseñaba. Cuando volvió, ya no.

Carlos estuvo casi dos décadas en el IES Vicente Aleixandre, que recordarán por Rafa Castaño. En 1999 se afilió por primera vez a un sindicato, APIA, muy demonizado en aquel momento como de extrema derecha, aunque he ido dándome cuenta de que fue una estrategia para neutralizarlo y que no se ajusta a la realidad. Carlos me explica que convivían personas de todo el espectro ideológico unidas por su amor y respeto por la educación. Era crítico con el gobierno socialista y con las reformas. Curiosamente, me explica, terminaron echándolo a él porque era demasiado combativo. Luego volveremos a APIA, pero por el momento nos quedamos con este docente, que rápidamente fundó otro sindicato, PIENSA, que buscaba la instauración de pruebas externas. Resultó complicado: los profesores, me dice Carlos, no quieren ser evaluados ni que el sistema les someta a controles, no sea que nos llevemos todos una sorpresa. En este sentido, coincide plenamente con Nacho. La única queja recurrente de los maestros es la burocracia. Por lo demás, la desmovilización es general y eso permite que los sindicatos oficialistas vivan completamente a espaldas de cualquier crítica al sistema y al albur del poder político.

Nacho y Carlos son buenos amigos y se les nota complicidad. Ambos coinciden en que la calidad del profesorado es cada vez peor. Un 90 % son entre pésimos y mediocres. En parte la responsabilidad recae en una extensión desmedida de la primaria, que se ha tragado la secundaria y amenaza con hacer lo mismo con la universidad. Es la invasión de la pedagogía, obsesionada con conquistar hasta el último resquicio. El centro de secundaria de Nacho, me dice, es imposible de distinguir de uno de primaria: las paredes están llenas de dibujos de florecitas, de murales en favor de la paz, etc. Nada hace creer que allí se esté produciendo transmisión alguna de conocimiento.

Carlos coincide en que en el momento en que se aplicó la LOGSE había un cierto revanchismo contra los docentes y el discurso de cuestionamiento de la autoridad «vendía». No duda que una reforma educativa era necesaria, pero no se hizo desde la profesionalidad, sino desde la ideología. Tampoco se nos debe olvidar que por entonces el gobierno socialista se encontraba cuestionado por escándalos de corrupción y necesitaba recuperar credibilidad entre un cierto perfil de votante. Lo peor es que no tuvo oposición, según Carlos. Al PP le interesaba la LOGSE porque concedía dos cursos obligatorios más a los centros privados y concertados. La LOGSE insistía en adaptar la enseñanza al entorno y ello constituía un espléndido maná para los nacionalistas, que no perdieron tiempo en eliminar de los programas cualquier referencia al Estado y centrar la enseñanza de la historia y la cultura en los de la correspondiente comunidad autónoma. En su opinión, lo peor de la LOGSE es que hace depender mucho la calidad de la enseñanza del centro del que se trate: si es malo, el centro está perdido porque la ley lo fía todo al buenismo del ser humano y no establece mecanismos para garantizar el rigor y el aprendizaje efectivo. La LOGSE, no obstante, tenía cosas buenas, que no se aplicaron. Y las malas se llevaron a sus últimas, y a veces desproporcionadas, consecuencias.

En cuanto al alumnado, Carlos cree que los chicos son mucho más razonables que los propios docentes. No vienen con dogmas en la cabeza y ven lo que está sucediendo de modo más realista. Carlos cree que el mensaje de que existen lo que él denomina unas «coordenadas educativas más saludables», o sea, otro tipo de educación, calaría mejor en el alumnado que en las familias. Me cuenta que sus alumnos mantienen una buena relación con él y se dan cuenta de que su única motivación es que aprendan y adquieran herramientas para su vida personal y profesional. Nacho comenta algo parecido: los alumnos detectan quién se preocupa por ellos de verdad y quién meramente les sonríe, pero en el fondo no tiene el más mínimo interés, así como quién domina la materia y quién es un mero entretenedor o diseñador de jueguecitos y actividades.

Hablando de clases de verdad, exigir es un anatema. Como no está bien visto decir que no se exige, no se dice, pero se camufla con artimañas lingüísticas. Nacho me explica que cuando no apruebas a todos porque has optado por mantener un nivel de exigencia, se esgrime que no eres «inclusivo», término cuyo significado se ha pervertido. Ser inclusivo es, en su opinión, dedicar el mismo tiempo a todos los alumnos. En boca de los políticos significa que se apruebe tanto a quien se ha esforzado como a quien no. O sea, ser inclusivo es ser deliberadamente injusto y fomentar la desigualdad al tratar del mismo modo a quien no se ha comportado igual, fomentando la indolencia y reforzando la idea de que a la escuela no se va a trabajar y aprender, sino simplemente a estar allí.

Otro tema recurrente en casi todas las conversaciones es el de la inspección. Nacho es tajante: los inspectores son los más fanáticos e intransigentes de todo el sistema, personas generalmente mediocres, pero con un poder casi omnímodo. Me explica que alguien que jamás ha impartido clase puede llegar perfectamente a ser inspector de educación, un cuerpo de élite que supuestamente vela por la calidad de la enseñanza que se imparte en los centros. Carlos apostilla que en Cataluña es aún peor, pues allí no se permite la más mínima heterodoxia y los inspectores son nombrados a dedo y, por tanto, son una policía política incluso más que en el resto de España. Viajaremos luego a Cataluña y preguntaremos si es así. Nacho añade que en su centro ha presenciado cómo, ante agresiones físicas a un docente, el inspector ha intentado justificarlo con que la estrategia didáctica del profesor agredido no era la adecuada. Me quedo de piedra. No sé si es un caso aislado de falta absoluta de empatía y sensibilidad o de lavado de cerebro al inspector, incapaz de ver personas, solo teorías educativas.

Carlos y Nacho me comentan que a quienes sí han lavado el cerebro es a las familias, que han entrado de lleno en ese ambiente que denominan de «humanitarismo blando». Gracias a conceptos como el de «comunidad escolar» se les ha hecho partícipes del funcionamiento de los centros para así supuestamente combatir la autoridad de los profesores de épocas anteriores. Las familias son un arma más del *establishment*. Si algún profesor díscolo tiene la tentación de enseñar en serio y no acata las consignas de la dirección o de los inspectores, ya se encargarán las familias de ponerlo en su sitio.

Carlos saca a colación los centros de formación de profesorado. Existen, con diferentes nombres, en todas las comunidades autónomas. Carlos me sorprende al afirmar que en ellos jamás se enseña ciencia, literatura o arte y todo tiene que ver con lo procedimental. Enseñan a enseñar, lo cual no plantearía mayor problema si no fuera porque el verbo *enseñar* es transitivo y requiere enseñar algo, un algo que para estos centros no existe. Para barrer por completo la transitividad del verbo se emplean metodologías que desdibujan las materias y las amalgaman en «proyectos integrados», con un resultado más o menos entretenido, pero poco o nulo valor educativo. Los cursos de formación, dice Carlos, son propaganda buenista, sin la más mínima base científica. Alberto Royo, con quien luego hablaremos, se ha negado a hacer ninguno más: «Sentía que me tomaban el pelo», afirmó. Javier Rebolo, a quien también conoceremos, opinaba que esos cursos eran una estafa, una estrategia para justificar su financiación, pero que expiden certificados sin el más mínimo control sobre el aprendizaje (o no) o la asimilación de contenidos por parte de quienes cursan esa formación.

Carlos cree que hay países en los que los intentos por revertir la situación están dando fruto. En Portugal, el ministro de Educación de 2012 a 2015, Nuno Crato, retornó a los conocimientos, el rigor y las pruebas externas, con resultados muy notables según los organismos internacionales. Pese a mis varios intentos, no he conseguido hablar con Crato. A principios de 2023 fue fichado por el PP como asesor en materia docente. En Francia también hay una cierta rebelión de un amplio sector de la profesión educativa. Según Philippe Nemo, filósofo, pedagogo y cofundador de la École Professorale de Paris, en correspondencia mantenida con él, están muy cerca de lograr que el ministerio asuma importantes reformas que darían respuesta a lo que muchos de mis entrevistados han denunciado en España. La impopularidad del gobierno de Emmanuel Macron y el intento de evitar abrir nuevos frentes lo ha ralentizado. En España, Catherine L'Ecuyer intenta, según creo, emular lo conseguido en Francia por personas como Nemo, pero tampoco quiso entrevistarse conmigo. No puedo evitar tener la sensación de que mientras más cercanas se sienten las personas a poder cambiar algo o al poder político, menos fácil es que accedan a charlar de manera libre y sin un cuestionario previo.

Volviendo a España, Carlos denomina los intentos de desmantelar la educación como «los principios ponzoñosos que han calado hasta el nivel freático» del sistema educativo. Pero afirma que el nivel de penetración de dichas corrientes es desigual: mientras en algunas comunidades se ha actuado con menos fundamentalismo (en Castilla y León están por encima incluso de Finlandia en las pruebas PISA), en Andalucía, Extremadura y Canarias se ha actuado sin contemplaciones. Las tres son las más logsificadas de España. Alberto Royo, por citar una opinión que parece respaldar la de Carlos, me contó que en Navarra no se han aplicado las reformas más allá de lo superficial y que allí, por ejemplo, los inspectores suelen ser bastante razonables y nada entrometidos.

Carlos menciona también, como hemos escuchado ya, la desaparición en la práctica del cuerpo de catedráticos de instituto. Esa figura parecía antitética con el clima reinante en el que todos somos iguales y tenemos que participar en lo que ocurre en la escuela al mismo nivel: padres y madres, estudiantes, docentes, etc. Un catedrático de instituto es una figura que representa la excelencia académica y la autoridad en la toma de decisiones, pero las reformas de la LOGSE buscaban dar al traste con cualquier resquicio de autoridad docente. Es una pena que quienes impulsaron la LOGSE no buscaran esa misma igualdad en otros ámbitos: a nadie se le escapa que vivimos en una sociedad cada vez más estratificada y dividida entre unos pocos que se han hecho con casi todo y el resto, cada vez más precarizado. A lo mejor bajo la bandera de la igualdad lo que se ha hecho es contribuir al tipo de educación que precisaba un mundo encaminado hacia la desigualdad creciente e inexorable, pero que se rodea de eslóganes buenistas y falaces. Concluye Carlos que el populismo no llegó a España de la mano de la extrema derecha o la extrema izquierda, sino del PSOE, que lo inició con la educación.

Acudo al IES Bécquer de Sevilla para mantener una conversación a varias bandas con su actual director, Juan Manuel Prieto; su vicedirectora y exdirectora, Chelo Pradilla; dos de sus jefes de estudios, Eduardo Moreno y Mar Marín, y el docente Ismael Cumbrera. El tema candente es la LOMLOE y todos se apresuran a asegurar que es «más de lo mismo». Pero la LOMLOE es además incomprensible por su léxico obtuso y un abuso de teorías pedagógicas que no todo el mundo conoce y domina. Juan Manuel añade que vuelve a constituir una ley radicalmente alejada de la realidad, como demuestra el hecho de que personas con décadas de experiencia docente deban leer varias veces cada párrafo antes de obtener una mínima comprensión del mismo.

Uno de los nuevos objetivos, en consonancia con todos los anteriores, es borrar las fronteras disciplinares, de modo que un profesor pueda enseñar cualquier cosa, o en otras palabras, una vuelta de tuerca a la primarización de la secundaria, según lo expresa Chelo, en un nuevo un ataque a la transmisión de conocimiento para anteponer lo puramente lúdico y anecdótico. Para Chelo es una regresión: en una escuela del siglo XIX hubiera sido impensable que cada asignatura fuera impartida por un especialista. La nueva ley trata de devolvernos a ello, arrebatándonos décadas y casi siglos de progreso educativo.

La ESO, opinan de manera unánime, es el foco de muchos de los problemas. Ismael está convencido de que no todo el mundo posee dotes para el estudio académico y que los alumnos son distintos y deberían recibir una formación adaptada a su perfil e intereses. Pero existe un pánico enfermizo a admitir que no a todos los chicos les interesa lo mismo. Como la igualdad es un dogma, se instrumentaliza a los alumnos, obligándolos a estudiar aquello para lo que carecen de motivación, generando objetores de la educación y desembocando en el abandono. Chelo apunta, sin embargo, que la LOGSE ha ido poco a poco corrigiendo ese dogma. Nunca se ha dicho claramente que se esté haciendo, pero es verdad que se ha introducido algo de diversidad, cosa que también me comentaba Alejandro Tiana, como luego veremos.

Ismael cree que las administraciones pretenden que los alumnos vivan entre algodones, sin sufrir. Eduardo habla de una «psicologización» barata e infantilizadora, que va de la mano de la pedagogía. El objetivo es el bienestar emocional, algo que nadie sabe bien qué es, pero que implica que cualquier cosa que pueda hacer sufrir a un estudiante deba extirparse de raíz. Pero, dice Eduardo, ni se debe centrar todo en la autoridad ni tampoco prescindir de ella: el ejercicio de la misma no garantiza una buena educación, pero su ausencia sí asegura que no la haya. Tener a los chicos callados en el aula no significa que aprendan, pero si no lo están es seguro que no lo harán. Juan Manuel apunta que las sociedades desarrolladas tienden a mimar al adolescente. Por eso el centro educativo debería contrarrestar ese exceso de mimo. Ocurre lo contrario: las leyes buscan que el mimo se extienda al centro, probablemente con el deseo de agradar a los padres.

Eduardo es irlandés, pero su castellano, con un ligerísimo acento, es impecable. Imparte enseñanza bilingüe de filosofía. Es una persona joven y que a pesar de ello ve claramente que estamos conviviendo con el sinsentido. Me interesa mucho explorar lo que piensan los docentes jóvenes y de hecho dedicaremos un capítulo a ello más adelante. Este profesor del IES Bécquer dice que nos quejamos del cuestionamiento de la autoridad, pero el que los alumnos sean críticos y no lo acepten todo sin más también tiene una vertiente esperanzadora. La autoridad no debe perseguirse a toda costa, pero sí el rigor y la exigencia. Lamentablemente, cuando ello se intenta las resistencias son enormes y gran cantidad de maestros optan por lo fácil: salir del paso con lo mínimo. Chelo apostilla que, desde el momento en que se instala, no por casualidad, la idea de que el suspenso es culpa exclusiva del docente (que exige demasiado, que no sabe motivar, etc.), muchos optan por aprobarlos a todos y así evitarse problemas.

Juan Manuel está de acuerdo en que la mediocridad se extiende lenta pero inexorablemente entre el profesorado. Muchos, me explica, vienen de la LOGSE y se les nota la escasez de preparación. Cometen incluso faltas de ortografía. Eduardo discrepa de esa percepción (aunque no de las faltas de ortografía) y piensa que contribuye a dar pábulo a quienes culpan al docente de todos los males de la educación. Cree que el profesorado, en general, no es mediocre. También Ismael Cumbrera opina que hay un desprestigio general del profesor que es injusto. Sus compañeros son personas serias y trabajadoras en su inmensa mayoría. Puede haber desmotivación y que eso repercuta en la implicación y el rendimiento, pero es consecuencia de que se les obliga a ejercer de padres, psicólogos y muchos otros roles que no les corresponden. Eduardo insiste en que a las generaciones jóvenes les han asustado con tanta pedagogía, hasta el punto de que no se atreven a enseñar; de hecho, algunos no son capaces siquiera de pedir silencio porque han internalizado lo que denomina la «tontería pedagógica» y vienen dispuestos a aguantar lo que sea. Que luego encima se les tilde de mediocres es injusto. Sobre la falta de preparación, cree que no es culpa suya: vienen con más conocimientos sobre pedagogía de las matemáticas que sobre matemáticas, de nuevo porque así se lo han impuesto. Chelo está de acuerdo con Eduardo: los profesores llegan «fragilizados» y «vulnerabilizados», desprovistos no solo de herramientas para gestionar el caos que puede ser un aula, sino con la idea de que intentar frenar tal caos es un error y un acto de agresión al alumnado. Dice Ismael que culpar a los docentes de la falta de disciplina sería como culpar a los médicos de las enfermedades o a la policía de los delitos.

Les pregunto por los alumnos. Chelo se apresura a contestar que a medida que van creciendo y siendo un poco más conscientes terminan dando la razón a los docentes en sus quejas sobre los desajustes del sistema. Juan Manuel añade que muchos se dan cuenta de que la falta de exigencia les perjudica. Eduardo es más contundente: piden a gritos orden, estructura, autoridad. Valoran a los profesores serios y rigurosos y reprochan a la institución que no sea lo suficientemente severa y que se comporte como un centro de animación sociocultural. Es lo mismo que nos decían Carlos y Nacho y lo que nos van a comentar muchos otros que no se conocen entre sí y no pueden haber llegado mágicamente a una misma percepción si no hubiera una base de verdad en lo que están exponiendo.

Chelo lamenta que todos los problemas se den en la enseñanza pública y ha constatado que hay docentes que ni se plantean realizar oposiciones y prefieren buscar empleo en la privada, al contrario de lo que ocurría hasta hace relativamente poco. Ella imparte clases en la Universidad Loyola a futuros profesores y les enseña que la pedagogía, como cualquier otra cosa, es diversa y que hay que aproximarse a ella de una manera crítica y no aceptar dogmas incuestionables, vengan de donde vengan.

Para José Manuel, como buena religión, el *establishment* educativo tiene sus mandamientos. Uno de los principales es: no fomentarás la diversidad. Como la palabra *diversidad* tiene connotaciones positivas, no se puede formular así, de modo que se le da la vuelta y se habla de fomentar la igualdad, o sea, que todos cursen lo mismo. Los mandamientos, según Eduardo, se imponen a golpe de inspección educativa, que impide separar por niveles porque eso crea guetos: ni siquiera lo permiten en el caso de las lenguas, donde la imposibilidad de avanzar en el aprendizaje en un grupo con niveles distintos es notoria. Claro, ¿quién dijo que había que avanzar? Mar Marín apostilla que los peores efectos los sufren los alumnos con capacidad, pero que proceden de ambientes desfavorecidos y no pueden permitirse formas alternativas de aprender y avanzar.

Les pregunto si salvarían algo del sistema. Les cuesta dar con ello, pero finalmente coinciden en que la escolarización obligatoria hasta los 16 años era necesaria. Poco más puede salvarse y, sobre todo, no hay esperanza. No existe masa crítica, solo voces aisladas, que incluso le interesan al poder político para esgrimir que hay que seguir reformando para proteger a los pobres alumnos de esa vieja guardia con modos heredados del franquismo que quiere que sufran y se esfuercen, así como arrebatarles la felicidad que les brindan los docentes que obedecen las consignas. Al final de la conversación, su punto de vista sobre el futuro ya no es tan aciago. Entre las voces aisladas, mencionan nombres como Gregorio Luri e Inger Enkvist, a quienes ya conocemos. Chelo afirma que sus libros y opiniones le transmiten esperanza y cree, de hecho, que no se da el monolitismo de hace años, cuando nadie escribía sobre educación, salvo los «expertos», es decir, personas de ciencias de la educación que vivían encerrados en las universidades y la mayoría de las cuales jamás habían pisado un centro de primaria o secundaria. Juan Manuel quiere ser moderadamente optimista: quizás esta fase es normal tras una dictadura y puede que lentamente se vayan corrigiendo errores. De hecho, en los 90 todo era más infantil y la crítica apenas existía.

Eduardo Moreno me ha parecido un personaje muy interesante. Seguro que hace años era un radical de izquierdas, opuesto a la autoridad y en favor de una pedagogía liberadora. Hoy día alguno le calificaría de derechas, algo de lo que él es consciente y que le frustra. Ninguno de los docentes de este centro come solo, aunque creo que también son conscientes de que constituyen una suerte de isla en un mar de sinsentido. Sus opiniones son divergentes y discrepan los unos de los otros en algunas cuestiones, como resulta lógico por otra parte. Me ha interesado el debate sobre la posible mediocridad de una porción del profesorado. Es evidente que en parte puede ser cierto (muchos entrevistados nos lo han comentado), pero en este centro se matiza: quienes lo son es por culpa de un sistema y unas condiciones de trabajo muy complicadas que conducen a una rápida desmotivación. La idea de Chelo Pradilla de que los docentes jóvenes vienen «fragilizados» por el exceso de pedagogía es preocupante y su constatación de que se está produciendo un éxodo de la pública no lo es menos. El contrapunto es la esperanza que existe en el hecho de que los alumnos sean más razonables que las familias y se den cuenta de la degeneración que sufre el sistema. También proporciona esperanza el que haya personas como Chelo formando a futuros docentes y abriéndoles la mente a un universo de posibilidades en lugar de obligarles a claudicar ante el dogma establecido. También habrá que vigilar el uso que hace el sistema de la escasa crítica existente para apretar aún más las tuercas y que su agenda se imponga bajo el signo del miedo.

Alberto Royo es una persona admirada por los críticos de la educación. Fue pionero en decir lo que muchos pensaban. Fui hasta Estella (Navarra) para charlar con él. Natural de Zaragoza, vive en esa comunidad desde hace casi veinete años. Iba encaminado hacia una dedicación profesional al mundo de la música como intérprete de guitarra, pero la escasez de salidas profesionales le hizo decantarse por la enseñanza. Desde el principio notó que había hecho lo correcto: estudiar las oposiciones (algo que no suele ser placentero) le hizo aprender mucho. Posteriormente cursó la carrera de Musicología en la Universidad de La Rioja.

A juzgar por lo que Alberto ha publicado, no solo debe de comer solo, sino también encontrarse muy a disgusto en su trabajo. No es así. Dice que disfruta mucho enseñando. Le tiro un poco de la lengua añadiendo «pese a todo», pero me contesta que no: se lo pasa bien con su trabajo y lo que le rodea es cómodo y grato. No sabe si su centro, el IES Tierra Estella, es especialmente sensato o quizás en la comunidad de Navarra no han asumido las reformas con la intensidad con que se ha hecho en otros lugares. El instituto de Alberto se halla enclavado en un entorno rural en el que, me dice, las familias siguen concediendo mucha importancia a la educación de sus hijos.

Pese a disfrutar de su trabajo, Alberto dedica tiempo y esfuerzo, de manera altruista y sin un interés profesional, a escribir y opinar sobre educación. Lo hace porque sabe que desde la política nunca se va a arreglar nada. A ningún partido le interesa el asunto más allá de mantener lo que hay y tampoco permiten que el propio sistema y sus integrantes promuevan cambios. Hay un afán de control cuasi totalitario que hace que políticos y gestores sean incapaces siquiera de escuchar a aquellos que discrepan, y mucho menos de pararse un instante a reflexionar sobre sus quejas.

A Alberto se le da bien desmontar mantras de lo que él denomina «pseudociencias de la educación». Uno de ellos, que subyace a las reformas y al falso progresismo educativo, es que no hay que dejar a nadie atrás. Alberto opina que la frase está incompleta: no hay que dejar a nadie atrás que merezca estar delante. O sea, no hay que negar a nadie la oportunidad, pero tampoco regalar nada. El fracaso escolar no es que muchos estudiantes suspendan una asignatura, sino que la sociedad piense que aprobar una asignatura supone haber adquirido conocimiento sin que esto sea cierto. Es decir, fracasamos cuando permitimos o no sabemos ver que nos están estafando, e incluso cuando nos estafan y somos nosotros mismos cómplices de esa estafa.

Hay más ejemplos. Los pedagogos insisten en que los docentes deben aprender de sus alumnos. Recuerdo cuando el ministro Castells, en plena pandemia, nos decía a los profesores universitarios que les preguntáramos a los alumnos cómo tenían que ser evaluados, que ellos eran quienes de verdad lo sabían. Alberto me dice que el día que piense que va a clase a aprender de sus alumnos se retira. Nuestra obligación es enseñarles. Ambos nos maravillamos de que estemos hablando de todo esto y de tener que esforzarnos por argumentar algo que a cualquier persona con sentido común le parecería una obviedad. Y es que la estupidez explica muchas cosas de la pedagogía oficialista. Me da un ejemplo que escuchó hace poco: «Enseñamos contenidos del siglo XIX a alumnos del siglo XXI con profesores formados en el siglo XX». Así dicho, suena ingenioso. Pero, si nos detenemos a analizar la frase, detectamos una falacia tras otra. ¿Podríamos enseñar a niños del siglo XXI con profesores nacidos en el siglo XXI? Sería difícil. ¿Es malo haber nacido en el siglo XX? En el fondo la frase, que no significa nada, apunta a una demonización de la mayoría de los docentes, dando por sentado que lo que saben no sirve para nada en el mundo de hoy. Y, además, ¿cuáles son esos contenidos del siglo XIX que monopolizan tan vilmente nuestro sistema educativo? Desde luego, en el siglo XIX no se enseñaba casi nada de lo que hoy se enseña en nuestras escuelas. Claro, mientras la frase suene bien, ¿qué más da que no guarde relación alguna con la realidad?

Alberto defendió antes que ningún otro que el progreso social se produce gracias a los conocimientos. Y por ello se le tachó de reaccionario. Él se considera de izquierdas, aunque cree que se puede defender una educación sensata desde cualquier parte del espectro ideológico. Otro hombre de izquierdas es Ricardo Sánchez Moreno, como hemos visto. Fue su *Panfleto antipedagógico* el que impulsó a Alberto a salir del armario didáctico. En su momento era una lectura clandestina de la que jamás se hablaba con los compañeros. Visto lo ocurrido después, Alberto piensa que Ricardo se quedó corto.

Para Alberto, la LOGSE logró transformarse en un sustrato ideológico que ha conseguido impregnar toda la educación. Prefiere no pronunciarse acerca de si era mala o aviesa y cree que quizás era ambas cosas: contenía cierto revanchismo frente a un sistema que no era malo del todo, pero que tenía aspectos mejorables, además de torpeza, ingenuidad y desidia. Sea como fuere, instituyó algo que la LOMLOE ha venido a rematar: ya no importa nada enseñar, solo que el alumno socialice y sea feliz. En el fondo es una dicotomía falaz. Se puede ser feliz aprendiendo y socializar mediante el trabajo que realizamos en busca de un aprendizaje. Y no podemos convertir lo secundario en lo principal: socializar no puede ser el centro de la educación. Alberto dice que hay que superar ese discurso falaz del pedagogismo que alega que debe colocarse al alumno en el centro del aprendizaje y reivindicar que el núcleo tiene que ser el conocimiento, al que nos debemos y que tenemos que transmitir.

El estudiante es un beneficiario de esa transmisión y no un cliente, como, desde el propio preámbulo, argumenta la LOMLOE.

Sigue diciendo Alberto que lo que era un lugar de transmisión del conocimiento, o sea, la escuela, ha ido llenándose de cosas: la socialización, la búsqueda de la felicidad, la diversidad, la inclusión, las competencias, etc. Como todo no cabía, al final ha terminado expulsándose, paradójicamente, al inquilino original del edificio: los saberes. Para hacer que ese desahucio fuera más amable se ha retorcido el concepto de modo que signifique meramente 'aprendizaje memorístico'. También se ha denostado el conocimiento adhiriéndole el adjetivo *enciclopédico*, en aras de ridiculizarlo y subrayar lo obsoleto del mismo: igual de obsoleto que esas enciclopedias que languidecen en algunas estanterías, pero que nadie consulta (o se siguen consultando en otro soporte). Al mismo tiempo, nos hemos dedicado a erosionar poco a poco la objetividad a la hora de evaluar. Si debemos determinar si un alumno sabe o no tocar un instrumento, resulta fácil por parte de quien sepa. Pero, como tenemos que evaluar la actitud, las emociones, etc., llega un momento en que es imposible determinar objetivamente nada y a lo único que llegamos es a abolir la misma idea de evaluación y a darlo todo por bueno.

Escuchando a Alberto, me queda claro ese afán totalitario que ya ha surgido anteriormente. Claro, si permitimos clases donde los docentes sean libres de enseñar como mejor les parezca, la política estaría permitiendo resquicios de pensamiento libre que no convienen. Si la política está en el poder judicial, en nuestras vidas cotidianas, en las noticias que leemos y en lo que se supone que nos debe preocupar, ¿cómo vamos a permitir que no esté también en las escuelas? Y la forma de infiltrarse es desmontar lo que antes se llamaba libertad de cátedra y pergeñar unos docentes clónicos, que enseñen todos lo mismo, de la misma forma, que entretengan y promuevan los valores que quiere el sistema. Pero para lograrlo hay que desacreditar a los díscolos y hacerlos pasar por fascistas, anticuados y enemigos del progreso.

Vuelvo a Alberto. Su debut editorial fue en 2016 con el libro *Contra la nueva educación*. El título lo eligió la editorial. César Bona había publicado *La nueva educación*, que le había hecho muy popular, y el libro de Alberto se situaba en las antípodas. Se vendió muy bien, lo que hizo que a Alberto lo llamaran de muchos sitios. En un programa de La 2, *Para todos la dos*, lo enfrentaron con personas que defendían que el conocimiento no sirve para nada porque «todo está en internet», otro mantra del cienciologismo educativo. La profesora de la Universidad Complutense María Acaso era una de ellas. El sistema la ha recompensado posteriormente nombrándola jefa de Educación del Museo Centro de Arte Reina Sofía. Le solicité una entrevista, pero rehusó, alegando estar muy alejada de la educación y dedicada a otras tareas. Es curioso cómo defender ciertos planteamientos educativos de supuesto progreso se ha convertido en un trampolín hacia el éxito profesional. Acaso es un ejemplo de ello y César Bona también, que imparte conferencias muy lucrativas, pero que le impidieron atenderme. Así, los grandes defensores de la educación progresista están todos viviendo muy desahogadamente gracias a su progresismo. A los que disienten los tenemos en los centros, demonizados y condenados, como mucho, a ser invitados a algún programa de televisión para ridiculizarlos.

La carrera televisiva de Alberto no acabó allí. Estuvo también en programas de Iker Jiménez y Ana Rosa Quintana. Lo más desagradable fue su participación en uno de Cuatro presentado por Jesús Cintora. Se entrevistaba por separado a César Bona y a Alberto, pero haciendo gala de un partidismo nada sutil y bastante burdo. El segmento dedicado a Bona era en color, rodado en un parque lleno de flores y vegetación, donde todo olía a buenismo, felicidad y modernidad. A Alberto dedicaban un segmento en blanco y negro, rodado en una escuela polvorienta con una pizarra detrás. Se sintió además maltratado por el presentador. Cuando vio el programa, llegó a la conclusión de que era mejor alejarse de los medios, muy serviles con el poder político y con las posturas oficialistas. La prensa tampoco ha sido más respetuosa. Sufriría titulares sesgados como el del diario *El Mundo*, que encabezaba una entrevista con él diciendo: «A la escuela se va a aprender y no a ser feliz». Lo había dicho, pero en un contexto en el que explicaba que la felicidad no puede ser el único sentido de la educación. Tal como se diseñó el titular, parecía que Alberto opinaba que en la escuela había que sufrir. Le llegaron a increpar por la calle y pidieron su cabeza en las redes sociales.

Alberto reconoce que ha perdido algo de fuelle con el tiempo. Imagino que también le habrán felicitado por sus libros y confiesa que así ha sido, aunque de tapadillo. En el momento en que mantengo con él la charla, está a punto de publicar un nuevo ensayo: *Contra el pedagogismo*. Es curioso, me dice, cómo hemos internalizado la extravagancia. Si hace diez años nos dicen que a la escuela hay que ir a ser feliz nos hubiera provocado la risa. Ahora lo escuchamos y ni nos sorprende. Si nos dicen que habría una ley que unificaría las metodologías y no permitiría libertad para elegir el método con el que enseñar, nos hubiera parecido una exageración. Y, sin embargo, es lo que busca la LOMLOE.

Coincide Alberto con otros entrevistados en que el discurso pro-LOGSE no es en absoluto mayoritario, pero sí tiene un grupo minoritario de convencidos. Gran parte no está necesariamente a favor, ni tampoco en contra: les resulta indiferente. Cuentan los días para su jubilación o hasta las próximas vacaciones y confían en aguantar hasta entonces. El rodillo hegemónico los ha minado y les da todo igual. A los jóvenes —o a muchos de ellos— ni se les pasa por la cabeza que pueda haber alternativa.

Alberto admite que el discurso pedagógico es atractivo y está rodeado de sonrisas, siempre y cuando no se cuestione. Se habla de felicidad, diversidad, inclusión, tolerancia e igualdad. Lo malo es cuando uno se pone a deconstruirlo y se da cuenta de que lo que se pretende es crear una masa informe de mentes huecas que constituyan un proletariado mal pagado y peor equipado para aspirar a nada más y que en absoluto va a ser feliz en su vida adulta. Hay más: el germen de su infelicidad se ha plantado en la propia escuela y, para más inri, con la excusa de hacerle feliz. Es ladino y retorcido. Alberto afirma que ese discurso procede de la universidad y es difícil de desmontar, no solo por lo atractivo del mismo, sino por la cantidad de personas que, sin él, se quedarían sin sustento y verían evaporarse sus carreras profesionales. Alberto me comenta que él rebautizaría el Ministerio de Educación como Ministerio de Instrucción Pública. Le parece más respetuoso enseñarle cosas a un alumno que educarle, que tiene unas connotaciones incómodas de adiestramiento y adoctrinamiento, perpetrados además por el Estado.

Hemos pasado de tratar a los alumnos como si fueran tontos a que nos traten como tontos a nosotros: en cursos a los que asistió en el deseo sincero de mejorar y aprender, se encontró en la situación de tener que colorear y hacer el payaso. No es de extrañar que aborrezca la formación del profesorado. Dice que hay un frenesí preocupante que te obliga a no estar ni un minuto sin hacer nada, aunque en el fondo ya casi no se hace nunca nada. En su opinión, son importantes también la reflexión o la lectura silenciosa. La pedagogía se opone a ello, pero es importante que los chicos trabajen la concentración, sean capaces de prestar atención y logren colocarse frente a sí mismos y a los demás y observar.

Volviendo a la evaluación, le pregunto por los exámenes; no cree que sean malos en sí mismos y en cualquier caso son necesarios para procurar que exista rigor y exigencia. Esa es la verdadera inclusión: que cada alumno utilice la oportunidad de aprender y saque lo máximo de sí mismo. La igualdad de oportunidades no es la meta, sino el punto de salida. Todos los chicos deben tener la posibilidad de iniciar el camino en el mismo lugar y donde cada uno lo termine será consecuencia del esfuerzo desarrollado. Si la igualdad es el punto de llegada, los condenamos a todos a disfrutar de una igualitaria y bendita ignorancia.

Según Alberto, la educación debería dejar de mirar al inmediato beneficiario de la misma, el alumno, y plantearse en términos más sociales: el estudiante no la recibe para su propio beneficio, sino para integrarse en una sociedad que posee unas reglas, unas necesidades y que es heredera de un patrimonio cultural que tiene la obligación de legar a las generaciones posteriores. El docente no tiene solo una obligación para con su estudiante, sino también para con la sociedad en la que vive. Es un paradigma menos neoliberal y más, si se quiere, socialdemócrata. Necesitamos gente como Alberto que desmonte los mantras del sistema, tanto los de quienes buscan legitimar una postura (inclusividad, el alumno como centro, socialización, felicidad) como los que tratan de deslegitimar otras (conocimiento enciclopédico, evaluación, profesor que enseña).

Volvemos a Madrid para charlar con José Sánchez Tortosa. Se ha hecho muy conocido por dos libros: *El culto pedagógico* (2018) y, una década antes, *El profesor en la trinchera* (2008). Su especialidad es la filosofía, disciplina en la que la crítica a lo establecido se asume como natural. José procede de un entorno obrero y es el primer universitario de su familia. Se benefició de ese ascensor social que la progresía neoliberal ha desmantelado. Confiesa que entre sus planes nunca estuvo la docencia. Prefería escribir. La vocación le llegó tras comenzar a trabajar como docente en la Fundación Hogar del Empleado, que surgió en el tardofranquismo para proporcionar una formación laica con enfoque social, alejada de la orientación religiosa de muchos colegios de entonces. Se trataba de facilitar el acceso a una enseñanza de calidad y moderna a familias de escasos recursos, habida cuenta de que, como vimos antes, siempre habían existido centros así para los más pudientes. Tras charlar con José, investigué un poco sobre esta fundación. En un momento dado llegó a tener numerosos centros en Madrid y su periferia. Ahora solo tiene cuatro. Parece haberse alejado de su ideario inicial. Su página web muestra a las claras que se encuentra alineada con la pedagogía oficial. Sobra decir que no conseguí que nadie de la misma accediera a hablar conmigo.

José combina la enseñanza secundaria con un puesto de profesor asociado en la Complutense, donde enseña Didáctica de la Filosofía en Ciencias de la Educación, un caso análogo al de Chelo Pradilla en la Universidad Loyola. Me interesa saber cómo se respira en esas facultades. Dice que le sorprendió encontrarse docentes y estudiantes sensatos, nada entregados al pedagogismo que José denomina posmoderno por su desprecio a cualquier tradición, convención o concepto más o menos establecido. Si alguien dijo que el Holocausto no existió, ¿por qué no decir que en la escuela quien tiene que aprender es el maestro? Pero quien dijo aquello solo pretendía afirmar que no hubo un solo holocausto sino muchos, dependiendo de la percepción y el papel que cada uno tuvo en él. Supongo que el primero que dijo que en un aula era el profesor quien debía aprender del alumno probablemente quería decir que el docente siempre tenía que estar abierto a escuchar a sus alumnos y no pretender que solo él goza del monopolio de la verdad. Y fíjense lo que ha terminado significando la expresión.

A José le produce dudas calificar la pedagogía de neoliberal, aunque sí piensa que se ha puesto al servicio de las grandes empresas tecnológicas. La ve reaccionaria, una especie de «pedagogía feudal», como él la denomina. Se crea un tipo de educación para todos que no enseña nada a nadie, y por otro lado restringe la verdadera enseñanza a los que la pueden pagar. Así se divide de nuevo la sociedad entre ricos y pobres y se arrebatan los saberes a la inmensa mayoría de ciudadanos. Empoderar a estos últimos con un buen sistema es lo realmente progresista. Pero ese objetivo no se consigue con una educación devaluada, asistencial y frente a una pantalla. El sistema predica que no hay que segregar cuando es precisamente lo que hace: a los ricos de todos los demás. El origen, según José, fue un documento de la UNESCO de finales de los 60 titulado «Aprender a ser: la renovación de la educación». Ya apuntaba por dónde iban a ir las cosas y dibujaba una educación para las masas. La LOGSE la trajo a España.

A José le preocupa el rol desproporcionado que ha adquirido la tecnología en el aula, exacerbado tras la crisis de la COVID-19. Antes ya ocurría, pero desde entonces la situación se ha descontrolado y lo único que interesa es llegar cuanto antes al mayor nivel posible de digitalización, como se detalla en la famosa Agenda 2030. Pero las pantallas son con frecuencia una herramienta de atontamiento en el peor de los casos y de entretenimiento vacuo en la mayoría. Por otro lado, leemos en los periódicos que los cerebros de Silicon Valley llevan a sus hijos a escuelas tradicionales, en alguna de las cuales la tecnología está prohibida. Cabe deducir que los cacharros tecnológicos son para la plebe y que las élites se están alejando de ellos. Según José, «leer a Séneca en latín» es ya, por desgracia, «cosa de ricos».

¿Y no sería mejor dejar los ordenadores y recuperar el método socrático? José lo ve difícil, aunque deseable. El problema es que tiene muchos enemigos, entre ellos el fanatismo pedagógico. Además, eso de pensar pone en riesgo la felicidad, tan importante para los pedagogos a juzgar por lo que tantos entrevistados opinan. Le pregunto a José qué piensa de ello y me contesta que esa escuela de niños felices está generando niños profundamente infelices, sin herramientas para conseguir la felicidad, que, según José, pasan invariablemente por una buena disciplina racional.

Una de las consecuencias indeseadas de la disolución de la familia tradicional es el poco tiempo del que los padres, ahora trabajadores ambos, disponen para estar con sus hijos y educarlos. En ese momento comienza a asignarse esa función a la escuela. Pero esta es un instrumento del poder político, o así al menos se ha configurado, y en muchas se adoctrina en los valores que los políticos quieren promover y se desprecia la transmisión del conocimiento. Por decirlo de otra manera, las familias han externalizado la educación de sus hijos y se la han conferido a instituciones recargadas de ideología y nada preocupadas por enseñar. José echa de menos la escuela ilustrada, que aislaba a los alumnos del mundo exterior para equipar bien sus mentes y que luego pudieran enfrentarse a él con herramientas adecuadas. Es un firme partidario de aislar a los chicos del debate exterior con el fin de educarlos al margen de controversias infladas y que no deberían en ese punto de sus vidas ocuparles: lo que a esa edad toca es equipar las mentes para conocer y respetar todas las opiniones y forjarse las suyas.

Quiero hablar con José de sus libros. *El profesor en la trinchera* fue resultado del estímulo de su profesor de Filosofía de la Complutense y gran maestro, Gabriel Albiac. Para que se hagan una idea, el título completo de esta obra que no deja de venderse y que acaba de ser reeditada es *El profesor en la trinchera: la tiranía de los alumnos, la frustración de los profesores y la guerra en las aulas*. Realmente mucho de lo que hemos venido encontrándonos apunta en esa dirección. Pero ¿de verdad es José tan pesimista? Me contesta que, viendo la última ley educativa, la LOMLOE, sí, pues busca dar al traste con las antiguas clases, que ahora son tiempos de ocio y que carecen de vinculación alguna con lo que el docente se ha formado para enseñar. Son los llamados ámbitos educativos, de los que luego hablaremos. Con ello se proletariza aún más al profesorado y puede que llegue el momento en que un profesor no necesite siquiera una titulación universitaria ni saber gran cosa, entre otras razones porque cada vez será más difícil, sobre todo en ciencias, encontrar personas que quieran ejercer la docencia. Eso sí, habrá una élite pedagógica que dará instrucciones y regulará el sistema desde sus despachos.

Relajamos un poco la conversación antes de que nos llamen apocalípticos. Le pregunto a José si sus compañeros comparten sus puntos de vista. Me dice que hay más de los que parece que sí, aunque es raro que lo manifiesten públicamente. Su directora y él han tenido discusiones (amistosas) por la idea de José de que los pedagogos han sustituido a los sacerdotes. Le hablo de la literatura del desastre y compra la frase: en efecto, lo que ha ocurrido es una auténtica catástrofe generacional. ¿Cuál es la solución? Según José, cerrar el Ministerio de Educación y todas las consejerías del ramo y traspasar las funciones al Ministerio de Sanidad para que establezca un Consejo General de la Función Docente, independiente del Ejecutivo y con capacidad para crear y gestionar un sistema al margen de la política y los políticos. Pienso para mis adentros que los políticos, vista la situación, no van a dejar que nada escape de su control, y menos este asunto tan jugoso. En definitiva, ya tenemos en España un Consejo General del Poder Judicial, que debería ser un órgano despolitizado y es mejor no plantearnos si lo es.

Parece que en las facultades de ciencias de la educación existe más diversidad de la que nuestros primeros entrevistados nos han sugerido. Que Chelo Pradilla o José Sánchez Tortosa (o en el pasado Mariano del Mazo) impartan docencia en ellas es un buen síntoma, aunque también puede ser meramente un despiste de quienes las gobiernan. A José le preocupa especialmente el uso desproporcionado de la tecnología en el aula, que desplaza a otro tipo de capacidades y que no responde a lo que mejor puede formar a los alumnos, sino a lo que más interesa a un sistema que José califica de reaccionario. Me interesa su idea de una escuela ilustrada que aísle en cierto modo al alumno y lo proteja del adoctrinamiento de los políticos. José es especialista en historia de la educación y nos ha aportado una interesante visión diacrónica del asunto. No creo que coma solo: incluso con su directora, con la que discrepa profundamente, es capaz de sentarse a comer y debatir cualquier asunto.

Enrique Galindo es también profesor de filosofía. Madrileño de nacimiento, ha ejercido su labor docente en centros de Castilla-La Mancha durante casi veinte años y actualmente lo hace en Albacete, en el centro más grande de toda la provincia. Fue discípulo de Carlos Fernández Liria, ideólogo de Podemos en un primer momento, pero que se distanció de la formación por discrepancias sobre la política educativa de esta, demasiado parecida a la del PSOE. Fernández Liria opinaba que la escuela progresista, tras las reformas de principios de los 90, había dejado de serlo y se había convertido en un instrumento más del capitalismo. En Podemos o no se veía así o interesaba más buscar votos en otro sitio que en el de los críticos de una realidad educativa que, según parecía, eran todos de ultraderecha. Mucha gente me ha hablado de Fernández Liria y hubiera tenido interés en entrevistarlo. No ha respondido nunca a mis mensajes, ni siquiera para declinar la invitación.

Enrique luce una imagen actual y desenfadada y parece más un músico de una banda de *rock* que un profesor de filosofía albaceteño. Es algo tímido, o al menos es la impresión que tengo al principio. Poco a poco se va abriendo. Damos un largo paseo hasta el Retiro para visitar la Feria del Libro de Madrid. Allí nos sorprende la cola de personas que esperan que Federico Jiménez Losantos les firme su último libro. Enrique es de izquierda, como muchos de los entrevistados, pero se sitúa más a la izquierda que la mayoría. Eso no le impide reconocer que ni todo era malo antes ni ahora todo es bueno. La escuela franquista, sobre todo la del tardofranquismo, buscaba elevar el nivel cultural de la sociedad. Era el ideal de Enrique cuando llegó a la docencia, ideal que se ha ido matizando, o quizás marchitando. Pretendía conseguir una juventud ilustrada capaz de ejercer la ciudadanía crítica. Lo que le rodea hoy dista mucho de ser lo que él anhelaba.

Enrique está en contra de que cada centro tenga un proyecto diferenciado para que no se genere una dinámica de mercantilización. Prefiere un proyecto homogéneo estatal o autonómico, pero que garantice la igualdad de oportunidades. Hablamos sobre las comunidades de aprendizaje, otra aportación de la pedagogía. Me dice que no está de acuerdo de manera generalizada, pero tampoco puede denostarse. Conoce un centro de una zona marginal de la ciudad de Albacete donde ha funcionado muy bien. Es cierto que hubo que renunciar a gran cantidad de aprendizaje cuando se puso en marcha, pero era un lugar en el que nunca había funcionado nada hasta entonces. Es una idea que pone de manifiesto que ningún método es absolutamente válido, pero tampoco inútil. Depende en última instancia del contexto, las condiciones y la implicación de quienes deban implantarlo. También aboga por el pragmatismo: lejos de dogmas, sería bueno atender a la realidad y hacer lo que entendamos que es más idóneo en cada caso, dejándonos de mantras y apriorismos. Refuerza todo esto también la idea de que es necesario un diálogo entre diferentes posturas educativas, sin demonizar al que no piensa igual que nosotros y sin asumir que una postura está en posesión de la verdad absoluta.

El caso de Enrique es saludablemente imprevisible. Muchos de los críticos con la educación oficialista han sugerido los itinerarios como forma de resolver muchos de los problemas. Enrique no se siente cómodo con ellos, distanciándose así de sus colegas en la crítica. Puede ser un mal menor que habría que incorporar, aunque solo si fueran enteramente reversibles. En esto ha tenido que traicionar su idea previa de que eran una forma de segregación. Se dice a sí mismo que si segregar sirve para que cada uno llegue a lo máximo que pueda, habrá que resignarse. Quizás la diferencia entre Enrique y otras personas de su ámbito ideológico es que, cuando a él la realidad le ha desmentido alguna idea, no ha tratado de aferrarse a ella. En primer lugar, es una persona inteligente y la capacidad de evolucionar y crecer es exclusiva de quienes lo son; el mediocre, por el contrario, persiste en su idea con tozudez, independientemente de lo que la realidad le muestre. En segundo lugar, es más fácil reorientar los planteamientos de uno cuando no existen intereses de por medio y no hay nada que ganar o perder. Quizás es la razón por la que algunos pedagogos cercanos al poder no pueden moverse un ápice del guion establecido.

Me dice que el debate entre profesaurios e innovadores es falso e interesado. En los centros en los que ha estado siempre ha dominado la sensatez. Lo habitual es que haya una minoría de radicales de la pedagogía, que suele hacer mucho ruido mientras los demás se mantienen en silencio. En los claustros convive gente más tradicional con otra que lo es menos, pero, salvo contadas excepciones, eso no supone un problema. Es más, es el *establishment* el que demoniza a los primeros y crea una falsa dicotomía. Me indica Enrique que no es cuestión de edad: hay profesores de cierta edad muy vinculados a la pedagogía y jóvenes saturados de esta última. También hay profesores que llegan muy comprometidos con la renovación y se desencantan al pisar el aula, recurren y valoran más el enfoque tradicional cuando ven el tipo de alumnado al que deben hacer frente. Me interesa saber su opinión sobre la supuesta mediocridad del profesorado. Enrique minimiza esta situación y afirma que, como mucho, puede haber un 5 % instalados en la indiferencia total, pero que la mayoría trata de que sus alumnos aprendan.

Hablamos de sus inicios en la educación en Madridejos, municipio de 10 000 habitantes en la provincia de Toledo. Procedente de la universidad, tuvo un choque de realidad. Nada era como le habían contado. Los niveles, con la LOGSE ya implantada, eran terribles: los alumnos no sabían redactar, no tenían vocabulario, no entendían conceptos simples. Ahí empezó a ser crítico con el sistema y no ha dejado de serlo al comprobar que las cosas van cada vez peor. Influye, como él mismo reconoce, que la mayoría de sus estudiantes sean de ramas de humanidades y exista aún la creencia en los centros de que los mejores alumnos deben encaminarse hacia carreras científicas y que las humanidades son para aquellos con pocas inquietudes y sin ganas de aprender. A ello se suma una crisis generalizada de la atención: piense lo que piense el *establishment*, ni siquiera las pantallas o los *powerpoints* consiguen ya despegarlos del sopor.

Enrique me dice que, pese a que Castilla-La Mancha ha estado gobernada desde hace mucho por el PSOE, no ha habido la logsificación brutal de otras comunidades. Le pregunto si suscribiría la expresión «pedagogía neoliberal» para aludir a la que, con palabras bellas y nobles, solo pretende defender un *establishment* neoliberal y me dice que sí. Opina que el neoliberalismo está detrás de las idolatradas competencias, que son otra forma de decir que no importa lo que los ciudadanos sepan, sino su capacidad de realizar las funciones que el sistema les asigne. El neoliberalismo apuesta claramente por la innovación, pero no nos engañemos: no por toda ella, solo por la tecnológica (por intereses económicos evidentes). Es, añade, una pedagogía orwelliana, clasista, elitista, que busca una ciudadanía «de baja intensidad», sin conciencia ciudadana.

Entre las medidas más urgentes, Enrique sitúa, al margen de un plan inmediato de potenciación de la lectoescritura desde primaria y uno que mida el rendimiento del sistema, el esclarecimiento minucioso y una definición clara de la libertad de cátedra, además de un respeto escrupuloso de la misma. No puede imponerse una metodología estatal única. No hay nada menos respetuoso con la diversidad y la democracia.

Termino preguntándole por su estado de ánimo, que durante la conversación me ha dado la impresión de estar más afectado que el de personas como Carlos Rodríguez Estacio. Confiesa que está cansado, no por los alumnos ni compañeros, sino por un sistema monolítico e inamovible que se ha convertido en un lastre. Se lleva a casa la indignación y no termina de interponer la distancia necesaria. No come solo, pero se siente impotente ante un sistema que se vende como progresista, pero que transita en la dirección opuesta a la de un auténtico progresismo.

La evolución que ha sufrido Enrique es paradigmática de cómo un sistema supuestamente de izquierda ha acabado expulsando y alienando a la izquierda de verdad e invadiendo un espacio ideológico por meros intereses electorales y sin auténticas convicciones. Como persona independiente, Enrique se ha permitido evolucionar. Un día creyó que separar a los chicos según sus intereses era segregador. Hoy ve que no existe otra forma de revertir el «desastre». No desdeña algunos aportes de la pedagogía neoliberal, lo cual es también interesante. Y también lo es que los centros sean más diversos de lo que me habían dicho. No tiene que comer solo porque hay compañeros con los que comparte ideas y otros con los que no, pero que tampoco estigmatizan al disidente. Es algo más propio del *establishment* que de los claustros, aunque no se nos puede olvidar que en algunos claustros, como el de Nacho Camino, sí ocurre.

Nos marchamos ahora a un lugar donde las cosas deberían ser muy diferentes de lo que venimos observando. Para quienes defienden el rigor y la exigencia, el IES San Mateo de Madrid, en el barrio de Malasaña, debería ser un referente. Por supuesto, la pedagogía neoliberal lo ha demonizado cada vez que ha tenido ocasión y *El País* ha publicado algún artículo cuestionando la iniciativa. Sea como fuere, consigo que me reciba su director, Horacio Silvestre, con quien mantengo una larga conversación, seguida de un recorrido por el centro.

Horacio es madrileño, pero de familia con raíces abulenses, gallegas y oscenses. Está casado y tiene dos hijos. Le gusta leer, la ópera, viajar y cocinar junto a su mujer. Estudió en la pública: primero en el grupo escolar Vázquez de Mella y posteriormente en el Ramiro de Maeztu. Se licenció en Filología Clásica por la Complutense y se doctoró después. En 1985 obtuvo una plaza en la provincia de Teruel y desde 1987 enseñó en distintos centros de la Comunidad de Madrid. Durante un lapso de siete años trabajó en Valencia. Su primer encontronazo con la LOGSE fue a su vuelta a Madrid, cuando lo destinaron al IES Tirso de Molina, en Vallecas. Le tocó impartir clase a los que entonces se denominaban «grupos de diversificación». Sobre el papel sonaba bien; en la práctica no tenía nada que ver. Horacio me lo explica con pocas palabras: a aquellos chicos, algunos con un pie en la delincuencia, se les ponía juntos para que no molestaran a los demás y con la idea de que titularan como fuera. Así, el sistema podía colocarse la medalla de haber conseguido que unos jóvenes de entornos complicados hubieran logrado el éxito académico.

Horacio tenía alumnos analfabetos, otros absentistas, y hacer algo con ellos era imposible. No había asignaturas como tales y la única división era entre ámbito científico y ámbito sociolingüístico, este último el que Horacio impartía: lengua, historia, geografía, de todo a la vez y nada en realidad. Estremece pensar que esa especie de *totum revolutum* es lo que ahora busca la LOMLOE, erradicando las fronteras disciplinares de modo que los profesores impartan cualquier cosa. Lo que primero se ensayó con chicos casi desahuciados del sistema y se reveló inútil le pareció tan bueno al sistema que se dispuso a extenderlo a todos los demás. Volviendo a Horacio, le pregunto cómo se sintió y me confiesa que muy mal: lo vivió como una degradación profesional. Llevaba años preparándose para enseñar y no para aquello. Además, el programa era una hipocresía porque solo conseguía maquillar la realidad. Los chicos, algunos de 18 años, no tenían interés en nada y tampoco veían que el esfuerzo fuera necesario porque, hicieran lo que hicieran, obtendrían el aprobado.

Horacio tuvo experiencias muy distintas en centros posteriores, de Collado Villalba y Pozuelo de Alarcón, en los que impartió latín y griego. El problema allí no eran los alumnos, sino el arrinconamiento de las lenguas clásicas, lo que le llevó a escribirle a Alicia Delibes y a Lucía Figar lamentando la situación. A Alicia ya la conocemos. Lucía era consejera de Educación en el gobierno de Esperanza Aguirre de aquel momento. Coincidían con su punto de vista. Pero lo más importante de aquella carta fue la conjunción astral de que justo entonces se estaban planteando abrir un centro de excelencia: el IES San Mateo. Le ofrecieron la dirección a Horacio.

Aunque el Bachillerato de Excelencia del San Mateo data de 2011, el edificio es de 1980. Hasta 2007 funcionó como instituto, pero la población escolar de esa zona tan gentrificada de Madrid fue descendiendo y se terminó cerrando. Después fue durante un breve tiempo un centro para estudiantes que no querían admitir en otros por cuestiones de actitud y mal rendimiento escolar. Paradójicamente, ahora es todo lo contrario. De Lucía Figar, Horacio opina que fue muy valiente. Sabía que habría críticas, pero no le importó. Como me explica, instituciones como la Fundación Giner de los Ríos los demonizaron. También lo hizo el PSOE y Ángel Gabilondo, que, como era de prever, los llamó segregadores. En algún momento da la sensación de que el miedo de la izquierda oficial a cualquier atisbo de diversidad es casi patológico. Comisiones Obreras pide periódicamente el cierre del centro. UGT se limita a decir que la excelencia tiene que ser para todos, en un alarde de brillantez intelectual sin parangón.

Me cuenta Horacio que, desde su punto de vista, el PP sería hoy día incapaz de abordar un proyecto de esta naturaleza. Ya hemos hablado en otras ocasiones (y lo trataremos con más detalle en una sección posterior) de la discrepancia entre el discurso público de la derecha y sus políticas. El PP de la Comunidad de Madrid, dice Horacio, quizás no pondría reparos; Isabel Díaz Ayuso, de hecho, les ha visitado en varias ocasiones. Le pregunto cómo es que, siendo así, no se han creado más centros como el que dirige y me responde que es por temas administrativos. No me queda claro el estatus legal de este lugar o si lo que existe es una complicidad de intereses por la que quienes podrían exigir su cierre no lo hacen a cambio de que no se abran más. La selección de profesores también les está costando y alguno que no ha sido seleccionado (se les exige a todos ser doctores) les ha denunciado ante el Tribunal Supremo.

Recorro el centro con Horacio, un hombre comprometido, serio, inteligente, muy trabajador, pero también cordial. Mientras charlamos, la puerta de su despacho permanece abierta (dice que siempre lo está) y entran compañeros a comentarle alguna cosa o un alumno a entregar un trabajo. A todos les atiende. Es un hombre de ideas conservadoras, pero, más allá de los tópicos, defiende a capa y espada la enseñanza pública y quiere en su centro a funcionarios. Me dice que lo que más abomina de los ataques de la izquierda es el «comodín» de Franco, que hace que cualquier cosa que se proponga y sea de verdad innovadora (más allá de los murales) se tache de franquista y se convierta en inaplicable.

En mi recorrido por el centro, me sorprende que todo esté ordenado. No hay murales. Cuando se lo comento, fingiendo sorpresa, arquea una ceja. Horacio conoce a todo el mundo por su nombre. No creo que recurran a los castigos corporales, ironizo con él, porque las aulas tienen grandes cristaleras que permiten ver su interior. Todas salvo una. Pero no es la sala de torturas, sino el aula de teatro, donde ensayan en ese momento unos alumnos. Me cuenta Horacio que su grupo de teatro ha tenido varios premios y actuado en el Festival de Mérida. También ofertan actividades deportivas y de muchos tipos. Me comenta que es importante que los chicos participen, pues canalizan la función socializadora que no le merece desdén, sino todo lo contrario: es labor de los centros propiciarla. En el San Mateo no se respira infantilización, pero tampoco es un lugar que imponga o intimide. No hay profesores que dicten apuntes y alumnos que los memoricen. Es un centro relajado, pintado de colores suaves que invitan al sosiego y la reflexión.

El centro de Horacio refuta por la vía de los hechos el dogma pedagógico, y no porque no innoven o impartan clases tradicionales, sino porque consiguen una magnífica formación pese a que cada docente enseñe a su manera. Algunos son más tecnológicos y otros menos. Pero el profesorado está comprometido con una causa: que sus alumnos aprendan lo máximo posible. Horacio me refuta otro bulo: solo los ricos van al San Mateo. Como puedo comprobar en mi recorrido, hay estudiantes inmigrantes, de todas las razas, chicos y chicas trans, así como de cualquier otra orientación e identidad sexual. Es un centro diverso. No han tenido nunca un caso de acoso o *bullying*. La disciplina es una prioridad y, aunque no suelen tener problemas, si hay algún conato se ataja de raíz en lugar de pretender que no ha sucedido. Con respecto a los aprobados, casi todos aprueban, no porque se les regalen las notas, sino porque se les monitoriza continuamente y se ponen medios para solucionar los problemas antes de llegar al suspenso.

Digan lo que digan los políticos del PSOE y los sindicatos, no parece mala idea que alumnos que no pueden permitirse centros privados dispongan de un centro público que les ofrece una enseñanza de calidad. Horacio me dice que lo más urgente en la agenda educativa es reestructurar la secundaria para crear itinerarios distintos y desinfantilizarla, con un bachillerato más extenso. También cree que los consejos escolares (como decía Inger Enkvist) deberían ser solo consultivos. En cuanto a su centro, no impone la innovación, pero no la ve con malos ojos. No se impone la tecnología, pero se usa. No se obliga a dar clases de una manera determinada, pero se utilizan múltiples metodologías. Los chicos no parecen traumatizados ni vituperados. Hay un proyecto educativo claro que conocen las familias y los alumnos que vienen aquí. Alabo la sinceridad de Horacio: lo que les diferencia de otros centros es que ellos sí enseñan y no mienten.

A Daniel Arias Aranda le encantaría probablemente dar clase en el San Mateo o que sus estudiantes universitarios procedieran de ese instituto. Su nombre les sonará. Hace algo más de dos años publicó una carta abierta a sus alumnos de la Universidad de Granada que se hizo viral y por la que le para gente por la calle. Me desplazo hasta esa ciudad para encontrarme con Daniel, madrileño de nacimiento y profesor de economía. También es escritor y ultima en estos momentos una nueva novela. Me dice que le encantaría dejar la universidad y dedicarse a escribir. No tiene ni 50 años y ya está harto. Se refugia en sus libros y ahora culmina una trilogía sobre cómo será la sociedad dentro de 10-15 años.

Me explica Daniel que lleva una década notando un bajón considerable en el nivel de los estudiantes. Fue en el curso 2022-2023 cuando el vaso se colmó. En sus clases hay alumnos incontrolables, irrespetuosos, a los que ha tenido que separar e incluso expulsar. No hay el más mínimo interés ni respeto, al menos por parte de una minoría lo suficientemente disruptiva para que por primera vez en su vida haya acudido al aula con desgana. Ello le llevó a escribir su carta abierta: se sentía como un profesor de instituto. Esta última afirmación la tomo literalmente de Daniel, pero da que pensar. ¿Hemos llegado a normalizar (incluso él) la idea de que lo lógico es que en el aula de un instituto no exista el más mínimo respeto por nada ni nadie? Hay que recordar las famosas palabras de Bertolt Brecht y tener presente la necesidad de estar vigilantes: si aceptamos como inevitable que en un centro de secundaria los docentes no puedan realizar su trabajo, es solo cuestión de tiempo que eso termine llegando a niveles educativos superiores.

Como le dijeron a aquella profesora agredida en el centro de Nacho Camino, habrá quien crea que Daniel no está aplicando la metodología correcta: ya sabemos que todo lo que está mal en educación es culpa de los docentes, según pedagogos, políticos, directores e inspectores. Le pregunto a Daniel por sus clases y llego a la conclusión de que en absoluto son las «de toda la vida», aunque sigo esperando que alguien me explique qué significa esa manida expresión. Daniel conoce todas las metodologías e innova continuamente. Su ámbito de investigación es la gestión de la tecnología. Además, es una persona alegre, cordial y divertida. Aunque sus clases fueran un aburrimiento, desde luego que nadie tiene derecho a interferir en su trabajo, pero creo que no lo son. Seguro que los alumnos interesados en la materia las disfrutarán y aprenderán con ellas. Daniel se reconoce cómplice de la situación que denunció en su carta y, mirando atrás, es consciente de lo mucho que ha ido bajando el nivel de exigencia con los años.

Lo de Daniel no es un caso aislado. Muchísimos profesores universitarios han vivido situaciones parecidas. Pero no lo dicen. Pesa en ellos la culpabilización generalizada. Lo sorprendente de Daniel es su honestidad en admitir una situación más extendida de lo que puede pensarse, pero de la que nadie se atreve a hablar. Le han llamado de algún partido político (aunque no le interesa en absoluto ese tipo de política), pero no de la televisión autonómica andaluza (sí de otras). Es obvio que ningún sindicato se ha interesado. No solo no lo han llamado; ni siquiera han respondido a sus llamadas. En la Universidad de Córdoba prohibieron un evento al que Daniel había sido invitado, alegando que promovía las pseudociencias. En cambio, algunos correos de profesores de secundaria hicieron que se le saltaran las lágrimas. Animado por esas reacciones, está escribiendo un libro sobre la educación en la universidad, que habrá que leer con mucho interés cuando se publique. En él no se limita a lamentar los males existentes, sino que aporta soluciones. Una de ellas es que las privadas aprovechen las carencias de la pública y se posicionen con un producto más atractivo, aspecto en el que ambos discrepamos: en mi opinión, las privadas son parte del problema y no de la solución, y nada hay más atractivo y vendible que un título que se obtiene sin esfuerzo alguno. Tampoco conseguimos ponernos de acuerdo en el hecho de que los políticos nos vayan a sacar del lugar al que ellos mismos nos han llevado. Daniel es de los que aún cree en un pacto por la educación.

Me interesa mucho conocer también la reacción del entorno de Daniel. Imaginaba que todos miraron hacia otro lado. Solo en parte. La rectora lo hizo (luego charlaremos con ella). El resto del equipo rectoral fingió que no iba con ellos, aunque sí publicaron una especie de réplica, pero sin mencionar la publicación de Daniel. Hay una hostilidad generalizada hacia quien se sale del silencio imperante, incluso entre compañeros. No es tanto que se acerquen a él para rebatir sus argumentos, cosa que le parecería sana, sino que le ignoran o hacen el vacío. En este caso Daniel sí sería de los que comen solos, categoría que hemos refutado como generalizada, pero no inexistente. Los pocos que se atreven a romper su silencio lo hacen siempre de manera confidencial y tras asegurarse de que nadie los escucha. Si necesitamos datos al respecto, podemos acudir a José Manuel Lacasa, que ha llegado a la conclusión de que el 99 % de las personas que hablan o escriben sobre educación lo hacen en términos idénticos y eso provoca que resulte cómodo asumir ese discurso mayoritario: nos garantiza aceptación y nos ahorra la siempre molesta y engorrosa tarea de pensar por nosotros mismos. Apartarse del dogma es incómodo y supone una inversión considerable de tiempo.

El decano de Daniel, sin embargo, sí se mostró sensible y llegó a publicar una carta sobre la infantilización del alumnado universitario, pero sin pronunciarse públicamente sobre las denuncias de Daniel. Ambos han acordado que a partir del próximo curso se les va a impartir una charla a los alumnos de primer año sobre la convivencia y la necesidad de una actitud respetuosa en clase.

Semanas después de la carta de Daniel, supimos de otra carta abierta, en este caso de un profesor de la Universidad de Cádiz, el catedrático de Biología Fernando Ojeda. No se trataba de apoyar las opiniones de Daniel sino más bien de amablemente refutarlas. En su opinión, las causas de la desidia estudiantil recaían en una docencia mecánica e inane, de definiciones y conceptos, mucha memorización y poca motivación, con exámenes constantes y poco aprendizaje real. Conversé con Fernando en una cafetería de Puerto Real, donde reside, a unos minutos del campus de la Universidad de Cádiz. Su opinión es que el funcionariado es el principal problema: promueve la mediocridad y termina quemando a los vocacionales, pues la desidia es siempre contagiosa. Fernando cree que habría que aumentar la exigencia a los docentes y remunerarles mejor. Y que muchos no deberían dar clase porque no saben hacerlo y porque no están actualizados en su materia. Le hago notar que eso no va en la línea de cómo se forma al profesorado, con un énfasis absoluto en la metodología y en cómo enseñar y la ausencia de interés en formarle en aquello que se supone que debe enseñar.

Fernando cree que hay que retar a los estudiantes, fomentar el espíritu crítico y que los alumnos lean, consulten las fuentes y busquen el contraste de pareceres. Cree en el esfuerzo, pero opina que también hay que motivarles para que realicen ese esfuerzo. Fernando no se considera innovador, sino vocacional, exigente y comprometido. Pero le resulta difícil ser docente universitario en un ambiente tan infantilizado y mediocre. Le exaspera que los estudiantes no acudan a clase, pero cree que la culpa es de otras asignaturas con exámenes continuos. Es, sin duda, uno de los problemas de la agenda no declarada que busca imponer a toda costa la evaluación continua en la universidad para infantilizar más el sistema. Fernando confiesa que la mayoría de sus alumnos tienen escaso interés por aprender, lo que hace que el problema sea más complejo y no se solucione de manera inmediata poniéndole más entusiasmo o intentando implicarlos más. A diferencia de la carta de Daniel, la de Fernando no tuvo tanta repercusión, aunque a poco que se lea entre líneas veremos que ambos docentes están denunciando una situación muy similar y lo único que varía es algún matiz.

Ya que nos hemos topado con la educación superior, quiero que charlemos con Alfonso Castro, que durante diez años fue decano de la Facultad de Derecho de la Universidad de Sevilla y también presidente de la Conferencia de Decanos de Derecho de España. Este catedrático de Derecho Romano lleva dando clase desde los años 90, tras cursar estudios, entre otras, en las universidades de Roma y Oxford. Se define como un animal de universidad, lo que no impide que los años vayan pesando. Sus principios fueron muy satisfactorios, pues existía consenso acerca de que la educación universitaria requería esfuerzo. Hoy no está tan claro. Pero solo desde ahí se puede enseñar, si bien, me aclara Alfonso, debe partir también de un elevado nivel de autoexigencia. Lamentablemente, en su opinión, desde el poder político se ha procedido a un desalmado intento de derribo de la misma.

Con Alfonso charlo sobre calidad, asunto muy repetido desde las instancias educativas, pero que debe matizarse. Existe, según este catedrático, la calidad formal y la calidad real. La primera es la que aparece en los papeles y solo ahí: es decir, pura burocracia que jamás se traduce en nada real. Es un relato, o dicho de manera más sencilla, una milonga, mera palabrería hueca que conduce a la creación de tinglados y chiringuitos que nos vampirizan a todos y enmascaran la realidad: no hay un control real de nada y las administraciones cada vez tienen menos conocimiento de lo que ocurre en el sistema educativo. En cuanto a la calidad real, que es la verdaderamente importante, ahí cree Alfonso que hay un alarmante retroceso.

Alfonso declara orgullosamente que jamás ha realizado un curso de innovación. En el fondo, a los alumnos, para él los importantes de verdad, les preocupa poco la innovación o la tradición. Quieren profesores que expliquen bien o que aprueben mucho, mejor si ambas cosas van de la mano. Dice tener alergia a los pedagogos que están junto a los políticos, a quienes no les importa lo más mínimo la educación. Luego están los que de verdad investigan y lo hacen desde la honestidad y el rigor, cuya aportación sí es valiosa. Lo que dice a continuación haría que se arqueara más de una ceja: no hay alternativa pedagógica a los codos, citando a Gregorio Luri. Hay cosas complementarias que pueden hacer más atractiva una materia, pero, en último extremo, es el esfuerzo individual el que produce el aprendizaje, algo para lo que es indispensable la capacidad de concentración. Y aprendizaje no es lo contrario de placer ni sinónimo de sufrimiento: mientras más se sabe, más se disfruta de lo que se aprende. Concluye afirmando que en una sociedad en que los políticos solo preguntan a los pedagogos en materia educativa (aunque hemos visto y veremos que tampoco a todos) y no a los docentes, algo va realmente mal. Veremos más adelante la opinión que le merece a algunos entrevistados que en este libro se dé voz a quienes habitualmente no tienen la posibilidad de decir nada.

Alfonso cree que la capacidad individual determina necesariamente que haya individuos preparados y capaces y otros que no, al menos para determinadas profesiones o saberes. Pero todos, sea cual sea su origen, merecen la oportunidad de comprobar cuáles son sus capacidades reales. Defiende la universidad pública a capa y espada y se declara de izquierdas. Eso no es incompatible con pensar que son los alumnos quienes deben aprovechar la oportunidad de formarse y hay que inculcarles esa idea de la responsabilidad individual, obvia, pero que aterra a los políticos y asquea a muchos pedagogos. Le pregunto a Alfonso qué opina del caso de Daniel Arias Aranda. Comprende su carta abierta y él mismo ha notado que cada vez hay más alumnos impuntuales, que hablan entre ellos, etc. El problema, dice, es quizás que los empoderamos demasiado a base de solo hablarles de sus derechos y de asambleísmos e igualitarismos falsos. Le pregunto a qué se refiere con esto. Por ejemplo, me explica, a que alumnos de una titulación (incluso aquellos que acaban de llegar) tengan voz y voto en asuntos tan serios y especializados como los planes de estudio y los proyectos docentes. Es algo activamente promovido por la política, como cuando en pandemia se nos obligó a proporcionar aprobados masivos, o sea, a cometer un fraude indiscriminado.

Alfonso termina sentenciando que se está produciendo una amputación espiritual de la universidad, no solo académica. Al vaciamiento de lo que significa la enseñanza superior se añade el desprecio a las humanidades y disciplinas sin una aplicación práctica, estricta y directa. Admiro que Alfonso no solo exponga sus ideas con brillantez, sino también con valentía: aborrece de la pedagogía y su implicación política, exige esfuerzo y no se amedrenta al afirmar que igualdad de oportunidades es justo lo contrario de aprobados masivos e indiscriminados. Y no se lo piensa dos veces antes de afirmar algo tan obvio como que el lugar de los alumnos es preparándose y formándose, con todo el esfuerzo que sea necesario, y no diseñando planes de estudios.

Volviendo a la secundaria, David López Sandoval es un nombre clave en la historia de la contestación pedagógica en España. Cordobés de nacimiento, murciano de adopción, estudió Filología Hispánica en la Universidad de Murcia justo en el momento en que la licenciatura estaba extinguiéndose. Desde 2017 imparte clases de lengua y literatura en un instituto de la localidad de Bullas, de unos 11 000 habitantes, en pleno centro geográfico de la comunidad. David reside también en esa población, mayoritariamente agrícola e industrial. Se vive bien, dice: la temperatura es agradable todo el año y las familias están muy implicadas en la educación de sus hijos y respetan al profesorado. Apenas hay inmigrantes. En el IES Los Cantos el nivel es mucho más bajo de lo deseable, pero no se dan casi problemas de convivencia.

En este punto hay que establecer las consabidas clarificaciones. No es que David esté en contra de la inmigración. Conoce bien el tema porque estuvo destinado durante años en un pueblo de la costa en el que los inmigrantes podían llegar a representar hasta un 90 % del alumnado. Pese a las declaraciones públicas, la inmigración no es el problema: lo es que las administraciones no doten de los medios socioeducativos y lingüísticos para atenderlos. Él mismo cursó un máster en Español para Extranjeros justamente para prestar un mejor servicio a este tipo de estudiantado y aprender estrategias con las que integrarlos. Por enésima vez, nos encontramos con la paradoja de que quienes dicen defender la inclusión no hacen apenas nada y quienes no se cuelgan medallas son los que de verdad fomentan y hacen posible dicha inclusión.

David es un hombre joven y atractivo, de poco más de cuarenta años y aspecto algo alternativo. Me dice que cada día afronta su trabajo con menos ganas y le cuesta más hallar la motivación que le lleve a hacer cosas distintas. Este año han leído en clase *El ingenioso hidalgo don Quijote de la Mancha* en primero de bachillerato, tomándose el tiempo para detenerse y desentrañar cada aspecto del libro y de su contexto. Él lo considera innovador, y para mí, dada la hostilidad generalizada hacia la lectura, casi transgresor. Pero David me dice que, dentro del sistema enloquecido en el que estamos, un trabajo serio y riguroso como el que han hecho (sin *kahoot* alguno) sería tildado de antiguo y poco admisible.

Le planteo a David si la innovación busca educar más y mejor. No vacila en contestarme que todo lo que ahora se denomina innovación y se predica bajo un manto de progresismo no es más que una praxis neoliberal encubierta. Las situaciones de aprendizaje, me dice, son unidades didácticas, pero planteadas con objetivos mercantilistas. La educación por competencias es también una praxis derivada de las supuestas necesidades del tejido empresarial, al que no le interesa lo que los alumnos sepan ni cómo eso contribuya a su formación como individuos, sino lo que sepan hacer. Es decir, el espejismo de una educación humanista que sirva para formar ciudadanos libres y pensantes se ha caído a pedazos y hoy por hoy la idea es educar para que el alumno se inserte en el mercado laboral, y, en el caso de la educación pública, salvo contadas excepciones, para trabajos poco cualificados.

El esquivo César Coll (nunca quiso atenderme), me dice David, se queja de que los currículos son muy amplios y deben simplificarse. No es solo Coll. Es una queja que me he encontrado repetidamente, como luego veremos. David opina que es parte de la agenda: reducir el contenido y prolongar todo lo posible los períodos de escolarización para tener a los chicos entretenidos, a las familias contentas con los buenos resultados de sus retoños y a toda la maquinaria innovadora y pedagógica bien engrasada. Es el hombre-masa de Ortega y Gasset, concepto que David saca a colación y que define el sentido de la educación actual: gente muy poco preparada, pero que cree saber y poder opinar de todo. Inobjetable: ahí están las redes sociales y quienes enmiendan la plana a los científicos sin serlo en nombre de que todos tenemos derecho a opinar y sentar cátedra sobre absolutamente cualquier cosa que se nos ponga por delante.

Inevitablemente, hablamos de los partidos políticos. David tiene menos reticencias que otros entrevistados a pronunciarse. Es verdad que el PSOE ha sido más despiadado en la política educativa y ha cortado por lo sano, pero el PP, cuando ha podido, no ha hecho más que colocar tiritas y ni siquiera recogerlas cuando se caían. Ya Feijoo, antes de las elecciones de julio de 2023, dijo que no iba a derogar la LOMLOE, única ley de las aprobadas por el ejecutivo socialista que iba a mantener. Cualquier atisbo de debate educativo por parte de los partidos oficialistas es falso, mero sainete que se centra en lo marginal (la enseñanza de la religión, las becas) e ignora lo esencial. UPD sí propuso cambiar cosas sustanciales, asesorado por Ricardo Moreno Castillo. El programa de Sumar para las últimas elecciones se quedaba en lo políticamente correcto, sin implicarse en nada sustancial: bajar la ratio, más financiación y climatizar los centros. A simple vista, no parece que nadie pueda oponerse a ninguna de esas tres cosas, pero si leemos entre líneas vemos cómo, tras ese buenismo, se esconde una concepción de que las cosas son como tienen que ser y no se precisa ningún cambio de calado. Sumar solo se posicionó en algo: abogaba por la unificación de cuerpos docentes, con el claro objetivo de primarizar lo poco que queda en secundaria digno de esa denominación. Esto, en un programa electoral que casi nadie lee, no es muy notorio, pero revela a las claras la agenda educativa neoliberal de incluso quienes dicen ser antisistema.

David se refugia en la literatura cuando el día a día le abruma: su último poemario de 2021 lleva por título *En carne vivo: 69 sonetos de amor*. Le pregunto si come solo. Su visión crítica, admite, se ve respaldada por compañeros, aunque pocos lo expresan abiertamente. Hay quienes son capaces de pensar una cosa y la contraria: ven lo que hay y lo admiten, pero, ante la tesitura de tener que implicarse, lo racionalizan de alguna manera («los tiempos cambian», «los chicos viven en un mundo muy complicado») y continúan instalados en la comodidad de un trabajo con un sueldo y horario razonables y dos meses de vacaciones. Hay profesores que aborrecen la infantilización generalizada, pero votan al PSOE. No son capaces de admitir que la izquierda oficialista les haya traicionado, y menos que la izquierda real esté fuera de los partidos que dicen representarla. Es un caso de disonancia cognitiva entre el claustro: no permiten que las evidentes contradicciones den al traste con una visión cómoda de la realidad. Jamás el profesorado se rebelará en masa contra un partido de izquierdas, y el PSOE lo sabe.

David se muestra pesimista sobre la posibilidad de que pueda cambiarse algo o de que la crítica al sistema surta algún efecto. La voz crítica, para empezar, es muy endeble y apenas tiene presencia mediática. El hecho de que cualquier discurso antioficial se tilde de fascista sigue calando. El enemigo es poderoso: nada menos que un proyecto político europeo. Le pregunto a David por dónde deberían empezar los cambios y lo tiene claro: derribando el concepto de competencia y el de aprender a aprender. Es lo que sustenta todo el edificio pedagógico neoliberal y los males proceden de ahí.

Es el momento de hablar de *Des-educativos*, blog creado por David y que ya hemos mencionado antes. Lo fundó justo tras conseguir su plaza. Seguía en redes a personas como Gregorio Luri o Nacho Camino, pero quería una herramienta que las cohesionara. Funcionó muy bien y organizaron tres encuentros: uno en Murcia y dos en Madrid. Me habían contado que David dejó de publicarlo por hastío, pero me explica que no fue por esa razón. El trabajo era ingente y una situación personal sobrevenida no le permitía tener tiempo ni tranquilidad para seguir encargándose. Pese a la desaparición del blog, David cree que sigue habiendo una resistencia silenciosa: no está organizada, pero se materializa cada vez que un docente cierra la puerta del aula y se dispone a enseñar de verdad. Son profesores que no niegan el conocimiento a sus alumnos y que buscan empoderarlos. Es posible que esos mismos docentes luego defiendan la filosofía de moda y la reflejen en informes y demás burocracia, pero no se la creen ni la aplican. David opina que eso es lo que está impidiendo el colapso total del sistema. Si quienes quieren acabar con el conocimiento universal y reservarlo para unos pocos no han vencido es porque existen funcionarios que en último extremo pueden negarse a aceptar consignas no escritas. Si no han vencido es porque el enemigo es silencioso y difuso. Es el docente quien al final selecciona el material. Lo intentan por todos los medios, pero ese agujero negro que es el aula sigue siendo negro e impenetrable. Y quizás si aprietan las tuercas en esto pueden encontrarse esa reacción masiva que hasta ahora no se ha producido.

Uno de los temas más interesantes que traté con David tiene que ver con las familias, a las que él señala como factores importantísimos de este proceso. Se aferran como a un clavo ardiendo a lo que les han dicho porque todo suena bien: ayudar a los chavales, no dejar a nadie atrás, inclusividad, diversidad, todos aprobados, todos felices, todos titulados. Y la política se sirve de esas expectativas falsas y de la falacia de que un aprobado es siempre sinónimo de que un chico está aprendiendo.

Me dice David que el progreso es transversal y que no es ni de derechas ni de izquierdas. Otra cosa es que los partidos políticos quieran apropiarse de las ideas que suenan bien. Pero cualquier movimiento de crítica hacia el sistema debe ser transversal porque en el futuro de la educación nos jugamos mucho todos, quienes pensamos de una manera y quienes pensamos de otra. Nadie gana con que el sistema educativo no funcione, salvo quizás unas pocas élites que no suponen ni un 0,1 % de la población mundial.

Estoy invadido de sensaciones diversas cuando me despido de David. Me siento como si dijera adiós al Luke Skywalker de las últimas películas de *Star Wars*, apartado del fragor de la batalla en un bello rincón de Murcia, pero con la lucidez y capacidad para seguir dándola. De momento disfruta de la escritura y del *Quijote*, pero con ideas, muchas, inspiradoras y potencialmente revolucionarias. Debemos recordar que hay una contestación que no se expresa públicamente, pero se da cada vez que un docente suelta una risotada ante un nuevo concepto pedagógico que se publicita como el que va a remover los pilares de la civilización. Y ojo con las familias, que en su superficialidad podrían ser uno de los factores desencadenantes de muchos de los problemas.

Antonio Sánchez Fernández fue cofundador de *Des-educativos* junto a David, aunque ambos poseen personalidades radicalmente opuestas: David es comedido, de modales exquisitos e incluso algo retraído, mientras que Antonio posee un vozarrón que impresiona y una forma de expresar opiniones tan lúcidas como vehemente, producto quizás de décadas de hartazgo. Me dice que el blog se fundó justamente para desmontar ese hombre de paja construido a medida de los pedagogos: el profesor carca, anticuado y reaccionario sin el que no existiría la pedagogía oficial porque es la figura que la dota de sentido.

Antonio se jubiló un mes y medio después de hablar con él. Abandonó el IES Cardenal Cisneros de Madrid, en el que había enseñado filosofía, y continuó dando clase solo en la universidad, en la que lleva veintisiete años. Le hablo de la cantidad de filósofos que me he encontrado y no le sorprende: un filósofo no puede ser ajeno a una cuestión tan medular en cualquier sociedad. En su caso, utiliza la educación como eje sobre el que vertebra su reflexión filosófica. Antonio nació en Madrid, pero ha pasado toda su vida entre esa ciudad y el Ampurdán, de donde procede gran parte de su familia y región a la que le unen grandes vínculos. Estudió Filosofía en la UNED y fue compañero de Ángel Gabilondo. Su primer destino fue Cuéllar, en la provincia de Segovia. Para Antonio, el PP de Castilla y León ha defendido un poco más la cultura del esfuerzo y Xavier Massó (al que conoceremos luego) también opinaba que esa comunidad estaba menos logsificada que otras y me aportó un dato sorprendente: hace quince años, Soria tenía resultados educativos mucho mejores que los de Finlandia.

En mi charla con Antonio pude aproximarme de manera singular a la cuestión del pacto educativo. El consenso generalizado es que sería deseable pero poco realista y, cuando alguna vez se ha estado cerca, en el último momento se ha truncado. Antonio me corrige: el pacto ha existido y sigue existiendo. Consiste en mantener el sistema actual a toda costa, haciendo lo imposible para que los problemas no salgan a la luz y que no cambie nada sustancial. Es un pacto tácito pero suscrito por todos los partidos políticos, mediante el que se trituran contenidos, saberes y rigor y se elimina diversidad en aras de que todos estudien lo mismo. No se dice que existe porque los partidos quieren poder seguir usando la educación para la confrontación política, siempre en aspectos secundarios. Pero en lo principal están todos en el mismo barco.

Parte de ese pacto tiene que ver con los cursos de 1.º y 2.º de ESO. A los maestros no les interesaban y por eso los transfirieron a secundaria. Eran los antiguos 7.º y 8.º de EGB, ciclos complejos que generaban problemas. Al desprenderse de esos cursos, la primaria se liberó de la necesidad de titular y con ello de la obligación de enseñar. Un maestro puede no enseñar nada durante toda la etapa sin ninguna consecuencia porque el alumno jamás se enfrentará a una prueba final. Una fase educativa tan importante se ha convertido en una prolongación del jardín de infancia, donde todo es juego y entretenimiento, sin que exista ninguna transmisión de saberes. Volvemos de este modo a poner el foco sobre esta etapa, que, según parece, ha asentado las bases para la erosión y eventual demolición de todo el edificio educativo.

Antonio cree que lo que está ocurriendo es una mezcla de mojigatería y gazmoñería. En unos exámenes de selectividad en los que participaba se les pidió a los correctores que no tuvieran en cuenta las faltas de ortografía porque ahora los estudiantes lo que dominaban era el inglés. Y no era broma. ¿Cuándo se volvió tan naíf la sociedad española? Antonio apostilla que muchos docentes exhiben una mezcla de falta total de reflexión, inercia adolescente y comodidad intelectual.

Antonio explica que el 47 % de los chicos andaluces (se refiere solo a varones) carece de estudios posobligatorios. El problema es más grave de lo que puede parecer: ese 47 % tiene, es verdad, un título de ESO, pero este no significa nada. Tal como están las cosas, me dice, si una cabra intentara graduarse terminaría consiguiéndolo. Es decir, un 47 % de los jóvenes de esta comunidad autónoma podrían ser perfectamente analfabetos. No significa que todos lo sean. Pero, dado que el diploma que reciben no presupone nada, podrían serlo. Desconozco si la administración educativa dispone del dato, pero probablemente sí y lo haya silenciado. Y si algún día sale a la luz, lejos de atender a la raíz del problema, la institución presionará a los alumnos para cursar estudios superiores, aunque no les interesen lo más mínimo. A propósito de lo anterior, nos detenemos en el nulo interés que tiene el sistema por auditar y conocer lo que está ocurriendo, que Antonio sitúa como parte indisoluble de la LOGSE: los ideales son adorables sobre el papel y no debe permitirse que la realidad los contradiga. En opinión de Antonio, sin embargo, si hemos colocado la felicidad y la empatía en el centro de todo, ¿por qué no medimos esas variables al menos y vemos si se están logrando?

Según Antonio, si en este país se sigue enseñando algo es gracias a los profesores que se enfrentan contra todo: inspectores, políticos, familias, directores. Él ha pagado un precio por su compromiso. No ha hecho cursos de formación, y no porque no desee formarse, sino porque no quiere ser adoctrinado. Eso le ha perjudicado profesionalmente, y mucho, algo que ha ocurrido en la comunidad de Madrid, que se vende a sí misma como una isla de sentido común. En cuanto a la educación privada por la que allí tanto se ha apostado, Antonio opina que no es mejor que la pública. Padece menos problemas de convivencia y suele ser más tranquila, pero, salvo algunos colegios de élite, se enseña lo mismo o menos que en la pública. De hecho, los buenos centros públicos tienen un nivel de preparación superior al de la mayoría de privados y concertados.

Antonio sigue en la lucha por un empeño personal y no porque crea que nada vaya a cambiar. «Nos han derrotado», sentencia. Le pregunto quiénes son los vencedores y quiénes los vencidos. Los primeros son «los sinvergüenzas que han vivido bien de la educación en los últimos años», sus ideólogos (Coll y Marchesi, por ejemplo) o los políticos que no se molestan siquiera en colocar a alguien digno en los ministerios de Educación: Gabilondo fue el último y ministras como Pilar Alegría o Isabel Celaá no han dado la talla. Los vencidos somos la sociedad española. ¿Quiénes más han vivido bien? Los centros de profesores, la innovación pedagógica, una inflación de cargos multiplicados por el número de comunidades autónomas, sindicatos, inspectores. Es todo un ejército que se asegurará de que nada cambie y que utiliza armas siniestras: nada menos que la propia burocracia convertida, según Antonio, en un instrumento que, lejos de estar al servicio de los ciudadanos, se usa en su contra. En el ámbito educativo, los inspectores son quienes más la utilizan. El castigo por ser mal docente y tener una cierta exigencia son toneladas de papeleo que uno se ahorra si cede y otorga aprobados generales.

Antonio opina que la enseñanza pública ha copiado lo peor de la privada. El espíritu de esta última emana de la familia; la pública lo hace del Estado. La pública ha querido sorber esa sensibilidad que coloca a la familia en el centro, abdicando de la idea de un sistema educativo independiente y basado en el rigor y la exigencia y ha desplegado centros casi parroquiales: blandengues, buenistas y clientelistas, que crean comunidad y que a veces parecen más una secta que un servicio público financiado por los ciudadanos y que, al estar exento de la necesidad de contentar a las familias para subsistir, podrían optar a una formación de la máxima calidad. Quienes defienden el actual sistema no creen en la enseñanza pública, sino en defender sus propios intereses. Los únicos que creen en ella son los que hacen su trabajo con responsabilidad y no para contentar a las familias, que, según Antonio, deberían estar lo más alejadas posibles de los centros educativos.

Es difícil no pensar en ese pacto que pesa como una losa sobre la posibilidad de que nada cambie, incluso más difícil de combatir o denunciar dado que es silente. Como parte de él, se ha borrado del mapa la enseñanza primaria, convertida en un agujero negro en el que no se sabe muy bien qué se hace, seguro que de todo menos enseñar. Y la ESO es más de lo mismo, lo que nos lleva a que podría haber chicos con un título, pero analfabetos. No solo podría. Ocurre, por desgracia. Me quedo con dos ideas más: el profesor que quiere enseñar paga un precio, frecuentemente una merma de las posibilidades de promoción y una multiplicación de la burocracia. Y Antonio me aconseja que no compre la idea de que en la privada todo va bien: en su opinión, es casi peor, aunque se tapa con mayor eficacia. Me intriga la idea de unos centros públicos imbuidos de lo peor de la enseñanza privada religiosa, que no construyen conocimientos sólidos en sus estudiantes-ciudadanos, sino parroquia en sus feligreses-clientes.

Antonio Pérez Moreno ha sido una de las grandes sorpresas de este viaje. Leí una entrevista suya en un medio escrito tras serle concedido el Premio al Mejor Docente de España. El artículo lo retrataba como alguien sesgado y fanático. En el titular se decía que, en su opinión, los métodos actuales de enseñanza no se diferenciaban en nada de los que se utilizaban hace doscientos años y se llevaba las manos a la cabeza de pensar que muchos docentes aún utilizaban... ¡la tiza y la pizarra! Me desplazo a la localidad de Los Barrios, en Cádiz, para conocerlo y, entre otras cosas, preguntarle si de verdad opina que una docencia novedosa es invariablemente buena y una menos novedosa es siempre mala.

Antonio estudió Química en la Universidad de Granada, especializándose en Bioquímica. También cuenta con un máster en Biomedicina por la Universidad de Cádiz. Por si fuera poco, cuando me reuní con él estaba a punto de culminar un doctorado en Materiales Nanoestructurados para Nuevas Tecnologías. Me dice que lo que siempre le ha interesado es la investigación, además de la docencia, naturalmente. Ya de entrada quedo profundamente impresionado. En la entrevista a la que antes aludí, Antonio decía que no era necesario saber mucho de la materia que uno enseñaba. Desde luego, si alguien está alejado de la idea de no saber nada sobre su campo es él.

Es fácil sucumbir a su magnetismo. Ser alumno de Antonio tiene que ser un placer. Me atraparon su amabilidad, cercanía, sentido común, inteligencia, generosidad, seriedad y amor por la enseñanza. Es muy trabajador (ayuda, supongo, el que no tenga hijos) y perfeccionista, te mira a los ojos y desborda empatía. Posee un carisma innegable que procede en parte de una extrema lucidez y que se relaciona bien con un acento gaditano muy marcado.

Antonio siempre quiso innovar, aunque hace solo ocho o nueve años que es conocido por ello. El Premio a Mejor Docente fue el reconocimiento a una trayectoria dilatada. Antonio conoce perfectamente lo que enseña y es capaz de trabajar con lo que haya y con cualquier método. Su idea es partir del mundo de los alumnos, de aquello que les resulta familiar y que consumen, para desde ahí ampliar sus horizontes y mostrarles lo que no conocen. Cree que las competencias son importantes, pues las personas necesitan saber hacer cosas y desarrollar capacidades. Eso, opina, es más importante que un conocimiento vasto y enciclopédico. Aun así, él realiza sus correspondientes exámenes y divide la evaluación entre los resultados de estos y el trabajo de clase. Además, ofrece a sus estudiantes evaluarles por la modalidad que a ellos les resulte más cómoda y si un alumno prefiere el examen tradicional y estudiar contenidos, puede hacerlo.

Lo anterior me sorprendió, pues el dogmatismo que mostraba el artículo estaba ausente en el discurso de Antonio. La razón puede ser que, a diferencia de muchos pedagogos, alejados del mundo real, este docente me habla desde la experiencia y desde el aula. Utilizar Instagram, por ejemplo, le permite que sus alumnos lo vean como uno de ellos y llegarles con mayor facilidad. Pero la innovación, opina, no es la panacea. A él le resulta útil y cómodo enseñar desde ahí. Pero admite que puede haber personas a quienes no les dé tan buenos resultados. La clase tradicional, que él define como aquella en la que el profesor explica y los alumnos realizan unos ejercicios, no es ni mala ni buena, aunque funciona menos con el alumnado de hoy día. Le pregunto si ha suspendido a algún alumno y me contesta que sí, naturalmente, pero que le suele acarrear un enorme sentimiento de culpa e incluso ansiedad. Siente que no ha hecho bien su trabajo. Es justamente lo que la pedagogía pretende: que los docentes se culpen del fracaso de sus estudiantes, un concepto abominable. A juzgar por lo que Antonio me dice, creo que con él lo han conseguido y es triste que sea así. Ya conocemos el mantra pedagógico de que no hay alumno vago o incapaz, sino estrategias didácticas inadecuadas.

Le pregunto por sus preocupaciones, por aquello que no es del todo como le gustaría. Me menciona a los alumnos disruptivos. A algunos se los termina ganando, pero otros se le escapan. En general, se siente bien valorado por sus estudiantes, pero no ocurre lo mismo con la directiva de su centro, que define como una máquina de rellenar papeles. Y desde luego a la Administración le da lo mismo cómo haga su trabajo o cuántos premios obtenga. En cuanto a sus compañeros, llevan bien su gusto por la innovación, que no todos comparten. Alguno parece considerarlo un pedante o gurú, mimado por una Administración de la que Antonio insiste en que jamás ha recibido una simple felicitación.

Lo que más me sorprende de la charla es su defensa acérrima de la cultura del esfuerzo. Me dice que en el actual sistema está del todo aniquilada: se promociona más o menos automáticamente y no se exige nada, con lo cual se desincentiva el trabajo bien hecho y aún más que el alumno se responsabilice de su educación. En su opinión, la LOGSE hizo más daño que otra cosa. Lo peor, desde su punto de vista, fue incorporar dos cursos de la antigua primaria a la secundaria: ahí murió, sentencia, la cultura del esfuerzo y los institutos de secundaria empezaron a dejar de ser centros de enseñanza real. Añade Antonio que el mejor docente de su centro es un compañero que solo utiliza tiza, la pizarra y unos mapas. No necesita nada más, no innova, pero es quien mejor comunica con sus alumnos, que le adoran.

Le pregunto qué aspectos le parecen más criticables de la enseñanza actual, a lo que me contesta jocosamente si hay acaso alguno que no lo sea. Sus quejas se ceban con la burocracia, el nulo apoyo de la Administración, la falta de herramientas y las pésimas condiciones en que se encuentran muchas escuelas. Otras reivindicaciones me recuerdan a las de Carlos Rodríguez Estacio y personas a las que he entrevistado: tenemos los peores políticos de la historia y todo lo que de ellos depende resulta desastroso. Casi peores son quienes les asesoran, incapaces de ver la realidad. También le preocupa la falta de respeto y de educación. El hecho de que le hayan pinchado las ruedas del coche es lo de menos. Lo relata como si careciera de importancia, aunque a mí me parece gravísimo. Según Antonio, esa hostilidad sistémica termina minando la autoestima y desmotivando a la gran mayoría del profesorado. Me cuenta que la violencia es algo normal y diario, sobre lo que no se hace absolutamente nada y que solo preocupa a la Administración para encubrirla y negarla. No se libra de ella ningún centro y muchos profesores eligen no verla o no hablar de ella, por pura supervivencia y en muchos casos por un cierto sentimiento de culpa.

Otra gran farsa son los centros bilingües. En octubre de 2023 un diario tan poco sospechoso de crítico con el sistema como *El País* (¿quién lo hubiera pensado en 1976 cuando se fundó?) publicó un informe alertando de que el bilingüismo ha promovido la segregación en las aulas y ha sido un experimento fallido. Antonio explica que para crear centros bilingües no se hizo nada más que colocar un cartel en la puerta. Apenas se dotaron de recursos ni se compensó a los docentes por el sobreesfuerzo ni mucho menos se les proporcionó la formación adecuada. En ningún momento se aplicó un criterio técnico a la hora de destinar a esa modalidad de enseñanza a los alumnos con mejor dominio del idioma bajo el pretexto de ser inclusivo.

Un problema grave que Antonio me hace notar es la saturación de profesorado interino en los centros. Este sector del claustro, por su temporalidad, nunca termina de integrarse en ellos y la necesidad de encontrar tiempo para seguir preparando las oposiciones hace que apenas les quede para preparar sus clases. Tras años de perseguirlo, cuando consiguen su plaza muchos se apoltronan, exhaustos de tener que haber empleado tantos años de su vida en conseguir un puesto de trabajo estable.

A quienes descalifican la crítica al sistema como de ultraderecha y procedente de profesorado caduco me gustaría preguntarles qué opinan del diagnóstico de Antonio. No solo ha sido reconocido como el mejor docente de España, sino que además es activo en redes sociales, donde pueden encontrarlo en blogs científicos; él mismo se califica de *edutuber*. Está claro, al menos para mí, que las tensiones educativas en España son ya entre personas que utilizan la educación para otros fines (buscar votos, contentar a las familias, promocionar sus propias carreras, trabajar solo lo imprescindible) y aquellos a quienes de verdad les importa. Antonio es de estos últimos. No se aferra a un pedagogismo dogmático y respeta que cada uno utilice la mejor metodología que pueda. La división entre profesaurios e innovasaurios parece algo interesada para encubrir otras cuestiones de fondo. La conversación con Antonio me hace pensar que, si desapareciera de la educación la ideología y los intereses políticos espurios, ese mítico consenso sí sería posible. Antonio no come solo porque sus compañeros, sin compartir del todo sus inquietudes, le aprecian y respetan, aunque en su caso la soledad la siente en la indiferencia del sistema al esfuerzo de sus trabajadores, la falta de meritocracia y el hecho de que el docente que rellena sus papeles y aprueba nunca se encontrará una traba, pero el que se desvive por su trabajo jamás encontrará una felicitación.

Había leído en un periódico de Cádiz una entrevista con un profesor que denunciaba una situación distópica en la localidad de Chipiona, en la que el tráfico de drogas y el absentismo eran habituales entre el alumnado. Quise hablar con él y para ello me dirigí a Sanlúcar de Barrameda, donde enseña el onubense Pablo Gutiérrez. Aunque estudió la carrera de Periodismo, aprobó las oposiciones en la especialidad de Lengua y Literatura y ejerce en el IES Juan Sebastián Elcano. Charlamos en una de las aulas del centro tras un ensayo vespertino de Pablo con sus alumnos del grupo de teatro. Además de docente, es dramaturgo y escritor y acaba de publicar su primera novela, *El síndrome Bergerac*, Premio Edebé de Literatura Juvenil en 2021. Pablo la escribió durante la pandemia y versa sobre un grupo de alumnos que representa la famosa pieza de Edmond Rostand. El grupo con el que ha ensayado hoy tiene once miembros y preparan *Algo parecido a Romeo y Julieta*, pieza escrita por Pablo y que tiene lugar durante un ensayo escolar de la famosa obra de Shakespeare.

Pablo parece tener un perfil similar al de Antonio Moreno. Las horas que invierte en el grupo de teatro me hablan de una implicación a fondo en su trabajo, más allá de cumplir con el horario y la burocracia. Me cuenta que su centro es muy bueno y, pese a que Sanlúcar de Barrameda es una localidad con muchos problemas (su esposa es directora de otro centro en el que las cosas no son tan sencillas), el de Pablo está situado en un barrio de clase media trabajadora y es poco conflictivo. Quizás por eso tiene una plantilla muy estable, que, como hemos visto, es una reivindicación de muchos entrevistados y clave para una implicación de verdad en la mejora de la calidad. El instituto cuenta además con tecnología adecuada y buenas ratios.

Pablo me cuenta que su centro es extremadamente riguroso y los suspensos son abundantes. Lo interpreto como una buena señal: apuestan por el rigor. Pero Pablo se muestra disconforme. En su opinión, ni los suspensos ni los abundantes deberes se traducen siempre en un aprendizaje efectivo. La montaña es muy alta y muchos chicos se quedan por el camino. Critica que sus compañeros sigan apegados a una metodología tradicional y lamenta que, teniendo un buen lugar en el que experimentar con nuevos enfoques, no se esté haciendo. El alumnado vive en otro mundo y sus compañeros no son capaces de verlo. Para mí, esto es contradictorio. ¿No será un centro tan bueno justo porque se sigue enseñando y se exigen unos estándares? Lo que ocurre con los que renuncian a la exigencia y se lanzan a la infantilización ya lo hemos comprobado. Pese a todo, a Pablo no le impiden sus compañeros impartir su docencia como él considere adecuado, pero en él sí detecto un cierto dogmatismo que le hace crítico con todo aquel que no es como él. Es difícil de entender. Pablo habla maravillas de su centro, de la falta de problemas de convivencia y de un clima de trabajo excelente. Sin embargo, pide cambios radicales. ¿Tiene sentido cambiar radicalmente las cosas en un instituto que funciona bien? Puede que ese sea el gran error de las reformas educativas: el deseo adánico de rehacerlo todo desde cero en lugar de mantener lo que funciona e intentar mejorar lo que no.

Pablo es la única persona que me ha hablado bien de la LOMLOE, en la que ve, a diferencia de leyes anteriores, un intento real de abordar la cuestión de fondo, que es, en su opinión, la metodología. Cree firmemente en las situaciones de aprendizaje y en que hay que renunciar a tantos contenidos. Su ejemplo no me resulta convincente: en lugar de enseñar los *phrasal verbs* es mejor enseñar a los estudiantes a buscar vuelos baratos en internet. Incluso yo, que nunca he estudiado en el actual sistema, sé hacer esto último sin que nadie me lo haya enseñado. ¿No es esto parte de lo que todos aprendemos en la vida si en algún momento lo necesitamos? Lo que no tengo tan claro es que los chicos vayan a aprender quién es Galdós si alguien no les habla de él.

Pablo me habla de conceptos pedagógicos con nombres en inglés para dar más autoridad a su discurso y me pregunta si los conozco, no sé si para comprobar si estamos en el mismo plano. Ya me advirtió Juan Guzmán que la pedagogía es una rama más de la sociedad de consumo, que inventa nuevos productos y renueva la jerga continuamente para dejar fuera a los que no están al día y crear así una élite de iniciados. También me apuntaba Juan que la jerga desmedida es una forma de encubrir que la pedagogía es una ciencia a la que no le importan ni los resultados ni la evidencia empírica. Tendría la misma relación con la ciencia de verdad, según Juan, que la alquimia con la química. Los experimentos en pedagogía tardan mucho en producir efectos indeseados y eso hace que cualquiera pueda proponer cualquier cosa, sabiendo que pasarán años o décadas hasta que se demuestre equivocado. ¿Dónde están ahora los que tanto abogaron por el bilingüismo cuando incluso el periódico afín a quienes lo promocionaron certifica su fracaso? Eduardo Moreno, del IES Bécquer, explicaba que la pedagogía parece siempre decir algo profundo, pero en realidad no va más allá de simplezas.

Pablo se posiciona frente a los exámenes y a los libros de texto, estos últimos por el encorsetamiento que suponen y la poca libertad que conceden a los docentes para diseñar sus propias estrategias. Cualquier suspenso, me dice, es un fracaso del docente y no del alumno. Solo aprendemos haciendo cosas y no recibiendo información. Pensar en establecer objetivos es un error porque cada alumno debe llegar hasta donde pueda o quiera. La universidad es desmotivadora. Me dice que antes sabíamos estudiar solamente, pero que ahora los chicos saben hacer muchas cosas. Le pregunto cuáles y no sabe decirme: manejar el móvil y las redes sociales, afirma tras pensarlo. En mi propia experiencia, los alumnos, en términos generales, apenas entienden lo que leen, no tienen opinión ni perspectiva crítica, no saben redactar ni hablar en público. No sé cuáles son esas cosas que ahora saben hacer y antes no, si bien esto no es algo que solo diga Pablo, sino que está en el discurso oficialista.

Pablo ve la docencia como escindida en dos modalidades: la tradicional (impartir conocimientos y evaluarlos en un examen) y la innovadora, que es la suya. Afortunadamente, no menciona la lista de los reyes godos. En realidad, Pablo me repite una por una todas las ideas que la pedagogía lleva reiterando durante décadas. Lo que me sorprende es el dogmatismo militante desde el que Pablo me lo explica, su absoluta convicción de que el que me indica es el camino correcto y quienes no creen en él están equivocados. Pablo es, por otro lado, una persona muy cordial y amable, pero su amabilidad va desapareciendo a medida que avanzamos en la entrevista y le cuestiono (muy por encima) algunas de sus afirmaciones.

Quiero dejar constancia de otras cosas que pudimos comentar. Le hablo de rigor y me dice que no se opone a él. Quizás Pablo sea de los que hacen un uso serio de la innovación y de la pedagogía y consigue buenos resultados con sus alumnos. Me dice que la innovación solo es efectiva si es rigurosa y que en una pedagogía renovadora caben muchas maneras distintas de enseñar. En cuanto a la convivencia, dice que en muchos centros los problemas estriban en que la Administración pretende que el profesorado haga la labor de asistentes sociales sin la capacidad ni la preparación para ello. Incluso se muestra a favor de las pruebas de diagnóstico, siempre que sean competenciales y comunicativas y no busquen evaluar si se cuenta o no con determinados saberes.

En el centro de Chipiona en el que trabajó se encontró con lo más agreste de la sociedad: problemas continuos de convivencia, embarazos infantiles y adolescentes, delincuencia, inmigración, consumo y tráfico de drogas. Opina que con unas situaciones de aprendizaje motivadoras se podrían paliar o mermar algunos de estos problemas. Quizás por una acentuada empatía, se muestra preocupado por chicos de ambientes desfavorecidos que no cuentan con los medios para superar una ESO que tuviera un listón excesivamente alto. Rebajar las exigencias a todos los alumnos para que algunos no se queden por el camino tiene unas consecuencias terribles, pero hay que realizar un esfuerzo y entender la preocupación de Pablo por los muchos jóvenes de este tipo con los que se ha encontrado. Le pregunto: ¿y qué ocurre con quienes podrían dar más y no lo están haciendo? No le preocupa: seguro que salen adelante. Pero quienes no titulan en la ESO se ven condenados a un ostracismo social del que jamás podrán escapar. ¿Y no habría forma de que estos chicos no se vieran privados de un título sin necesidad de poner en peligro todo el edificio educativo y el futuro de un país? Pablo me deja con una reflexión final con la que, personalmente, no puedo estar más de acuerdo. Me dice que los problemas se dan sobre todo en la pública. La razón es que esta constituye el baluarte de la diversidad. Un centro privado puede prescindir de alumnos problemáticos y así evitar daños a su imagen. Un centro público no puede, y debe afrontar obligatoriamente a los estudiantes que no querría ni la privada ni la concertada. Esto está beneficiando a estas últimas, que se publicitan esgrimiendo que en ellas existe seriedad y disciplina.

Las posturas sobre educación son tan diversas como el claustro. Hemos charlado con docentes que reniegan del sistema y lo consideran fallido. Pablo Gutiérrez comparte la crítica, pero en su caso es de un tenor distinto. Hay también profesores que no opinan ni a favor ni en contra. Vamos a visitar L'Eliana, localidad cercana a Valencia, para conocer al doctor Antonio Lastra, profesor de filosofía en un centro de Llíria durante ya dieciocho años (de los treinta que lleva en la profesión). Antonio es un reputado investigador y director del Instituto de Estudios Culturales Avanzados La Torre del Virrey, así como de una revista que lleva ese mismo título. Imparte clases en la Universidad de Valencia y sus publicaciones se cuentan por decenas. Durante mi conversación con él hablamos durante largo rato sobre el pensador hispano-norteamericano George Santayana, acerca del que Antonio acaba de publicar una voluminosa edición.

Antonio afirma contundente que él es optimista y está encantado con su trabajo y sus estudiantes. Dice que tenemos un sistema educativo universal y eso es un privilegio que no debemos perder de vista. Además, el aula es un espacio seguro, en el que podemos enseñar y aprender. En su caso concreto, y puesto que su docencia tiene lugar mayoritariamente en bachillerato, cuenta además con un alumnado que desea aprender, pues no está allí por imperativo legal. Se siente libre para enseñar lo que desee. En el discurso de Antonio planea la idea de que hay cosas mejorables, pero también que ha decidido no centrarse en ellas, sino en aquello que le motiva.

Antonio se confiesa autoexigente y su inmensa capacidad de comunicación hace que sus clases deban ser motivadoras. Sus alumnos no estudian filosofía, sino que hacen filosofía. Se plantean preguntas y se reflexiona sobre las respuestas. Es muy útil hablar con los chicos y saber qué les interesa. Pero no debemos pensar en un profesor «cercano» a la manera estereotipada, que pretende ser uno más. Por el contrario, Antonio va al instituto con traje y corbata y trata a los jóvenes con el máximo respeto.

Le pregunto si coincide con una opinión extendida de que lo menos importante en un docente es que disponga de conocimientos. No solo discrepa, sino que lo considera una estafa al alumnado y las familias. No cree que haya que reemplazar especialistas por pedagogos, ciencia que a Antonio no le despierta simpatía. Le pregunto por su opinión sobre los ámbitos, tema que ha provocado una fractura en la Comunitat Valenciana. No es fácil que Antonio se pronuncie sobre temas concretos, pero en esta ocasión lo consigo. Me dice que es un ejemplo más de la puerilización acelerada que sufre la educación y la expansión de la primaria hacia la secundaria. Le parecería horrible extender la educación obligatoria hasta los 18 años, como algunos reclaman, algo que en su opinión obedece a la obsesión de control sobre los jóvenes. Antonio no ha recibido cursos de formación desde 1996: no le interesa la manera de enseñar, sino lo que debe enseñarse. De hecho, en La Torre del Virrey, tras constatar las carencias del profesorado en formación específica sobre su materia, organizan cursos que siguen cientos o a veces miles de profesores, hartos de la idea de que para enseñar no hay que conocer la materia sino la metodología. Antonio opina que la metodología debería ser invisible y no copar tanto protagonismo.

En su entorno no comparten su optimismo. Ve a muchos de sus compañeros hastiados. Quizás no son vocacionales. Carecen de inquietudes intelectuales y eso les priva de una válvula de escape necesaria. El sistema tampoco promueve dichas inquietudes: si el mensaje constante es que los expertos no sirven para nada y que la pedagogía lo es todo, ¿qué sentido tiene aprender más, salvo por un interés personal? No podemos esperar que un colectivo tan vapuleado y que se enfrenta a situaciones tan diferentes de las que imaginaron en el momento de acceder a la profesión esté encima motivado. Sin embargo, tengo la impresión de que Antonio piensa, aunque es demasiado educado para decírmelo, que el profesorado a veces no hace lo suficiente para conseguir enseñar.

Antonio no pasa lista, no suspende, no pone partes, pero tampoco gamifica ni plantea juegos. Les deja tener el móvil en el aula e incluso grabar sus clases. Pero también les hace pensar. No soy nada original cuando le digo que a alguno le recordará al protagonista de la serie *Merlí*, que dice que los alumnos le hacen notar. Solo ha visto algún episodio suelto, pero no se identifica en absoluto con el personaje. Quizás la razón es la seriedad y el trabajo a los que Antonio, pese a sus peculiaridades, no renuncia. El trasfondo de su proyecto educativo es de gran profundidad. Me dice que en sus clases no se puede ser de izquierda ni de derecha ni nacionalista ni fallera. En ellas uno debe despojarse de los atributos que otros utilizan para separarnos y hacernos más débiles, de esa ideología que se vende como sustituta de la verdadera identidad. En sus clases los seres humanos deben tratar de construir una identidad basada en lo que son de verdad y renunciar a los caminos que la sociedad nos ofrece para ser y que con frecuencia implican que si se es una cosa no se puede ser otra, lo que nos lleva a la confrontación y la escisión.

El carisma de Antonio Lastra es indudable y el carisma es una herramienta didáctica de primer orden. Me quiero contagiar de su optimismo, porque efectivamente el sistema tiene sus fortalezas, pese a todo. En otros países no todo el mundo puede acudir a un centro educativo y no siempre es seguro hacerlo. Aquí sí lo es. Y todavía podemos enseñar cosas que no son prácticas, pero que al final son las más útiles para el ciudadano. Hasta Antonio reniega, sin embargo, de la pedagogía dogmática y de la infantilización del alumnado y el profesorado. Por tanto, hay que trabajar por mantener las fortalezas del sistema, pero no desde el lugar del que lamentablemente se está haciendo (más infantilización pedagógica, menos saberes), sino desde otro muy distinto.

No todos los que se salen de la norma, o sea, del servilismo y la obediencia, comen solos. De hecho, algunos que sí comulgan con muchos de los postulados del *establishment* lo hacen. Existe una gran diversidad de centros y por lo general estos son respetuosos con las opciones que tome cada docente, con independencia de la opinión que ello a cada uno le merezca. El que existan centros distintos, y no todo el mundo deba comer solo, es síntoma de un paciente que, pese a sus muchos problemas, mantiene las constantes vitales y, debidamente atendido, cuenta con posibilidades de sobrevivir. Es verdad que la norma en los centros es que haya poco debate sobre las cuestiones de raíz y eso resulta preocupante. Lo contrario de la esperanza no es la desesperanza, sino la apatía y de eso, hemos podido comprobar, hay mucho más de lo que sería deseable.

¿SONRISAS Y TABLETAS?

Muchos entrevistados se han mostrado preocupados por las nuevas generaciones de docentes, que vienen con la oficialidad pedagógica adherida a sus arterias y nula capacidad de pensamiento crítico o discrepancia frente a la ortodoxia. Me han dicho que estos docentes jóvenes no se cuestionan nada y lo asumen todo sin rechistar. Les han contado que para enseñar basta con sonreír y usar tabletas y en ello se afanan. En este nuevo capítulo vamos a viajar a este sector del profesorado, educados ya en la LOGSE y que no han conocido nada más. Nos moveremos en una franja de edad que, a grandes rasgos, incluye profesionales nacidos entre principios de los 80 y finales de los 90. Trataremos de dilucidar si son tan complacientes como se dice, o tan mediocres, o si realmente están convencidos de que la educación solo necesita buenos ordenadores y relucientes sonrisas.

Comenzamos en Barcelona. Andreu Navarra está liberado y ejerce labores sindicales, al margen de colaborar con la UOC en un máster de pedagogía. Es también escritor y ha publicado gran cantidad de libros. Entre ellos destacan, por su afinidad con el tema que nos ocupa, *Devaluación continua* (2019) y *Prohibido aprender* (2021). Hasta hace bien poco impartía clases de lengua y literatura castellanas en un centro de Badalona, ciudad de 200 000 habitantes situada a 10 kilómetros de la capital catalana. Andreu es alegre y jovial, tímido, profundamente comprometido, valiente y sin pelos en la lengua. Le gusta el *rock* y toca en una banda. Adora a Metallica, pero también a Cervantes. Como muchos de su generación, es activo en redes sociales. Alardeando (como debe ser) de sus contradicciones, me dice que en el fondo es muy analógico: las redes sociales las consulta en el metro o en tiempos muertos, pero necesita tocar papel continuamente y siempre está leyendo y escribiendo. Nos entrevistamos en la Librería Laie, en pleno centro de Barcelona, lugar que lleva abierto más de cuatro décadas.

Andreu entra de lleno en materia y afirma que vivimos en una dictadura financiera y él lucha a diario contra ella. Su objetivo es empoderar a los pobres, o dicho de otra manera, devolverles las esperanzas que hasta hace poco podían albergar gracias a una educación de calidad que ahora algunos se han encargado de desmantelar con buenos propósitos que solo venden humo. Se ha llevado a cabo un progresivo desmantelamiento del proyecto ilustrado, que la posmodernidad ha cuestionado por represivo. La Ilustración creía en la transmisión de saberes de quienes los tenían a quienes no. El posestructuralismo y la posmodernidad, de manera temeraria, vinieron a desprestigiar aquello en aras de una diversidad que se construyó, de modo falaz, como incompatible con lo anterior. Un ejemplo: en Estados Unidos se ha descubierto que las chicas tienen más dificultades para el aprendizaje de las matemáticas. La Ilustración hubiera defendido emplear los recursos necesarios para ayudarlas a solventar esas dificultades. Lo que los pedagogos norteamericanos han decidido es que hay que eliminar contenidos matemáticos de los currículos para que las jóvenes no se sientan agredidas y estigmatizadas.

Quienes defienden la actual educación no hacen más que empujar progresivamente a la clase media y proletaria hacia el lumpen (idea de la que también me habló Gregorio Luri), mano de obra barata que el sistema precisa para surtir de cañas a todo extranjero que se digne a visitarnos. Todo comenzó con la LOGSE, como ya hemos repetido. Andreu era pequeño cuando empezó a implantarse, pero sus padres eran profesores y la sufrieron. Le han contado que la preparación que les proporcionaron consistió en un cursillo de quince horas, impartido por alguien a quien se había formado mediante otro cursillo, en esa ocasión de solo seis horas. La LOGSE, como explica Andreu, trajo la prohibición de suspender, no explícitamente, sino bajo la amenaza nunca verbalizada de que un profesor que decidiera mantener un nivel de exigencia y rigor se vería sometido al más salvaje acoso por parte del centro y la Administración. A ambos les horrorizaba el fracaso, aunque mediante su actitud lo que conseguían era que un fracaso temporal (un suspenso se puede recuperar) se convirtiera en el fracaso permanente de ese chico o chica y de la sociedad en su conjunto. Frente a ello, en un ejercicio de optimismo, Andreu opina que no se puede ser la quinta economía de Europa mediante analfabetos y que tarde o temprano alguien tendrá que hacer algo por mejorar la situación. En otro momento de la conversación, Andreu me confiesa que es posible que jamás sean los de arriba quienes hagan algo y que los cambios, de haberlos, vendrán desde abajo.

Andreu ha deplorado en el artículo de un volumen colectivo que editó junto a David Rabadà lo que ha denominado educar a base de «chutes de dopamina», es decir, esos momentos en los que sorprendemos el alumnado con deslumbrantes presentaciones o actividades y que se han erigido en el centro de la labor educativa. No está en contra de lo novedoso, pero no podemos perder de vista que (i) lo novedoso tarda poco en dejar de serlo y (ii) no siempre novedoso es sinónimo de aprendizaje. Él cree más en la lentitud, la atención, la concentración, la reflexión, la profundidad a la hora de comprender y observar al otro. Como él mismo escribe, «el utilitarismo explícito de la pedagogía competencial, disfrazada de poesía humanitaria y con ropajes de autoayuda individualista, nos conduce a sospechar del estudio, la reflexión, la lectura atenta, el silencio, el intercambio de sabidurías y las experiencias compartidas», pero ese utilitarismo debe ser combatido porque no es la base de una educación real y efectiva que empodere y ayude a los individuos a crecer como tales.

Andreu me habla de la falsa e injusta dicotomía entre innovadores y profesaurios. En sus clases es innovador, pero no quiere ser un innovasaurio, patológicamente obsesionado con divertir e innovar. Para él, debe mantenerse la exigencia y de verdad enseñar. No se considera un profesaurio pero tampoco le importa que se lo llamen. No cree en la pedagogía y no acepta la idea de que esta última posea el monopolio de la novedad y la innovación. Andreu dice que los alumnos entran en el sistema analfabetos y salen analfabetos, sin más matices. Ya ni en bachillerato se lee. Y hay quienes defienden que esto es lo correcto, alegando que nos hallamos en un mundo que ya no es analógico ni está basado en la letra impresa. Gregorio Luri coincidía con Andreu, aunque matizaba algo más: me decía que uno de cada cuatro alumnos no sabía leer al terminar la educación secundaria (como media nacional, si bien en algunas autonomías la cifra es superior) y no dudaba en calificarlo de «emergencia nacional», ante lo cual la indiferencia de los responsables educativos resulta temeraria y pasmosa.

Andreu es crítico con el decreto de plantillas, aprobado por la Generalitat de Catalunya en 2014 y que instaló el caciquismo en la educación en toda la comunidad autónoma catalana otorgando a los directores de centros una gran libertad de maniobra a la hora de contratar a dedo a una parte del profesorado. La Administración persigue de manera inclemente a los docentes díscolos, si bien ser díscolos equivale a enseñar las tablas de multiplicar o negarse a utilizar Google Classroom, una web educativa del entorno de Microsoft. Son ejemplos que Andreu ha conocido como docente primero y ahora como representante sindical. Coincide con otros en que los conocimientos ya solo se imparten en escuelas privadas de élite en las que no dudan en segregar a los estudiantes por niveles para obtener de ellos el máximo rendimiento y que han desaparecido por completo de la pública y parte de la concertada. Es, afirma, una privatización encubierta del saber.

Andreu sabe que no va a cambiar el mundo y ha asumido que lo único que cabe es tratar de modificar el pequeño ámbito de realidad que le rodea. Pertenece a Professors de Secundària ASPEC-SPS, del que luego hablaremos. Están en contra del currículum que se ha impuesto, de la LOMLOE, del desorden en las aulas y de la inacción ante los graves problemas de convivencia en muchos centros de los que con frecuencia se culpa a los propios docentes. A todo ello se dedica Andreu con ahínco. Cuando se «cabrea» mucho, me explica, se pone a escribir, que es lo que le gusta, o toca con su banda.

Sigo fascinado por el hecho de que quienes más críticos son con la educación son quienes más leen, piensan, escriben, pero curiosamente también aquellos que más disfrutan de la vida. Le arrebato a Andreu un neologismo: *happycracia*. Denota una casta que ejerce el poder de manera inclemente, pero con sonrisas y promesas de felicidad universal. Andreu define *innovasaurio* como 'alguien obsesionado con la innovación', que cree que todo se inventó ayer, sin darse cuenta de que no todo lo que se llama innovador es tan nuevo como a veces se pretende.

Casi en la otra punta de España se encuentra Don Benito, en la provincia de Badajoz, donde he quedado con Susana Díaz (que nada tiene que ver con la expresidenta andaluza). Es una tarde de febrero algo lluviosa y Susana se encuentra próxima a dar a luz. Fue nombrada Mejor Docente del Año para secundaria y bachillerato en 2022 y me cuenta que, debido a la inminencia del parto, no va a poder acudir a la ceremonia de entrega del premio. El año pasado quedó sexta. Aunque luego tendremos ocasión de ahondar un poco en estos premios, Susana me explica que votan los alumnos y sus familias, que nominan a una serie de candidatos. El jurado tiene también en cuenta las publicaciones didácticas y proyectos que presente cada aspirante.

Susana es una persona tímida pero cercana. Le apasiona su trabajo, dice, pero se nota incluso antes de que lo diga. No se opone a nada, no critica a nadie, tiene su forma de hacer las cosas que a ella suele darle resultado, pero no es hostil con otros enfoques. Piensa que es bueno salirse un poco de lo establecido, pero sin dogmatismos y sin desdeñar el trabajo de nadie. Sabe que sus compañeros más veteranos son reacios a la innovación, pero no los considera por ello sus enemigos. De hecho, ella también imparte clases magistrales cuando lo estima oportuno, pero las complementa con actividades diversas y gamificando contenidos. Le pregunto si estas técnicas que utiliza son siempre eficaces. En absoluto, responde. Ni siempre funcionan ni son la panacea que consigue invariablemente los resultados esperados. Susana puede que sea hija de un sistema pedagógico que invoca la innovación como dogma, pero su manera de acercarse a ella es serena y sensata. No la entroniza, pero tampoco la rechaza. Y cree que cada docente debe encontrar lo que a él o a ella personalmente le funcione.

Susana tiene una visión del sistema educativo nada idealizada. Me dice que la situación de los centros es muy preocupante, con alumnos desmotivados, faltas de respeto continuas y una actitud de indiferencia, cuando no de hostilidad, frente a la educación. Afirma que los alumnos están más pendientes del TikTok que de la clase y que carecen de motivación alguna. Esto me lo cuenta alguien que pasa horas todos los días preparando actividades novedosas y pensando en cómo acercar la materia al alumnado. Y parece que no sirve de gran cosa. El fracaso es, en su opinión, vastísimo, más de lo que se nos dice. La solución de Susana, como he apuntado, es que los docentes se esfuercen más; y no dudo que tenga razón, aunque también me pregunto si hay algún punto a partir del cual debamos concluir que el problema no es de los docentes sino de un sistema que no está funcionando. Susana me llega a confesar que hay momentos en los que tiene que acudir a la disciplina, «ponerse en su sitio» y dar la clase como una profesora «de toda la vida».

Susana no sabe si ser optimista o pesimista. Depende del día. Cree que una mayor implicación de las familias sería beneficiosa, pero la falta de respeto al profesorado le preocupa enormemente y ve pocos visos de solución. Tiene claro que el nivel académico es alarmantemente bajo. Ella venía de la enseñanza privada y tenía sus esperanzas puestas en que en la pública el nivel iba a ser más alto. Su decepción fue mayúscula. Da igual que el centro sea rural o urbano, en una población u otra. El bajo nivel, me explica Susana, es porque cada vez les exigimos menos y vamos a los mínimos, en parte para satisfacer los deseos de la Administración de que se maquille el «fracaso escolar» en lugar de que se arregle, con continuas presiones de los centros y de las familias.

«Nos quejamos todos, pero nadie hace nada», dice. Los docentes suelen ser muy pasivos. Y luego están aquellos a los que les da igual la indisciplina, la falta de nivel, etc. Dan su clase y se apresuran a marcharse en cuanto suena el timbre. Cuando le pregunto si esto es predominante en algún grupo de edad, dice que no, que se da en docentes de cualquier edad y no solo en aquellos que podamos pensar que están de «vuelta de todo». Hay compañeros jóvenes que llegan a los centros atraídos meramente por un sueldo razonable y la posibilidad de ser funcionarios y tener un trabajo de por vida. Susana se muestra concernida: lo que más lamenta es la desatención al alumno y que estos docentes, con ese grado de indiferencia, están hurtándole a los chicos una parte de su educación.

También le irrita tanto cambio normativo, tanta burocracia y la falta de arraigo del profesorado, que se ve sometido a traslados continuos de centro. Los cambios deberían ser más progresivos y mejor explicados. Le pregunto por las personas que últimamente están aportando una crítica abierta al sistema y me dice que lee algunas de las cosas que escriben y con unas está de acuerdo, con otras no tanto, pero que en absoluto considera que esa crítica sea nociva. A quienes la formulan los ve como camaradas que tratan de hacer propuestas para mejorar la educación, cada uno desde su punto de vista. Eso sí, entre sus propios compañeros de centro a veces ha notado cierta hostilidad hacia docentes como ella, a quienes injustamente algunos vinculan al poder político, sin duda por desconocimiento del ingente trabajo que llevan a cabo. O sea, ser el mejor docente de España no abre las puertas al reconocimiento en los centros educativos, sino que a veces crea recelos y suspicacias. Una de las últimas cosas que me contó Susana fue que los alumnos no son conscientes de este debate. En su opinión, ellos «están en el Instagram y las hormonas».

En Tenerife nos vamos a encontrar con otro de los mejores docentes de España: Antonio Alcázar. Tiene la amabilidad de recogerme en el aeropuerto de Los Rodeos y me impresiona su juventud: no llega ni a los 30 años, pero ya cuenta (desde 2021) con una plaza de funcionario en la localidad tinerfeña de Granadilla de Abona, al sur de la isla. Es un pueblo que vive casi en exclusiva de la hostelería y la agricultura. El alumnado es muy heterogéneo en cuanto a nacionalidades y lenguas, ya que hay muchos extranjeros asentados en la zona. Me intereso por la falta de acento canario de Antonio y me explica que es murciano. En esa comunidad se graduó en Lengua Castellana y Literatura. Profesoras como Ana Bravo y Francisca Franco, que insiste en nombrar, despertaron en él un profundo espíritu de crítica y de cuestionamiento permanente de la realidad.

Hablo con Antonio de su etapa de estudiante de primaria y secundaria, que cursó en varios centros públicos de San Pedro del Pinatar, en Murcia. Siempre fue estudioso, aunque algo tímido. De pequeño colocaba a los peluches en su cuarto y les daba clase. La que él recibió fue una enseñanza tradicional, centrada en prepararlos para los exámenes y con muchos deberes. Deduce que no se tomaban muy en serio la LOGSE, algo que hemos visto que no es infrecuente en esa comunidad. Mi impresión es que Antonio reniega de ese tipo de educación, pero en absoluto es así. Afirma que está muy satisfecho con la educación recibida, mucho mejor y más eficaz que lo que ahora vive a diario.

Antonio no enseña como en su día le enseñaron a él. Me habla de su metodología, que se aparta de lo tradicional. Asumo que su forma de dar clase responde a lo que le enseñaron en el máster de educación que cursó en la Universidad de Murcia. Dice que en el máster no aprendió nada. La inmensa mayoría de lo que allí se enseñaba era inútil, dado que se daba siempre por sentado un alumno idílico, motivado y respetuoso, que en nada tiene que ver con el alumnado real. Antonio rememora aquel máster y me hace notar la paradoja de que en él se les decía que lo importante era en todo momento escuchar al alumno y, sin embargo, quienes allí impartían clase eran impermeables al más mínimo cuestionamiento o crítica y no parecía importarles en absoluto la opinión ni de Antonio ni de sus compañeros. Le pregunto si leyeron a autores como Gregorio Luri o Alberto Royo. En absoluto. No le suena ninguno y él, me dice, es de los que se queda con los nombres. Pero le hubiera encantado saber que había quienes no comulgaban con los dogmas del sistema y habría leído sus obras sin dudarlo.

Cuando Antonio llegó a su centro había un 4.º de ESO en el que se tiraban sillas, se gritaban y se agredían. En el instituto se consumía droga y se traficaba. Era imposible de controlar. ¡Qué lejos estaba aquello de lo que le habían contado en la universidad! El único baluarte ante situaciones así es una jefatura de estudios que se implique, que en su centro existe actualmente, pero no desde siempre. Confiesa que han intentado agredirle; en el caso de algunos compañeros, lo han logrado. A él le han dañado el coche, ante lo cual la dirección se lavó las manos. La única razón es que había reprendido a un alumno y le había retirado el móvil durante la clase. Con respecto al instituto, en una ocasión optaba a ser «centro de excelencia», lo que les reportaría una ayuda anual de 2000 euros durante dos años. El día que fueron a examinarlos, todo estaba guionizado para que el alumnado mostrase su mejor cara: las clases se impartían ante unos chicos atentos y concentrados. En el momento en que los inspectores salieron por la puerta, la realidad de las agresiones, falta de respeto y consumo de drogas volvió a instalarse. Pero se consiguió el anhelado cartelito para la entrada y el dinero. Puede parecer una anécdota insustancial, pero a veces este tipo de momentos revela mucho más sobre la educación en España que muchísima bibliografía académica.

El primer año de Antonio fue difícil, sobre todo por su juventud e inexperiencia y encontrarse en un lugar que nunca había pisado antes, alejado de la península y de Murcia, donde estaban su familia y amigos. Lo pudo sobrellevar gracias a sus compañeros y a los alumnos, con quienes conectó enseguida, en parte debido a la escasa diferencia de edad (Antonio tenía entonces 25 años). Observo que Antonio es un luchador incansable, entusiasta y enamorado de su trabajo. Me cuenta que enseguida se dio cuenta de que la enseñanza tradicional no funcionaba con los alumnos, que se aburrían y desconectaban. Gracias a los cursos de la Consejería de Educación del Gobierno de Canarias (nada menos que 400 horas de cursos) aprendió nuevas metodologías. No es que ahora el comportamiento haya mejorado mucho, pues sus alumnos no están callados ni cinco minutos. Pero, al tener que hacer cosas, las clases son más llevaderas. Ese primer año le volvió muy crítico con la educación: hasta entonces no cuestionaba el sistema, pero el contacto con la realidad le llevó a hacerlo. Confirma algo que nos han contado ya: los nuevos docentes vienen con el chip pedagógico, pero a muchos se les desactiva en el momento en que comprueban que la realidad no guarda relación alguna con lo que tenían en mente.

Antonio no reniega de la enseñanza tradicional, pero la ha abandonado porque siente la necesidad de conectar con un alumnado cuya atención es difícil de mantener. Con metodologías innovadoras se despierta su curiosidad. Me dice que es una pena que no se pueda seguir enseñando con métodos con los que se aprende más, pero la culpa no es de los chicos, sino de una sociedad que nos ha idiotizado a todos con las nuevas tecnologías y en la que solo vivimos para el teléfono móvil. Antonio no puede cambiar eso y ha optado por tratar de obtener lo máximo posible con lo que hay. Eso sí, a veces la innovación es exagerada y llega un momento en que se convierte en un objetivo en sí misma, sin importar si es útil. Y es un error por muchas razones, una de las cuales es que al final se cae en aquello de lo que se huye: el alumno vuelve a aburrirse enseguida cuando se ve bombardeado con innovación, sobre todo si es tecnológica. Además, hay grupos de estudiantes a los que jamás se les va a conseguir motivar porque no les interesa nada.

Hablamos de los últimos cambios normativos. En los tres años que lleva enseñando, Antonio ha percibido un deterioro exponencial y ha tenido que simplificar la materia. Le escandaliza que en las nuevas leyes se eliminen o minimicen las calificaciones y opina que es una locura que se pase de curso con muchos suspensos. Pero las administraciones no quieren alumnos que piensen y aprendan, sino que promocionen, aunque no sepan nada. Se ha ido flexibilizando la exigencia hasta eliminarla del todo, suprimiendo también contenidos, y han conseguido atontar a la mayoría del estudiantado apelando a una falaz flexibilidad. Por contrarrestar la crítica, se muestra satisfecho de que en la LOMLOE se prime la reflexión gramatical, por un lado, y que las destrezas lectoras ocupen más protagonismo que, por ejemplo, el conocimiento de los períodos literarios. No está en contra de algunas partes de ese enfoque competencial, siempre que no sea una excusa para rebajar el rigor. Antonio no parece creer, como otros entrevistados, que la LOMLOE convierta todo el sistema en una gran asignatura de educación para la ciudadanía, basándose solo en valores y desterrando cualquier atisbo de conocimiento.[5]

La mujer de Antonio, a la que tengo la ocasión de conocer durante mi visita a Tenerife, me confirma que su marido no tiene tiempo para nada más que sus clases y él apostilla que innovar es siempre lo más difícil y lo que más tiempo consume si de verdad se toma en serio. A veces es frustrante porque el resultado no compensa la cantidad de tiempo invertido. Ojalá, me espeta, pudiéramos volver a la nota y a los exámenes, que en su opinión es lo único que funciona. Eso sí, un examen no tiene por qué ser memorístico y de hecho no debería serlo. sino estar concebido para valorar el grado de aprendizaje en su conjunto y constituir una experiencia de aprendizaje, haciéndoles pensar, conectar ideas, profundizar en los saberes. No hay que tener miedo a los suspensos y a la exigencia: ambas cosas preparan a los chicos para el mundo de después, en el que no todo es fácil y amable.

Los alumnos de Antonio fueron quienes le propusieron para el Premio al Mejor Docente de España, del que se siente muy orgulloso y que considera una prueba de que la mano dura funciona y es posible ser innovador sin renunciar a lo tradicional; cree que los estudiantes aprecian eso más que la enseñanza basada en tenerlos todo el día frente a una pantalla perdiendo el tiempo. Su objetivo como docente es mostrarles el mundo como es y desvelar las mentiras que los rodean. Hará siempre lo que tenga que hacer, por difícil que resulte, con tal de que sus alumnos aprendan. No hay nada que le reconforte más que la cara de un estudiante satisfecho de aprender

5   De la lectura de *La escuela insustancial* (2023) de Pablo López Gómez y su detallado análisis del contenido de la LOMLOE se extrae que esta ley no solo minimiza el rigor y el esfuerzo, sino que los expulsa del sistema, sustituidos por vagos planteamientos emocionales y competenciales que permiten que se titule sin saber nada: al no haber nada que enseñar más allá de bienestar emocional y el valor supremo de la paz, es imposible determinar el grado de aprendizaje ni traducirlo en una calificación. Eso sí, el activismo lo inunda todo e incluso para la asignatura de Lengua Castellana se entroniza como lo único verdaderamente importante el uso de la corrección política en el lenguaje y la defensa de los derechos lingüísticos de quienes no desean hablar dicho idioma.

cosas nuevas. Cuando le pido que me diga lo único que salvaría en la educación actual, no vacila ni un instante: el alumnado. Le pregunto algo que sé que le va a costar contestarme: ¿cree que sus compañeros son todos como él? Sin entrar en detalles, me confiesa que no todos. Por ejemplo, él sí es consciente de que necesita formarse (de hecho, cursa actualmente un doctorado sobre enseñanza de la gramática), pero sus compañeros no parecen sentir esa misma inquietud.

En cuanto al profesorado de más edad, sin generalizar, muchos, me dice, son un tanto mediocres: eligen un libro de texto sin preocuparse de si es bueno o malo y solo porque la editorial les regala una tableta si lo hacen. Ni quieren cambiar nada ni les interesa posicionarse sobre nada. A veces los más jóvenes, sobre todo los interinos, caen rápidamente en el desinterés. Muchos docentes se limitan a cumplir las instrucciones de los directores, pero me aclara: no es porque la dirección no los escuche (al menos en su centro), sino porque nadie dice jamás nada («mientras antes termine el claustro, antes nos vamos»). La dirección les envía cuestionarios de mejora, que nadie rellena, porque a casi todo el mundo le da igual. Recordarán ustedes que Alberto Royo también me comentaba algo parecido: que a los docentes no les interesan ni los claustros ni hacer nada por mejorar el sistema. Se quejan, sí, pero rehúyen cualquier debate en profundidad. Antonio menciona un sistema muy poderoso que rige la educación desde la ideología. Ya José Manuel Lacasa me contó en su momento que la ideología es el refugio de aquellos a los que les da pereza pensar. Mediante ella sustituimos la complejidad del pensamiento libre y lo simplificamos y acotamos. Antonio está de acuerdo: en educación, la ideología lo impregna todo y no deja resquicio para ninguna iniciativa individual. Cada vez el profesor es menos libre y ya nos dicen no solo qué enseñar sino cómo.

Vuelve a reiterar mi entrevistado que el profesorado no siempre es víctima del sistema, sino corresponsable de algo con lo que paradójicamente ni siquiera está de acuerdo, por miedo, por comodidad, por falta de tiempo, por falta de autoridad, por verse obligados a rebajar hasta la nada cualquier atisbo de exigencia y porque saben que les van a culpar del fracaso de sus alumnos, ante lo que optan por encubrirlo. A todo ello coadyuva la inspección y muchas directivas de centros, indiferentes ante los problemas reales. Me voy de Tenerife con la sensación de haber conocido a alguien muy especial, comprometido, crítico, pero desde el deseo de mejorar y no desde la amargura. Me apena que tenga una visión tan negativa: dice que, si la educación no está en la UCI, está en la sala de espera de la UCI. Poco hay en el futuro que le estimule. Los ciclos formativos son una buena idea para los jóvenes que no desean y no tienen aptitudes para la universidad, al proporcionarles una formación adaptada al mercado laboral. Me llama la atención su opinión sobre los másteres que supuestamente preparan para el ejercicio de la docencia: no solo no enseñan nada útil, sino que no hacen nada de lo que dicen que los docentes deben hacer, como escuchar al alumnado. En cambio, confiesa que los cursos que organizan desde el Gobierno de Canarias son útiles y le han permitido desarrollar nuevas estrategias docentes. Es un profesor innovador, pero anhela una enseñanza tradicional, no para hacer sufrir a sus estudiantes, sino porque piensa que con ella los chicos aprenderían más y mejor. Es de los pocos que no ha arremetido contra la LOMLOE y ve algunas ventajas en el enfoque competencial, si bien echa de menos la exigencia y el rigor y denuncia que las administraciones solo quieren alumnos que promocionen a toda costa. Con personas como Antonio, pero también Antonio Moreno y Susana, dará igual qué leyes tengamos y qué hagan los políticos. Siempre conseguirán despertar la curiosidad de sus alumnos y abrirles horizontes. ¿Cuántos hay como ellos? Es difícil saberlo.

Jesús Beades es un personaje fascinante y sorprendente. Roquero y bohemio (lo primero dice serlo y lo segundo lo constato yo), tiene su propio grupo de música. Lleva tatuajes y una barba algo hípster. Se confiesa amante de la lectura y la escritura. Acaba de terminar un libro sobre cómo utilizar las canciones de Joaquín Sabina en la enseñanza y de publicar *Leer no sirve para nada*, de título marcadamente irónico. Colabora con diferentes medios de comunicación. Además, es profesor de primaria en el CEIP San Pablo de Sevilla. Cursó Magisterio en la especialidad de Música cuando la titulación aún se llamaba así. Poco a poco, la especialidad se ha ido diluyendo y ahora imparte de todo: matemáticas, ciencias sociales, lengua, etc.

Jesús es un cómico nato y durante un tiempo interpretaba monólogos. Tenemos que tomarnos muchas de las cosas que dice con ironía, como su afirmación de que habría que legalizar la ejecución de pedagogos. Lo que denuncia es la forma en que este colectivo se ha convertido en un obstáculo para cualquier mejora del sistema educativo, paradójicamente. Jesús indultaría, sin embargo, a los especialistas en pedagogía terapéutica y al personal técnico de integración social. Dice que ambos colectivos desarrollan un trabajo espléndido con alumnos a los que ayudan enormemente en su integración y en sus procesos de aprendizaje. Son los únicos que de verdad bajan al «fango» y realizan un trabajo útil. El problema no está en la pedagogía como forma de ayudar en los procesos educativos, sino en que esa disciplina se ejerza de forma dogmática desde despachos muy alejados de la realidad y con una cerrazón absoluta a cualquier atisbo de diálogo con la comunidad educativa. Esto que estamos haciendo en este libro, es decir, escuchar opiniones de *todos* los implicados resulta anatema para el *establishment* pedagógico, que se suele considerar en posesión de una verdad revelada y única.

Jesús arremete contra lo que denomina «memocracia»: la idea de que un buen docente solo tiene que preocuparse de rellenar formularios. En su ámbito, la primaria, se ha llegado a un punto en el que sugerir que se puedan enseñar contenidos equivale a un planteamiento franquista y en el que no se concibe la evaluación si no es competencial. Los docentes con mayor antigüedad escuchan todo esto y asienten, aunque luego siguen impartiendo sus clases como consideran más adecuado. Incluso alguno se aventura a balbucear expresiones en «pedagogiqués», que es como Jesús se refiere a ese lenguaje extraño que inventa términos aparentemente sofisticados para referirse a realidades que podrían nombrarse de forma sencilla. Les pongo un ejemplo: decir que abandonamos a su suerte a los chicos con más dificultades no suena bien. Pero si afirmamos que estamos trabajando las «inteligencias múltiples», que viene a ser lo mismo, suena beatífico.

Algunos docentes jóvenes, según Jesús, vienen ya con un nivel de dogmatismo que les hace mirar por encima del hombro a todo aquel que no comparta su ideología. Un ejemplo: los proyectos. Cuando uno de estos jóvenes docentes dice que trabaja «por proyectos», lo hace con la clara implicación de que, haciéndolo así, pertenece a una casta superior. Es la nueva religión, aunque, como hemos visto, suponen más ocio en el aula, menos contenidos y un desprecio subyacente de la formación intelectual: preparan trabajadores y no individuos. Es el manido «aprender a aprender», tautología estúpida, según Jesús, que solo sirve para encubrir que no se busca que los chicos aprendan nada.

En realidad, mucha gente mira todo lo que está ocurriendo con recelo e incluso con desdén. El problema es la apatía y falta de nivel intelectual de muchos docentes, al menos, según Jesús, en el caso de la primaria (aunque es lo mismo que han denunciado muchos profesores de secundaria con los que hemos hablado). Volvemos a los matices. Jesús me aclara que estos maestros a los que alude son en su mayoría buenas personas, equilibradas, responsables, empáticas, pero carecen de inquietudes intelectuales y es comprensible que no esperen gran cosa de sus alumnos más allá de cuestiones superficiales como tener los cuadernos y los lapiceros ordenados y quizás saber en qué contenedor depositar el vidrio. Existe una obsesión generalizada por el orden, que revela la manera en que lo nimio se ha erigido en el principio rector de la enseñanza primaria, desplazando cualquier atisbo de sustancia en lo que se enseña.

Quiero saber más de Jesús como docente. Dice que es una rareza porque enseña. Eso sí, busca en cada momento la metodología más adecuada y no rechaza ninguna que resulte útil para que los chicos aprendan. Si jugando aprenden, juega con ellos. Pero nunca el juego es el fin último. Tampoco rechaza las pantallas, pero cree que no hay que obsesionarse y a veces se puede hacer lo mismo de manera más ágil y con el mismo resultado. También piensa que hay que ejercitar el cerebro, incluyendo la memoria, y esto requiere esfuerzo y exigencia y perder el pánico a que los alumnos se aburran. No se puede permitir suspender a todos los que lo merecerían porque la presión de las administraciones es demasiado grande: y, en definitiva, si a las familias no les importa que sus hijos aprendan o no y solo buscan el aprobado, ¿para qué crearse problemas por negárselo, enfrentándose así al centro y a la Administración? Otro ejemplo: no puede hacer que un estudiante repita ni expulsarlo si es disruptivo porque ambas cosas son recibidas con auténtica furia por las familias. Pero eso lleva a tener que tolerar que alguien boicotee sistemáticamente la clase y no permita avanzar, sin que nada pueda hacerse.

A pesar de lo anterior, Jesús explica que no vive obsesionado con caerle bien a los padres, que es la esencia de lo que significa ser docente de primaria hoy. Son los destinatarios de su trabajo y hay que engañarles diciendo que todo va bien, vaya como vaya. El proteccionismo de las familias ha hecho que las administraciones configuren todo un sistema clientelar que no se preocupa en absoluto por los chicos y su futuro, sino por que las familias estén contentas. Mientras, a los chavales se les niega la posibilidad de una formación de calidad y de un futuro. Como explica Jesús, a los inspectores que llegan a los centros con el objetivo de que se apruebe a los alumnos en realidad les resultan indiferentes los estudiantes.

En una ocasión una madre amenazó a Jesús con llevarlo a delegación, sugiriendo que era mejor que hiciera lo que ella le pedía porque, siendo interino, una denuncia no le iba a beneficiar. Jesús cree que los padres no deberían estar en los consejos escolares: la mayoría carece de una visión de la educación más allá de ponerle las cosas fáciles a sus hijos. Hasta en un episodio de la popular serie *Merlí*, el protagonista aborrece de la intrusión de las familias en la educación, satirizando el papel de estas últimas y su falta de competencia para ejercer el papel que el sistema les ha reservado. Es decir, esta crítica ha saltado ya incluso a los medios de comunicación *mainstream*.

¿Cómo sobrevive Jesús a un entorno en el que es un verso suelto? Vuelca la energía en otras cosas: la música, la escritura, la fotografía. Me insiste en que aquellos docentes con cuyos métodos es crítico no son malas personas. A algunos les tiene aprecio. Hacen lo que les han insistido hasta la saciedad que era lo correcto. Cuando un inspector ve a alguien con una tiza en el aula lo primero que le dirá es que así no se puede seguir enseñando y que hay que innovar, ante lo cual es comprensible que, de manera irreflexiva, se innove con lo primero que a uno se le ocurra o le pongan por delante. Según Jesús, los maestros viven todo el día a la defensiva: se sienten acosados por la Administración, los directores de los centros, los inspectores y las familias. ¿Cómo no sucumbir al sistema si lo contrario supone exponerse a consecuencias funestas?

Coincide con muchos otros en que la educación, sobre todo la pública, ha dejado de ser un ascensor social y tiende al elitismo y a clases sociales cada vez más estancas (o sea, a un sistema neofeudal), confinando la enseñanza real a los centros privados en los que la Administración tiene menor peso y donde las familias están a veces más implicadas, en el buen sentido. Esto le resulta especialmente doloroso a Jesús, que tiene orígenes muy humildes. Fue personal de limpieza en el ayuntamiento de Sevilla antes siquiera de entrar en la universidad cuando contaba ya con 28 años. Se ha tenido que esforzar para llegar al lugar en el que está y por ello entiende lo importante que es el esfuerzo.

Me ha gustado comprobar que Jesús establece matices: es útil la pedagogía, pero no como se ejerce en la actualidad: desde unos presupuestos falaces e hipócritas, que dicen empoderar cuando solo desempoderan. Hemos visto a lo largo de la charla cuáles son algunas de esas falacias. Lo que sí parece ser distinto en primaria es la naturaleza del profesorado joven. Quizás aquellos que llevan cuatro años (más el máster) expuestos a la pedagogía no solo son más impermeables a cualquier crítica, sino que llegan con la convicción de que sus conocimientos pedagógicos les confieren una autoridad superior, lo que no ocurre con los docentes que han estudiado otras carreras y su único contacto con la pedagogía ha sido en un máster que la mayoría aborrece. Jesús deplora la forma en que los docentes de primaria, en parte porque se han visto obligados a ello, se han refugiado en lo trivial —clases ordenadas— e ignorado lo fundamental: preparar a los chicos para estudios posteriores no solo enseñándoles a sacar punta al lápiz, sino aportándoles rudimentos intelectuales. Me preocupa que incluso Jesús deba sucumbir a la imposición de otorgar aprobados generales porque confirma a las claras la devaluación de las calificaciones y por ello de los títulos que el sistema otorga. Pero comprendo que exigirle heroicidad sería injusto. Él por lo menos enseña, hay quien ni se molesta.

Álvaro Albarrán es más joven que Jesús Beades y no llega a los 30 años. Su experiencia se circunscribe a la universidad. Nació en Arcos de la Frontera, una localidad de la Sierra de Cádiz, donde estudió primaria y secundaria y gracias a la enseñanza recibida consiguió ser premio nacional de bachillerato. Actualmente es docente en el grado de Filología Inglesa en la Universidad de Sevilla.

Hijo de la LOGSE, me habla de sus años de estudiante preuniversitario. Recuerda con cariño a muchos de sus profesores del IES Guadalpeña, que los preparaban muy bien y eran exigentes. Se trabajaban más los contenidos que las competencias, cosa que Álvaro no ve del todo mal, aunque admite que al llegar a la universidad echó de menos mayor formación competencial en análisis de textos, redacción, pensamiento crítico, etc. No todo es blanco o negro. Me cuenta que los profesores más exigentes eran justamente los que no se contentaban con el aprendizaje memorístico y quienes les demandaban que pensaran y fueran más allá, desarrollando una gama más amplia de capacidades.

La ESO no le dejó tan buen recuerdo, debido a la mescolanza de perfiles: chicos motivados para estudiar y otros que no lo estaban en absoluto. Eso creaba tensiones, indisciplina, y cree que todo hubiera ido mejor con itinerarios diferenciados. Me cuenta a qué se refiere con «tensiones»: se humillaba a algunos profesores, delante de ellos mismos. Una profesora se marchó un día llorando de clase, para regocijo de algunos de sus compañeros. Hay quien diría que la culpa era de la maestra, claro. Se lo sugiero a Álvaro, que me espeta que eso es como culpar a una mujer que ha sido violada de provocar la violación o no saber defenderse correctamente. Le cuento sobre la existencia de una corriente de pensamiento pedagógico que culpa al docente de todo lo malo que ocurre en un aula, pero claramente, por suerte para él, no había escuchado jamás hablar de algo así. En aquella ESO de Álvaro, no solo se cebaban con algunos profesores, sino también con otros compañeros. El *bullying* era constante. Él no sufrió agresiones, pero sí burlas por querer estudiar y ser responsable y reconoce que había días que le costaba ir al instituto. Todo mejoró en bachillerato. Era el raro y la persona *queer* del grupo, pero le respetaban. Volviendo a la ESO, Álvaro, curiosamente, no culpa al centro: quizás no tenían medios.

En la universidad se sintió bien acogido y constató un nivel de exigencia alto. Le pregunto si la enseñanza era innovadora y afirma categóricamente que sí. Pero no por el uso de la tecnología o de didácticas rompedoras, sino porque les hacían pensar y lo importante no era saber mucho, era saber aplicarlo. Recuerda que hubo docentes más pretendidamente innovadores, pero eran asignaturas de las que obtuvo poco provecho. En ellas el profesor renunciaba a enseñar y esperaba que fueran los estudiantes quienes lo hicieran todo. Álvaro cree que así no se aprende casi nada. Me planteo si era una opinión suya o generalizada y Álvaro me explica que era lo que pensaba la gran mayoría de sus compañeros, que además dejaban enseguida de ir a esas clases. Se aburrían: a veces se debatía y se debatía, pero no se llegaba a ningún sitio. Su opinión después de esos años de universidad es que el mejor docente es aquel que lleva la voz cantante en el aula sin ser completamente unidireccional. Es el profesor quien debe estructurar la clase y, por supuesto, buscar la participación, pero no ir a aprender del alumno. También me dice que hubo clases enteramente tradicionales donde se impartían contenidos y estos se memorizaban sin más. Y curiosamente había compañeros que preferían esas asignaturas.

Le pregunto ahora por su experiencia como docente universitario. No se puede generalizar, pero ve un bajo nivel respecto a cuando él estudió (hace pocos años), falta de competencias de todo tipo y de bagaje cultural. La actitud es poco receptiva, con carencia de esfuerzo y nulo deseo de avanzar o mejorar. Me comenta que probablemente se debe a que es joven y todavía no es capaz de llegar a sus estudiantes y motivarlos. Me intereso por los cursos de formación que ha recibido y la utilidad de los mismos. Ha asistido a bastantes, tanto de la Universidad de Sevilla como de otros centros. Por desgracia, no le han servido de mucho. Opina que son poco útiles precisamente por muy teóricos: tienen poca o ninguna aplicación práctica a casos reales y a situaciones habituales en el aula. Se parte de la premisa falsa de que el alumno es siempre idílico y cualquier problema es debido a que el profesor no está haciendo las cosas de manera correcta.

Álvaro entra en más detalles y me dice que una constante es la insistencia en la necesidad de dinamizar al alumnado con el fin de que las clases sean entretenidas. De que sean útiles nunca se habla. Se debe cambiar constantemente de actividad y nunca aburrir ni dejar de sorprender. Debe partirse de lo que sabe el alumno (¿qué ocurre si no sabe nada de esa materia?). Álvaro tiene una opinión clara, que no quería confesar inicialmente, pero que ahora se siente cómodo para verbalizar: la inmensa mayoría de estos cursos busca infantilizar y proporcionar al alumnado una validación constante mediante videos, juegos y tecnología. Se trata de evitar a toda costa cualquier atisbo de esfuerzo y rigor y que, si el alumno aprende algo, que no es fundamental, lo haga sin ser consciente de ello y sin invertir absolutamente esfuerzo alguno. No hay que sugerirle que posee lagunas de conocimiento, pues ello puede ocasionarle repercusiones emocionales de consecuencias inciertas. O sea, según Álvaro, parecen pensados más para un párvulo de jardín de infancia que para un universitario. Es paradójico: por una parte, se trata a los estudiantes como niños pequeños, pero por otro se afirma sin rubor que el alumno sabe más que el docente y que es este último el que debe aprender de ellos. No sé si considerar que lo que acabo de escuchar es una sublimación del género pastoral o una muestra más de la estupidez humana.

En los cursos de formación hay siempre una oposición binaria entre enseñanza tradicional e innovadora. Nunca se define ninguna de la dos: la primera es mala y la segunda buena. Punto. Incluso profesores que defienden que puede buscarse una síntesis entre las dos lo hacen desde el posicionamiento de que la segunda siempre será preferible, algo que no se demuestra mediante ningún dato empírico más allá del mantra de «colocar al alumno en el centro del aprendizaje» e invisibilizar al docente. Le planteo a Álvaro que lo que llaman tradicional pueden ser esas clases que se limitaban a dictar apuntes y luego examinaban sobre datos y conceptos. Puede ser, pero dice que él nunca ha recibido clases así en la universidad y sospecha que cuando se rechaza lo tradicional no es a eso a lo que se refieren, sino a cualquier cosa que no sea lo que en esos cursos se propugna.

¿Y si alguien en esos cursos cuestiona algo? Álvaro dice que es infrecuente, entre otras cosas porque muchos de quienes acuden a ellos los ven como un trámite y, al ser virtuales, les prestan una atención digamos que solo intermitente. Pero si se cuestiona alguno de los dogmas, siempre responden que no lo terminas de ver porque sigues instalado en el Antiguo Régimen y no has llegado aún a la luz. Para entenderlo mejor, es como operan las sectas, fuera de la racionalidad y la ciencia, pese a que estas insisten en llamarse a sí mismas ciencias de la educación. No le faltaba razón a Mercedes Ruiz Paz cuando titulaba su libro de 2003 como *La secta pedagógica*.

Esto se torna aún más rocambolesco, aunque parezca imposible. Le pregunto a Álvaro por la metodología empleada en los cursos y me dice que casi todo eran clases magistrales. O sea, los cursos que denuestan la clase magistral emplean como herramienta la clase magistral. No hay que enseñar nada, con una sola excepción: enseñar a los que enseñan que no se debe enseñar. Álvaro no sintió ningún protagonismo en sus cursos de formación, ni sorpresa y excitación continua, dado que el método era siempre el mismo. No se sentía dinamizado. Ojo. No le parecía mal porque tiene la capacidad de distinguir entre espacios y momentos de ocio y diversión y otros para el trabajo serio y el aprendizaje. Pero nada de lo que vivió (y sigue viviendo) posee coherencia. Un día les hicieron colorear y elaborar un mural. Álvaro quiere dejar claro que no está en contra de innovar y cada vez que inicia un curso lo hace con el deseo de aprender y mejorar, pero no comulga con la idea de que para ser buen docente haya que derribar todo lo que existe.

Charlar con Álvaro nos permite relativizar esa dicotomía tan falaz entre lo tradicional y lo innovador. En su testimonio encontramos nuevamente una advertencia de que la ESO debería abordarse de otro modo y de los gravísimos problemas de convivencia que se viven incluso en centros de secundaria poco problemáticos en teoría. Las agresiones a docentes y estudiantes son tan habituales que se han normalizado: los pedagogos o no quieren verlas o las avalan como una consecuencia menor de una teoría intachable. Los políticos miran hacia otro lado y las justifican porque son «casos puntuales». Me llama la atención que los alumnos no sean tan partidarios de la docencia innovadora como podría parecer: la soportan porque les garantiza el aprobado, pero raramente se muestran entusiastas. La opinión de Álvaro es que, a la hora de enseñar, hay que buscar un equilibrio entre los extremos, ninguno de los cuales es deseable. La investigación pedagógica raramente ha intentado averiguar qué piensan los estudiantes de su formación, pero, a decir de Álvaro, esa enseñanza mínima parapetada tras proyectos y tecnología no es bien valorada y los alumnos reclaman una instrucción más explícita sin tampoco pretender lecciones unidireccionales.

Lo más preocupante de la entrevista con Álvaro es cómo nos ha permitido constatar que los cursos de pretendida formación solo tratan de difundir ideología. No conviene tomarse esto a la ligera y yo animaría a entrar más a fondo en la cuestión e investigar en serio los que imparten las universidades públicas, por el enorme gasto que suponen, y hablo de gasto y no de inversión porque ya debo dudar de su utilidad. El propósito no parece que sea formar al profesorado, sino instalarlo en el pensamiento único. Es decir, diseminan una ideología peligrosamente autoritaria, que desautoriza y demoniza cualquier otra aproximación o enfoque. Buscan desactivar cualquier intento de enseñanza y convertir al docente en un gestor de aula o dinamizador, sin basarse en ninguna evidencia científica. Socavan el conocimiento, aunque es lógico dado que quienes lo imparten solo saben enseñar una cosa: a enseñar, así en abstracto, convirtiendo un verbo transitivo en intransitivo, distorsionando su significado y haciendo que signifique lo contrario de lo que parece: o sea, no enseñar.

Alba Fons es también muy joven y ejerce como profesora de primaria en un colegio de Mislata, cerca de Valencia, en una zona de nivel socioeconómico medio. Enseña a chicos desde los primeros niveles hasta los 10-11 años. Alba tiene una historia personal interesante de esbozar. En EGB era buena alumna, pero flaqueó en un momento dado y la mandaron a un centro privado para «enderezarla»: el San Pedro Pascual, lo que resulta difícil de creer accediendo a su web y viendo el ambiente generalizado de felicidad *new age* que hoy día proclama. Alba fue siempre muy rebelde y, como veremos enseguida, lo sigue siendo. La rebeldía le viene de su padre, que era delegado sindical. Su paso por un centro de secundaria como alumna dejó tal huella (y no por nada bueno) que cuando retornó a él, ya como profesora en prácticas, los que la recordaban no podían creerlo. Una vez la expulsaron por decir que Cristo era comunista. Alba no les guarda rencor y entiende que a veces era demasiado contestataria. El centro, muy exigente, era poco tolerante con la disidencia y las opiniones no ortodoxas. Repitió COU y estaba decidida a cursar Formación Profesional. De alguna manera, todo ello le proporciona cierta empatía con sus alumnos actuales, sobre todo los más problemáticos.

De aquella etapa le queda una creencia férrea en que la educación no debe ser memorística, sino fomentar la reflexión y el pensamiento crítico. Su propia experiencia le dice que desahuciar a un chico demasiado pronto es un error y hay que agotar todas las posibilidades. Pero hay que darles una educación seria y bien estructurada, con contenido. A ella eso la salvó. Una clase insustancial, a base de juegos y actividades lúdicas, la hubiera perdido para siempre. Se siente obligada a devolver lo que recibió y a no dejarse llevar por las pseudomandangas, término que Alba utiliza para referirse a gran parte de las aportaciones pedagógicas, sobre todo las más radicales.

En Salamanca hizo un curso de lengua de signos. Le despertó curiosidad por la alfabetización de niños sordos y acabó estudiando Magisterio en la Universidad de Valencia, en la rama de Educación Especial: Audición y Lenguaje. Le fue muy bien, aprobó las oposiciones a la primera, cursó un máster de logopedia y ha impartido docencia en diferentes localidades de la Comunitat Valenciana hasta llegar a su destino actual. La Alba con la que me entrevisto junto a la Ciudad de las Artes y las Ciencias es una versión reformada de aquella rebelde «con causa», como ella misma dice. Es consciente de que desertar de la tiza (una metonimia muy repetida) da dinero y prestigio y te lo pone todo más fácil. Pero no es honesto, y a ella le enseñaron que es importante serlo. Siempre ha habido vendedores de humo y crecepelos, pero ahora se han adueñado de todo y es más necesario que nunca alzar la voz.

El primer destino de Alba fue un colegio con niños que traficaban con drogas o que ayudaban a sus padres en mercadillos ambulantes. Fue un reto, que intentó afrontar siendo seria pero empática, estableciendo reglas de convivencia claras, tratándoles con respeto, sin gritarles, pero sin infantilizarlos. Dice que no hay que ser colega ni amigo de los alumnos (ni de los hijos) pero sí tratarles con cariño, desde la distancia. Afirma ser una persona tímida a quien le gusta mucho leer y escuchar música. Como todos los «incómodos», etiqueta que ella se coloca a sí misma, no para de leer y estudiar. Exuda amor por la docencia, pero desde el compromiso con una profesión que merece todo el respeto. No se muerde la lengua: dice que en algún curso de formación le ha preguntado al formador cuántas clases ha impartido en su vida. La respuesta ha sido siempre la misma: ninguna. Alba dice sí al esfuerzo y al conocimiento, pero también a hacer disfrutar a los alumnos y motivarlos por todos los medios. También dice sí a tratarlos como adultos. Insisto en todo esto para aquellos que buscan maniqueísmos y etiquetas fáciles y repiten como mantra que todo el que exige y valora el esfuerzo carece de empatía o deseo alguno de motivar. Alba aprende de sus estudiantes: todos los días. Pero no aprende conocimiento porque su obligación como docente y para lo que le pagan es transmitirlo, no recibirlo.

Me gusta que, en un entorno en el que parece que la primaria ha llegado a todos los rincones de la educación, una profesora de primaria diga que a los alumnos no hay que infantilizarlos. Esa infantilización, según Alba, supone un determinismo que libera al niño de responsabilidad alguna, lo cual es contraproducente en cualquier proceso de socialización. Alba les habla a los chicos como adultos en ciernes y no como menores estúpidos, o sea, como probablemente le hubiera gustado que le hablaran a ella y no hicieron, según me permito especular. Echa de menos seriedad en el aprendizaje y menos juego, sin tanto abracito y con más conversaciones serias.

Los cursos de formación del profesorado se han trivializado y no contemplan nada más allá de la gamificación y los *escape rooms*. Aborrece de todo esto y dice que prefiere que la arrolle un tren antes que tener que hacer collares de macarrones. Sobre estos cursos me relata un episodio preocupante. En su centro sufrió presiones indecibles para asistir a uno sobre proyectos integrados. Se negó. No es que no crea en los proyectos, que trabaja ocasionalmente, pero no cree que deban coparlo todo. En su centro la castigaron, obligándola a realizar tareas que no le hubieran asignado si hubiera sido más complaciente. Detesta el hecho de que no se conciba la formación del profesorado como un espacio en el que cada docente pueda crecer y profundizar en lo que le interese. La institucionalización es, como acabamos de ver con Álvaro, una mera correa de transmisión ideológica y de pensamiento único. Los cursos actuales, me dice, son una… No repetiré la expresión. Se trata de un término que designa algo sin ningún valor, precedido de un adjetivo poco elegante pero muy gráfico. Según Alba, todo el mundo lo dice en privado; casi nadie se atreve a sostenerlo públicamente.

El equipo directivo de su centro y, según ella, de casi todos tiene como máxima desentenderse de cualquier problema, negándolo o echando la culpa a cualquier elemento externo. Son sumisos con quienes mandan y autoritarios con los docentes. O sea, las directivas suelen establecer un régimen similar al de Bernarda Alba: silencio absoluto sobre lo que ocurre dentro y grandes dosis de resignación. Para la actual directora del colegio en que trabaja, lo importante no es que los niños aprendan inglés, sino que se diviertan (aunque luego recluta auxiliares de conversación para que le enseñen a sus hijos en casa). Debería sorprenderme esta actitud tan poco coherente, pero llevamos tiempo encontrándonos con ella.

Alba cree que todo el sistema de enseñanza actual está pensado para tratar a los chicos como si ninguno tuviera más de cinco años. Es consecuencia de una mediocridad generalizada y falta de preparación. Esto es extensible incluso a alumnos universitarios, algo especialmente acusado en las facultades de ciencias de la educación. En palabras de Alba, cuando entras en ellas parecería que los alumnos estuvieran estudiando para ser niños y no para ser docentes. Eso fue exactamente lo que pude comprobar personalmente en la Facultad de Educación de Málaga cuando fui a charlar con Nacho Rivas, aunque, en honor a la verdad, la de A Coruña me sorprendió por lo contrario: parecía de verdad una facultad universitaria y no había murales ni trabajos manuales. Luego hablaremos de ello.

Alba estudia ahora Criminología (ya he dicho que es una persona curiosa e inquieta) y eso le ayuda a ver que el castigo tiene un valor educador y así se lo plantea en su ejercicio de la docencia. Tiene una enorme empatía, pero también es exigente con sus chicos, siendo siempre muy clara al explicar por qué lo es, cuáles son las reglas, por qué son importantes y qué supone no cumplirlas. No busca ser colega, pero sí cercana, aunque desde la distancia que le dan sus años y mayor experiencia, bagaje y conocimientos. Mientras Alba me cuenta esto, me pregunto por qué es tan generalizado el menosprecio a la maestría. Parecería que todo lo que adquirimos al cabo de los años, con la lectura y la reflexión, careciera de valor en un aula, donde todos debemos ser iguales, en una interpretación sesgada del concepto de igualitarismo. Pretender saber de algo parece sinónimo de una vanidad incompatible con los principios democráticos. Y, sin embargo, pese a que las administraciones insisten en que todo está en internet, a los estudiantes suelen fascinarles aquellos docentes que saben cosas y quieren compartirlas con ellos, algo saturados de tanto juego y de llenar el tiempo con actividades a veces repetitivas.

Una de las principales quejas de mi entrevistada es que no se siente escuchada —y comparte esa percepción con muchos compañeros— ni por la Administración ni por la dirección de los centros en los que ha trabajado y mucho menos por los inspectores educativos. Todos estos colectivos se muestran sensibles solo con las familias y los estudiantes. Me cuenta que en una ocasión una inspectora acudió a su centro a impartir una charla. Les dijo que tenían que educar para los nuevos paradigmas y que el éxito ya no radicaba en poseer conocimiento, sino en ser *youtuber* o concursar en *La isla de las tentaciones*. Conociendo a Alba, me sorprende que no le replicara. Dice que no tuvo ocasión, pues aquella señora, tras su monólogo, se marchó sin admitir preguntas. Sería inútil buscar cualquier mínimo atisbo de coherencia con lo que predicaba sobre la innovación y los nuevos tiempos. Si algo queda claro, no obstante, es que en los nuevos tiempos solo los expertos educativos imparten clases magistrales. Los docentes deben limitarse a formar *youtubers*. Luego charlaremos con esta inspectora.

Sobre la red social que acabamos de mencionar, dice Alba que ilustra muy bien las contradicciones propias de un sistema que predica una cosa, pero busca otra. Les repiten mucho a los maestros que los alumnos deben buscar contenidos en YouTube. Si acudimos a ella, veremos poca interacción: personas que hablan y hablan, impartiendo clases magistrales en miniatura. Pero en cambio la Administración cree que los docentes deben hablar lo menos posible. O sea, es perfecto sentarse a escuchar a un *youtuber* disertando sobre lo que sea, pero es casi un delito hacer lo mismo si el que habla es un profesor, con un conocimiento avalado por un título universitario y que, si es un centro público, ha llegado ahí como resultado de unas oposiciones.

A Alba le divierte el mantra de que los currículos están muy sobrecargados. Ella tiene una receta para descargarlos: eliminar el Día del Árbol, el de la Paz, el de los Abuelos, el de la Tortilla de Patatas y los cientos de efemérides que se celebran en los centros y que suponen días y semanas de dedicación exclusiva. Más contradicciones: se habla de inclusión y respeto a la diversidad, pero no se acepta que no todos los estudiantes son iguales, que tampoco lo son los profesores, y que el sistema debe proteger y respetar esa diversidad, que no debe verse como amenaza, sino como fuente de riqueza. Los métodos educativos con frecuencia aspiran a ser universales, proporcionando soluciones estandarizadas a situaciones que son específicas y requieren diferentes planteamientos. Le pregunto a Alba si cree que los centros podrían especializarse en estilos o planteamientos docentes. Cree que son siempre mucho más enriquecedores aquellos en los que conviven distintos estilos docentes, más innovadores o más tradicionales.

Le cuento a Alba que, según muchos profesores de secundaria, en primaria casi no se enseña. No está por completo de acuerdo, aunque sí cree que se podría utilizar el tiempo de forma más productiva. Vuelve a surgir la cuestión de los proyectos, que consumen mucho tiempo para un resultado exiguo. Hablando de contradicciones, estamos haciendo que unos alumnos que apenas poseen capacidad de comprensión lectora se dediquen a investigar y elaborar conocimiento. Todo suena atractivo, pero es una gran farsa: se venden bien a las familias, como ocurría con el bilingüismo, pero esconden la vacuidad más absoluta. Son niños, me dice, y es el momento de dotarles de capacidades básicas y de conocimiento sobre el mundo. Tendrán tiempo, según lo que decidan, *a posteriori*, de investigar cuando dispongan de las herramientas necesarias.

En esto de inventar términos altisonantes para conceptos que todos conocemos y así disimularlos, el sistema es muy ingenioso. Antes se hablaba de niños que no se estaban quietos e interrumpían. Ahora estos alumnos poseen «inteligencia cinética». Otro ejemplo: para argumentar que un niño que va a ser torero no necesita estudiar matemáticas, se habla de «inteligencias múltiples»: o sea, ya habrá algún otro que aprenda matemáticas. Dicho con palabras distintas: las matemáticas que las aprenda el chico del barrio de Salamanca, que el de un pueblo de Badajoz ya tiene bastante con cultivar patatas. Alba lo tiene claro: nada de inteligencias múltiples; cada persona tiene que acceder por sí sola al conocimiento, le vaya a servir o no en el futuro. Se habla mucho de trabajo grupal, pero poco de la necesidad de cultivar y respetar la individualidad. Para poder integrarse en un grupo, el chico tiene que entender quién es y qué puede aportar.

Alba se esfuerza en ser optimista. Dice que cada vez más gente se da cuenta de que estamos viviendo un fraude masivo y ella les insiste todos los días a sus alumnos que no deben dejarse engañar por las palabras bonitas y por quienes dicen una cosa, pero buscan la contraria. También le proporciona esperanza que docentes jóvenes que vienen de la universidad con unas ideas en la cabeza se den cuenta enseguida de que la realidad no tiene nada que ver con lo que les han enseñado. Le pregunto si existen muchas más Albas en su centro. Dice que sí, pero pocas. Muchos compañeros son de la vieja escuela, con la que ella no se identifica en absoluto, y algunos son partisanos de la innovación, con los que se identifica incluso menos.

Si alguien escapa a cualquier binarismo reduccionista es esta comprometida y honesta profesora valenciana, que aprende de sus alumnos a diario, pero que tiene claro que quienes más necesitan aprender son ellos. Alba no dice que no a nada porque su espíritu crítico le hace ver que cualquier extremo es erróneo: ni innovación como dogma ni tradicionalismo a ultranza. Su espacio está en ese punto medio del que inevitablemente cualquier mejora del sistema debe partir. Cree que hay que ser empático pero riguroso a la vez, motivador pero exigente, flexible además de claro y contundente. Habla desde la experiencia y tiene poca tolerancia frente a quienes pretenden tener la respuesta para todo. Renuncia a infantilizar siquiera a los niños a los que enseña, si bien opina que a los profesores mismos se les infantiliza en las facultades de ciencias de la educación. Me interesa su concepto de la formación del profesorado como espacio que debería acompañar y permitir que cada uno se desarrolle según sus inquietudes, lejos del lugar clonificador y dogmático que Álvaro describía y Alba corrobora, poniendo de relieve una vez más el doble rasero de quienes dicen colocar al alumno en el centro, pero que ni siquiera admiten preguntas cuando van a transmitir formación al profesorado. Más contradicciones: los *youtubers* nos interesan por más que hablen y hablen; si un docente hace lo mismo, es demonizado. A Alba le enfurece la pérdida de tiempo sistémica dentro de la primaria, con actividades de nombres evocadores, pero una vacuidad absoluta.

A dos horas de Alba, en Orihuela (Alicante), nos encontramos con Pascual Gil, natural de Albatera, pueblo de unos 12 000 habitantes en el que actualmente ejerce como docente de geografía e historia. Pascual es muy conocido entre los sectores educativos más críticos y tengo curiosidad por conocerlo. A lo largo de un paseo por la localidad en la que reside, con un rico patrimonio y en cuya historia me sumerjo gracias a Pascual, tengo la ocasión de conocer mejor a este joven cuyo abuelo fue sindicalista. Su propia militancia política, aunque no en el sentido tradicional de vinculación a un partido, le viene de una familia con un alto grado de compromiso social. Sus padres eran de CC. OO., cuando este sindicato tenía poco que ver con el actual que organiza cursos de inteligencias múltiples para difundir, en palabras de Pascual, una pseudociencia neoliberal.

Pascual compagina su labor docente con aficiones que van desde la lectura a los videojuegos. Disfruta de un buen libro, pero también de tomar unas copas con los amigos, ver partidos de fútbol y baloncesto o practicar natación. Emplea tiempo en redes sociales, pero procura que no le absorban. Sabe cómo polarizan y dificultan el entendimiento, pero también es consciente de su capacidad de llegar a la gente de una manera en que los medios tradicionales no lo logran. Estudió en la Universidad de Alicante, pero ya antes había empezado a trabajar. Su familia es muy humilde: su madre, limpiadora, y su padre, conserje. Si quería salir de fiesta, no tenía más remedio que ganar un dinero extra: en Albatera la única forma de hacerlo era en el campo. Esos empleos que tuvo le han permitido mantenerse apegado a la realidad y alejado de esas abstracciones sin sentido que tan de moda están en educación.

Pascual se hizo muy conocido por una entrevista para *Diario de la Educación*. El titular era «Hay que vaciar las facultades de educación de pseudociencias» y apareció en noviembre de 2021. Aquello no se correspondía ni con sus palabras ni con su pensamiento, pero causó revuelo. Lleva desde la pandemia posicionándose de manera muy clara contra lo que llama la «oficialidad». También concedió una entrevista a la revista *Contexto*, y esta vez el titular era «Demonizar la memoria es un tiro en el pie en el sistema educativo». A los dos días, la publicación, muy cercana al *establishment* político, publicó las pertinentes refutaciones de todo lo que había dicho, tildándolo de «rojipardo», término inventado por la izquierda oficialista para designar a todo aquel que, declarándose de izquierda, no comulga con el pensamiento oficial. Los medios, dice Pascual, dependen del poder político. *El Mundo* es un periódico que parece dar voz a los críticos con el sistema educativo, pero solo cuando ello perjudica a una administración que no sea de derechas. Jamás le sacarían a él, por ejemplo, atacando a la concertada o diciendo que hay que vaciar de pseudociencias las facultades de educación.

Le pregunto si se siente solo en esta cruzada y me dice que no: sus compañeros son en su mayoría razonables y están de acuerdo con él. Pero los partidarios de la oficialidad cuentan con más recursos y visibilidad, así como un poder enorme. Me menciona colectivos como DIME, Capgirem l'ESO o Canviem el Batxillerat, muy vinculados a las administraciones. *El País* es el órgano oficial del pedagogismo y de las políticas educativas del PSOE. Pero en este asunto, según Pascual, no existen ideologías y todos los partidos comparten una misma cosmovisión que disimulan peleándose públicamente por cuestiones tangenciales (concertada sí o no; religión evaluable sí o no). Pero a la derecha le interesa una educación pública devaluada para que a la privada le vaya mejor y a la izquierda le viene bien de cara a mantener frente a su electorado una ficción de progresismo educativo. El *establishment* está enraizado en un tejido socioeconómico que solo quiere educación de calidad para las élites. Me dice que al mejor profesor de España lo elige un banco, asunto al que luego volveré, y es bien conocida la implicación de otras grandes entidades bancarias, empresas tecnológicas y grandes grupos editoriales en todo lo relativo a innovación, emprendimiento y digitalización.

Haciendo de abogado del diablo, le sugiero a Pascual que el PP siempre ha defendido la cultura del esfuerzo, que iría en contra del constructivismo pedagógico que se refiere a ella despectivamente como «esfuercismo». Pascual se ríe. La auténtica cultura del esfuerzo pasa por evaluaciones estandarizadas, grupos pequeños y transporte gratuito para quienes lo necesiten. Cultura del esfuerzo es darles a todos los alumnos las mismas condiciones materiales y que luego el trabajo de cada uno cree las diferencias. No puede haber cultura del esfuerzo si todos los estudiantes no parten del mismo lugar. O sea, la meritocracia es necesaria, pero siempre que se garantice la igualdad de oportunidades. Y es necesario filtrar por mérito para no hacerlo por el «tamaño de la cartera». O sea, si no seleccionamos a los mejores por su capacidad, serán quienes vayan al colegio más caro los que se erigirán como los mejores. En cuanto a la inclusión, está completamente a favor: en su centro la mitad de los alumnos son de origen magrebí. Pero inclusión no es llevar a un aula de 3.º de ESO a un chico que apenas habla español y pretender que el profesor se las apañe. Inclusión es tener recursos para que ese chico pueda aprender pronto el idioma e integrarse en el grupo, y no de manera nominal, sino real y efectiva. La pedagogía neoliberal es, por el contrario, segregadora, y de la peor forma posible: se disfraza de lo contrario. No hay, según Pascual, mayor forma de segregación que tener a un niño rodeado de personas a las que no entiende y con quienes no puede socializar.

Pascual está en contra de la concertada: se creó para atender una situación coyuntural de falta de centros, pero ahora ha perdido toda razón de ser. En Orihuela hay más colegios concertados que públicos, de los que se excluye a inmigrantes, personas desfavorecidas y del colectivo LGTBI, etc. En su opinión, la cultura del esfuerzo pasa por una sola red pública y exigencias estandarizadas, huyendo de los aprobados masivos, que no son igualitarios sino estúpidos y fruto de un buenismo demagógico. Si todos tienen que superar la ESO, es mejor darles un certificado de asistencia, pero dejando claro que ese certificado no demuestra un nivel académico del que muchos alumnos carecen. Pascual cree que esto es una lucha de clases: los ricos quieren desempoderar a los pobres haciéndoles pensar que el esfuerzo no sirve para nada. No se lo pueden decir con esa franqueza y lo hacen a través del pedagogismo, que disfraza su discurso explicando que lo importante es abrazarse y conectar con las emociones. Pero lo cierto es que el conocimiento se ha privatizado y se les ha entregado a las élites. Siempre hay alumnos que lo compensan a través de la curiosidad personal, pero son una minoría. En unas declaraciones recientes, César Coll explicaba que en la nueva ley se distinguía entre saberes «imprescindibles» y «deseables». Los deseables, según el famoso pedagogo que asesora al PSOE, se desarrollarán solo en algunos casos. O sea, en la gran mayoría de escuelas se dará solo lo imprescindible. En centros de élite, en lugares prósperos, quizás se impartan también contenidos deseables. Seguramente este señor hará luego gala de lo equitativo y democrático de sus propuestas y acusará de elitismo a quienes quieren conocimientos imprescindibles y deseables para todos.

Le pregunto a Pascual por qué cree que la izquierda ha optado por beneficiar a las élites cuando su discurso sugiere lo contrario. Según él, quienes militan o están cercanos a los partidos establecidos suelen dejarse llevar por mantras o eslóganes en lugar de plantearse a fondo la realidad. Escuchan «inteligencias múltiples, diversidad e inclusión», les suena bien y lo compran. ¿Y los que están en puestos de responsabilidad? ¿Tampoco saben lo que hacen? La pregunta se queda flotando en el aire. Pascual no es dado a especular ni a hablar de aquello de lo que no tiene suficiente información. Lo que sí tiene claro es que la LOMLOE es consecuencia de la famosa Agenda 2030, de la que tanto ha presumido el gobierno de Pedro Sánchez y que, en palabras de Pascual, consiste en «llenarlo todo de chatarra digital con una obsolescencia programada». Las grandes beneficiarias son las de siempre: las tecnológicas. Lo ve claramente en su sobrina pequeña: pasa muchísimas horas en el instituto para no hacer absolutamente nada.

Con delicadeza, le pregunto a Pascual por su afiliación política. Es comunista y vota al PCPE, y no tiene ningún problema en decirlo. Empleando un concepto marxista, explica que la autonomía material no puede producirse si no hay autonomía intelectual. Nunca seremos independientes si los demás piensan por nosotros, o sea, si los chicos salen de los centros sin haber aprendido a pensar y solo saben abrazarse. En su aportación al libro ya mencionado *La educación cancelada*, Pascual explicaba que fue Jacques Delors en los años 80 uno de los primeros en referirse al alumnado como «capital humano», es decir, activos para que las empresas puedan enriquecerse. Era una aproximación dura y poco amable, de modo que pronto se insertó en un discurso que la hiciera digerible. El propio Delors dio las claves de por dónde podía ir el blanqueamiento en otro informe de 1993, resignificando términos como *libertad*, *cambio*, *progreso*, *modernidad*, etc. Se lo compraron la derecha y la izquierda. El objetivo era conseguir que los chicos se adecuaran a un mundo precarizado y desigual sin rechistar.

Tras el paseo por Orihuela, nos sentamos en una cafetería frente al Colegio Diocesano Santo Domingo. El enorme edificio, conocido como El Escorial de Levante, albergó en tiempos la primera biblioteca pública de España y la Universidad de Orihuela. Hoy es una escuela concertada de esas de las que Pascual reniega. No le menciono la ironía y pasamos a abordar cuestiones más concretas. Me dice que el buen docente no debe plantearse solo la satisfacción inmediata de su alumnado, sino también sus necesidades futuras y de ahí la necesidad de impartir igualmente contenidos que no sean populares, pero repercutan en su formación integral. La felicidad es importante, pero debe ser una felicidad construida lentamente y con fundamento, no la inmediata que propugnan el consumismo imperante y la pedagogía neoliberal: una dosis de dopamina inmediata que deja la mente hueca y no aporta ningún beneficio a medio o largo plazo.

Considera la motivación necesaria, pero para alcanzarla es imprescindible saber cosas. Si enseñamos cada vez menos, la motivación termina siendo complicada de conseguir. Se entra en un círculo vicioso: con tal de motivar, se va jibarizando lo que enseñamos y cada vez nos queda menos con lo que poder suscitar interés. Es importante poner también el acento en la resiliencia y la capacidad de hacer cosas que a uno pueden no apetecerle, pero son necesarias y probablemente gratificantes a largo plazo, aunque Pascual entiende que eso va en contra de una sociedad de consumo para la que la satisfacción, y cada vez más, debe ser inmediata e instantánea. La frustración también educa y de ella nacen el deseo de aprender y la tolerancia a opiniones que pueden no coincidir con las nuestras. Siempre motiva más escuchar lo que a uno le gusta, pero es importante que en la educación no nos abandonen en nuestra zona de confort. ¿Cómo vamos a luchar por los demás si ni siquiera nos apetece escucharlos? No es difícil detectar en sus palabras referencias a lo que en un tiempo se llamó lucha de clases y ahora simplemente solidaridad. Mi invitado abomina del consumismo que nos empuja a terapeutas y psicólogos, figuras que nos aíslan aún más y no nos permiten ver que muchos de los problemas que nos acucian son compartidos con otros muchos seres humanos.

Acerca de la evaluación, el examen es el instrumento más igualitario y menos arbitrario y reduce al mínimo el elemento subjetivo, lo cual es clave si aspiramos a una educación de calidad. En este punto habrá quien piense que Pascual ejerce de profesor duro que suspende a un gran número de alumnos, pero me dice que no, que su índice de aprobados suele estar entre el 90 y el 95 %, no porque infle las notas, sino porque consigue que se esfuercen y aprendan de verdad, sin murales ni clase invertida. Sí cree, sin embargo, en los proyectos de investigación para chicos más mayores que posean las herramientas y los conocimientos para llevarlos a cabo. Él los trabaja en algunos cursos, pero desde la seriedad y exigencia y fomentando siempre el espíritu crítico.

Hablando de preparación, es imposible que no surja el tema de esos contenidos que muchos consideran arrinconados ante el avance imparable de las metodologías. Pascual opina que el conocimiento es lo más valioso que podemos legar a nuestros estudiantes. Además, frente a cuestiones que ya hemos comentado, se posiciona a favor de que para enseñar hay que saber y cuanto más, mejor. Los alumnos se dan cuenta enseguida de quiénes saben y quiénes no y respetan mucho a los primeros.

Con solo 28 años, este docente alicantino posee la lucidez de una persona que le doble la edad. Se debe, entre otros, a un entorno familiar crítico y reflexivo, ingentes lecturas y una reflexión en profundidad sobre la educación y su propia praxis docente. Pascual fue premio extraordinario de secundaria y matrícula de honor en bachillerato. No bajó de sobresaliente en toda la carrera. A los 24 años ya había conseguido plaza de funcionario en la primera y única oposición a la que se presentó. Está elaborando una tesis doctoral sobre el Bajo Imperio romano. Sus padres le inculcaron la idea de esfuerzo y trabajo duro y, de no haber sido por eso, no habría llegado hasta aquí. Acaricia la idea de enseñar algún día en la universidad, pero no tiene prisa: está bien donde está y los centros de primaria y secundaria enganchan, sobre todo porque siempre hay chicos que quieren aprender. Algunos exalumnos suyos cursan la titulación de Historia y eso le enorgullece. Dice que siempre ha sido muy vehemente. Cuando algo le interesa, no le basta con saber un poco: tiene que llegar hasta el fondo y aprender todo lo que pueda. Cuando comenzó el máster en enseñanza secundaria tuvo, durante unas semanas, la sensación de haber sido transportado a un universo paralelo. Enseguida comenzó a leer para entender cómo se había llegado hasta allí. Descubrió que en el *Emilio* de Rousseau ya se decía que el niño educado a su ritmo era el mejor de los esclavos y el mayor de los tiranos. María, la famosa creadora del método Montessori, era partidaria de Mussolini y ultracatólica. Quizás todos tengamos que leer más para opinar y saber de qué estamos hablando.

Pascual me ha alertado de la parcialidad de los medios en materia educativa, que han comprado las posturas neoliberales de todo el espectro político. ¿Cultura del esfuerzo? Sí, pero no la del PP, sino la que sitúa a todos los alumnos en el mismo punto de partida, independientemente de su nivel socioeconómico, y provee de los recursos adecuados; a partir de ahí, exijamos el esfuerzo necesario. ¿Inclusión? Sí, pero de verdad, dotando de los medios y no optando por soluciones *low-cost*. No hay cosa más progresista que poner en valor el esfuerzo para que eso nos iguale a todos y no se nos segregue por la cartera. Y nada de aprobados masivos y menos aún de centros que enseñan mucho y otros que se limitan a lo «imprescindible» (César Coll *dixit*). Me sumo a su lucha contra la externalización del pensamiento (el sueño de la ministra Pilar Alegría) y a su idea de que lo único que nos hace libres es el conocimiento, que nos dota de armas para no ser manipulados y precarizados. Me quedo con la apuesta por una felicidad no inmediata, sino a largo plazo y con el rechazo a la vacuidad de los chutes de dopamina pedagógicos. Es necesario afrontar la incomodidad, pues la necesitamos para acercarnos a los otros y saber respetarlos.

Álvaro Cancela tiene 33 años y es un joven inteligente, elegante y cordial. Acaba de ser nombrado vicesecretario de la Universidad Internacional Menéndez Pelayo y su carrera no ha hecho más que empezar. Aunque es profesor de la Complutense, se formó en Aranda de Duero, Burgos. Álvaro recuerda esa etapa con cariño. Estudió en un colegio concertado de los claretianos y posteriormente en un instituto público no demasiado grande, pero con un claustro excelente. Disfrutaba haciendo exámenes. No era alumno de 10, sino más bien de 6 y en algunos cursos ni siquiera eso, aunque siempre le gustó leer, sobre todo historia. Al final de la ESO remontó, en parte gracias a unos magníficos docentes con un alto nivel de rigor y exigencia. No sabe cómo ha evolucionado aquel centro, pero tiene noticias de que ya no es tan bueno: antes los profesores estaban muy asentados, pero ahora cambian continuamente y se les nota menos comprometidos. Le pregunto por el tipo de clase que solía recibir. No entraría dentro de lo que llamamos innovación, pero tampoco eran solo clases magistrales. Tenían que trabajar por su cuenta y luego en clase se ponía en común.

Tras su etapa en Aranda de Duero, Álvaro estudió Filología Clásica en la Complutense, hizo dos másteres y se doctoró con una tesis sobre manuscritos medievales en latín. En la carrera solía recibir matrículas de honor en casi todas las asignaturas. Su mejor profesor fue Carlos García Gual. De nuevo, encajaría más en el concepto de profesor tradicional, pero fue el mejor docente que tuvo. No trataba al alumno como a un tonto y le exigía muchísimo. Pero se aprendía una barbaridad y se salía de su asignatura bien preparado.

Ahora se encuentra al otro lado. ¿Cómo se construye como docente? Como alguien alejado de modas pedagógicas, pero que se emplea a fondo en dar las mejores clases posibles, por lo que seguro que es bien valorado por sus alumnos. Así me lo confirma: tanto en la especialidad de Clásicas, con pocos matriculados, como en la de Filología Inglesa, donde también imparte clase y el alumnado es numeroso y heterogéneo, sus valoraciones son excelentes. Álvaro dice que, en lugar de emplear el tiempo en leer pedagogía, lo dedica a ver cómo impartir mejores clases, pensando tanto en los estudiantes con buena preparación y motivación como en aquellos que tienen más dificultades o están menos motivados. Hizo un par de cursos de formación pedagógica y salió bastante decepcionado.

Me comenta que los pedagogos parecen haberse arrogado absolutamente todo lo bueno de la educación y relegado al estatus de irresponsables e ignorantes a quienes no comulgan con ellos. Por ejemplo, él enseña historia del latín y no va a clase a recibir instrucción de sus alumnos, como dice la pedagogía oficial que debemos hacer. Pero eso no significa que no aprenda diariamente de ellos y jamás hace un examen sin plantearse *a posteriori* en qué ha podido fallar él a la vista de los resultados. Eso sí, pedirles a los estudiantes que den ellos las clases sin saber nada del tema es un disparate, aunque tenga un nombre en inglés que lo dignifique (*flipped classroom*), que no evita que constituya una estafa a los alumnos y a su inteligencia.

A Álvaro le preocupa la manera en que la tecnología se ha apoderado de las aulas y la considera un lastre para una docencia de calidad. Habla de TOC (trastorno obsesivo compulsivo) para referirse a la adicción de muchos de sus alumnos al teléfono móvil, que sienten la imperiosa necesidad de consultar continuamente. Lo peor es que eso les impide seguir una argumentación compleja y les genera un alarmante déficit de atención. Estamos llegando a una situación preocupante y, sin embargo, no paramos de gastar dinero en digitalizar más y más. Hablando con sus estudiantes, le cuentan que la última moda en secundaria es enseñar a través de TikTok.

Dice que se lleva muy bien con sus alumnos, pero sin renunciar a exigir que las normas se cumplan y que en el aula impere el silencio y un clima de trabajo y respeto mutuo. Álvaro no necesita decirme que es exigente y riguroso: su forma detallada, precisa, exhaustiva de contestar mis preguntas me hace ver que lo es. Es también buen comunicador: no aparta de ti la mirada y sientes que te escucha. No considera que aprobar a todos sea aceptable: más bien le parece una estafa piramidal y colectiva, muy perjudicial para la sociedad en su conjunto. Él mismo ha publicado un artículo sobre tesis doctorales con calificaciones infladas que ha tenido gran repercusión mediática. Centrarlo todo en el supuesto proceso de aprendizaje es otro timo: lo más importante son los resultados. Si el proceso es divertido, pero no consigue nada, ha sido inútil y ni siquiera se le puede llamar enseñanza de verdad.

La presión sobre los ayudantes doctores como Álvaro es enorme, claramente un instrumento de presión del sistema pedagógico para crear profesores serviles con sus dictados. Hay vida fuera de todo ello y Álvaro es un ejemplo, aunque no sé cuánto de excepcional puede ser. A Álvaro le molesta especialmente el falso dilema del *mainstream* pedagógico entre contenidos y metodología como si fueran excluyentes cuando tendrían que ir de la mano. ¿Para qué queremos una metodología si no tenemos nada que enseñar? Le pregunto a Álvaro si ha leído a personas críticas con el *establishment* educativo. Lamentablemente, no. Esto me lleva a una conclusión: los canales de esa pedagogía crítica o son poco eficaces o tienen poco que hacer frente a los potentes altavoces del poder político y mediático. Álvaro fue un alumno «pasable» que, gracias a profesores exigentes, sacó lo mejor de sí mismo, despuntó en la universidad y hoy por hoy tiene un futuro brillante. A esos docentes les unía su pasión por la enseñanza y su compromiso, lo que parece dejar claro que en último extremo un buen docente es meramente alguien sensato que ama lo que hace y a lo que dedica tiempo y esfuerzo.

Javier Rebolo es otro joven profesor que cursó Historia del Arte en la Universidad de Sevilla. Cuando lo entrevisté, enseñaba geografía e historia en un centro de El

Ejido (Almería), calificado como «de difícil desempeño» por la abundancia de inmigración en la zona. Javier me habla del desafío que supone tener alumnos en el aula de niveles tan diferentes y bagajes tan distintos: hay chicos que apenas entienden el castellano y otros que han conseguido importantes distinciones y reconocimientos nacionales. Javier es un enamorado de su trabajo, al que dedica un sinfín de horas diarias. Dice que hasta disfrutó preparando las oposiciones por lo mucho que aprendió, al igual que Alberto Royo, como vimos. Antes de tener a su hija, de solo unos meses, su implicación era enfermiza. Se levantaba todos los días a las cinco de la mañana con muchas ganas de estar con sus alumnos, a los que apreciaba y con quienes lo pasaba bien. Hasta le resultaba difícil suspenderlos dada la enorme empatía que desarrollaba hacia ellos.

Durante nuestra conversación en un hotel de El Ejido intento extraer su lado más crítico y averiguar con qué cosas no está satisfecho. Cree que la multiculturalidad es positiva, pero las administraciones no se preocupan del asunto tanto como dicen. La *inclusión* es una palabra sagrada, pero Javier opina que se conseguirían mejores resultados si los chicos estuvieran en grupos diferenciados, pese a lo que digan los pedagogos. Esgrime también que para la sociedad los profesores son canguros: cuidadores de niños y adolescentes. Son prescindibles: si uno no viene a clase, rápidamente se le reemplaza por otro y no pasa nada. En su labor diaria él aspira a *no* ser prescindible. Quiere que su trabajo signifique algo para él y para los demás.

Javier está de acuerdo en que se pueda emplear un cierto grado de memorización, aunque lo que se aprende de memoria se olvida enseguida y por ello hay que minimizarlo. Sobre todo le parece importante que los estudiantes comprendan las ideas, los conceptos, por qué suceden o han sucedido las cosas. Su caballo de batalla es la lectura. Si los alumnos no leen, jamás ensancharán su conocimiento y comprensión del mundo. Una de las cosas más interesantes que extraigo de la conversación es su denuncia del profesorado desmotivado y desmotivador. Le da igual qué haga cada uno en su clase, pero cree que habría que conseguir que el cuerpo docente motive y haga su trabajo, que consiga enganchar a los chicos y enseñarles, lo que sea, pero enseñarles. Javier me dice también que la inmediatez nos está matando: ¿cómo podemos explicarle a alguien las causas de la I Guerra Mundial si no somos capaces de prestar atención a nada durante más de unos segundos? Volvemos a hablar de la lectura, actividad que requiere tiempo y paciencia, pues no se puede leer un libro en cinco minutos.

Javier necesitaría horas (que lamentablemente no tenemos: su bebé le espera en casa) para contarme todo lo que cambiaría. Es aquí donde se despacha a gusto, con soluciones radicales a los problemas, pero en la línea de lo que otros entrevistados nos han contado. Para empezar, reforzaría el servicio de inspección para echar al profesorado que ha perdido el interés por su trabajo. Cambiaría el sistema de acceso:

¿cómo conseguir que alguien sea interino durante veinte años y aun así siga motivado y con ganas de enseñar? Trataría de premiar las buenas prácticas y la implicación, incluso mediante incentivos salariales. Dado lo que algunos trabajan, casi cobran demasiado. En esto no coincidimos. El sistema funcionarial no permite castigar al indolente, al margen de que tal indolencia debamos verla en muchos casos como consecuencia de un sistema fallido. No podemos desmotivar a los docentes y luego castigarles por estar desmotivados. En cuanto a los incentivos, visto cómo es este país, seguramente el sistema terminaría desvirtuándose y habría algunos que enseguida aprenderían cómo fingir gran motivación para acceder a ese complemento salarial. Por desgracia, la dirección hacia la que transita el sistema no es precisamente hacia profesores más carismáticos y motivadores, sino a un sistema asistencial de profesores-guardianes de los que cada vez se espera que enseñen menos.

Javier sigue esbozando propuestas. Haría que los profesores trabajaran en julio. Permitiría a los directores tener la libertad de configurar su propia plantilla, de manera que un buen docente tuviera diferentes ofertas y pudiera acceder a los institutos que mejor se adaptaran a sus motivaciones e intereses. Los centros estarían mejor cohesionados y las plantillas serían más estables, con el beneficio añadido de que no habría una rotación continua de profesores que en nada contribuye a que estos se sientan vinculados al lugar en el que prestan servicio. Y los directores tendrían que hacer sus centros más atractivos para contar con los mejores: uno en el que no se haga nada por mejorar la convivencia no tendría capacidad de atraer buenos docentes. Naturalmente, eso crearía centros de élite y otros muy muy malos. No sé cómo se conseguiría evitar, pero ciertamente la idea de Javier no me parece descabellada, aunque sí irrealizable, pues tardaría segundos en ser calificada de segregadora y contraria al principio sagrado de la igualdad. Javier continúa con su idea y cree que los directores deberían pasarse cada día por todas y cada una de las clases y supervisar lo que allí ocurre. Parece que lo que propone es introducir la dinámica de la enseñanza pública en la de la privada, que supervisa más a los docentes y busca perfiles diferenciados para conseguir clientes.

La apuesta de Javier es carisma, dedicación, trabajo duro y empatía con los chicos, que deben aprender cuanto sea posible. Si eso supone separarlos en aulas distintas, hay que hacerlo. Cree en la lectura, el conocimiento, el pensamiento crítico y en una enseñanza que genere esquemas mentales. Bajo cualquier estándar, muchos pedagogos lo acusarían de tradicional, y sería nuestro enésimo encuentro con un estigma tan injusto como desenfocado. Javier cree en la necesidad de motivar, pero también de estimular la capacidad de concentración, que la pedagogía, con su insistencia en la tecnología y en cambiar cada cinco minutos de actividad, no propicia en absoluto. Hay que prestar atención a la crítica de Javier al sistema público. Aunque cree en la educación como servicio público, sus ideas de cómo hacerla funcionar pasan por imitar las prácticas de la enseñanza privada. Que eso funcione o no o que sea realizable constituiría otro debate.

No quiero concluir este apartado sin hablar con dos personas que no son docentes aún, pero que lo serán muy probablemente. Su edad es inferior a la de todos los entrevistados anteriores. Paula Álvarez es de Sevilla y ha cursado el Grado en Estudios Ingleses. Ha decidido prepararse las oposiciones a enseñanza secundaria y siento curiosidad por conocer sus expectativas e inquietudes. Comienza explicándome que su madre es docente. Paula cursó estudios primarios en un colegio concertado: el Sagrada Familia de Nervión. La secundaria la llevó a cabo en el IES Luca de Tena, situado en ese mismo barrio sevillano. Es uno de los centros considerados de mayor nivel de la ciudad. En él había profesores más innovadores y otros menos, pero todos eran buenos y el nivel de exigencia alto. Le llamó mucho la atención que entre el profesorado fueran especialistas en la materia que cada uno impartía y eso se tradujo en un nivel muy alto que ella disfrutó y que le resultó útil. Es una opinión a tener en cuenta cuando hablamos de suprimir especialización y transitar hacia docentes polivalentes y ámbitos educativos.

Dice Paula que le ha encantado la carrera que acaba de cursar: era justo lo que esperaba. Cada profesor tiene su manera de enseñar, pero eso lo hace más entretenido y enriquecedor. Es otra opinión que rebate la idea de unificar estilos docentes mediante la imposición de metodologías uniformes. Durante sus años de universidad, Paula no ha tenido profesores exageradamente tradicionales ni exageradamente innovadores y lo agradece. Algunos compañeros suyos no están tan satisfechos: les hubiera gustado que todo fuera más divertido y tener que trabajar menos. No le ven utilidad a muchas cosas, pero Paula cree que es porque han accedido a la universidad con escasa motivación. A menor motivación, mayor valoración de la nula exigencia, como es lógico.

Paula es una magnífica estudiante, con una gran curiosidad. Le pregunto si sus compañeros de colegio e instituto tienen la misma sensación que ella y me dice que no todos. Hay un grupo que acusa a los centros en los que estudió y que hemos mencionado más arriba de ser muy tradicionales y anticuados en la metodología, con escasa tecnología y de no preocuparse lo suficiente por motivar. Se me cruza una idea por la cabeza y le pregunto inmediatamente a Paula qué estudian esos compañeros suyos, temiéndome la respuesta: todos cursan Ciencias de la Educación. Paula discrepa: ella cree que lo importante no es el método, sino la transmisión del conocimiento. Esos amigos suyos, sin embargo, le cuentan que hay que colocar al alumno en el centro, por lo que se debe enseñar lo mínimo (o nada) y meramente facilitar que ellos adquieran el conocimiento por su cuenta. Sus compañeros de esa titulación no conciben que haya estilos docentes y les han convencido de que solo hay una forma correcta de enseñar. Por no quedarme con ninguna duda, le pregunto si sus amigos que estudian otras cosas tienen la misma opinión y me dice que no. Ella misma siempre se ha sentido en el centro de su educación, independientemente de cómo cada profesor impartiera la clase.

Paula acaba de cursar sus prácticas curriculares en un centro de enseñanza y ha podido comprobar la poca capacidad de concentración del alumnado. Pero no cree que se solucione cambiando de actividad cada cinco minutos. El problema es más complejo. Me dice que cuando ella sea profesora intentará buscar un equilibrio e innovar siempre que sea necesario, pero sin tenerlo como objetivo principal. Priorizará el esfuerzo y la exigencia. Conoce a muchos compañeros que, gracias a haber suspendido determinadas asignaturas, han logrado esforzarse más y con ello mejorar y superarse a sí mismos. No hay nada malo en exigir unos estándares. Lo que más le asusta de su futuro es la convivencia, pero cree que logrará hacerse con las riendas de la situación cuando llegue el momento.

Aunque en pedagogía suele haber poco interés por nada que contravenga el dogma, habría que escuchar un poco más a estudiantes que valoran haber tenido profesores cada uno bien preparado en su materia, que no piensan que sea malo ni lo tradicional ni lo innovador, siempre que no se exagere en ninguna de esas direcciones. Y tampoco les parece mal que cada profesor tenga su estilo y no necesitan que todos sean clónicos. Me quedo con su idea de que los alumnos menos interesados son los que buscan entretenimiento y facilismo. Y me vuelve a resultar preocupante la manera en que se están formando generaciones de pedagogos que regurgitan lo que les enseñan, sin ninguna capacidad de crítica ni pararse a reflexionar sobre ello. Les esgrimen que las cosas son así porque lo dice la ciencia y ni se molestan en argumentarlo. ¿De verdad que en esas facultades se enseña? ¿O solo se adoctrina? Pero voy más allá. Si se adoctrina en una dirección ideológica, ¿por qué los partidos que transitan en la dirección opuesta no han hecho sonar la voz de alarma? ¿Indiferencia? ¿Quizás sea verdad que el pacto educativo ya existe y consiste en unos hacer y los otros mirar hacia otro lado?

Francisco Soriano estudió primaria y secundaria en un centro de Carmona, en la provincia de Sevilla. Hizo primero de bachillerato en Canadá. Posteriormente cursó la misma titulación que Paula. Su estancia en el país americano le ha resultado útil para comparar ambos sistemas. Con la tradición neoliberal que existe en Canadá, podía esperar las cosas que Francisco me contó. Aquí aprendemos más y tenemos en general mayor bagaje cultural, pero allí fomentan la práctica y no esperan que se estudie, sino que se asimile. Él opta por el sistema canadiense, más entretenido y variado y que requiere menos esfuerzo. Francisco, sin embargo, es un buen estudiante con un magnífico expediente. Es consciente de que el nivel cultural que tendría si aquello hubiera durado más de un año no sería tan bueno, pero admite que allí lo pasó mejor. No estuvo mal que fuera una experiencia puntual.

Con respecto a su educación en España, está razonablemente contento, aunque cree que debería fomentarse más el pensamiento crítico. Los aspectos que él echa de menos son: mayor innovación metodológica, minimizar la teoría en beneficio de la práctica, fomentar la educación política e instaurar la evaluación continua en todos los niveles educativos. Hay puntos en su argumento que entran en contradicción: la innovación metodológica no suele conducir a un mayor grado de pensamiento crítico y un énfasis excesivo en la práctica puede dejar de lado conceptos y conocimientos sin los cuales poco pensamiento crítico se puede construir. Llego a sospechar que lo que en Canadá le vendieron como pensamiento crítico fue otra cosa: asumir las ideologías de moda y adquirir algunos conceptos para poder sentir que uno está políticamente bien posicionado en el lado correcto.

Mi impresión de la conversación con Francisco, la persona más joven que he entrevistado, es que está dividido entre la presión grupal, que rechaza algunas cosas sin entender muy bien por qué, y su propia percepción parcial de una realidad que no ha terminado de analizar en profundidad. Admite que sus compañeros buscan aprobar a toda costa, sin importarles cómo. ¿Qué tipo de pensamiento crítico puede promoverse entre alumnos así? Me termina confesando que en general menosprecian su deseo de aprender y su esfuerzo. También cree que la exigencia es fundamental y que en secundaria no se está teniendo en cuenta. No hay aprendizaje sin esfuerzo, me dice. Y sobre el bilingüismo afirma que es una farsa y una gran mentira. Para terminar, le hago una observación sobre la evaluación continua y el hecho de que no es la panacea de todo. En una asignatura que imparto, él acaba de obtener una de las notas más altas. No ha tenido evaluación continua. ¿Por qué cree que algunos de sus compañeros no han podido aprobar sin ella y él sí lo ha hecho? La respuesta está clara: no han trabajado lo suficiente y él sí.

La conclusión que obtengo de esta charla es que necesitamos explicar muchas cosas. Hay una ola de pedagogismo que se explica a sí mismo continuamente como el mejor de los mundos posibles. Quienes no comulgan con tal perspectiva deberían hacer un esfuerzo por explicar por qué. A lo mejor hemos pensado que no hacía falta explicar ciertas cosas por demasiado obvias, pero quizás nos hemos equivocado y ese vacío se está llenando con un solo punto de vista sobre la realidad: acertado o no, pero uno solo.

Parece tan evidente que quizás ni siquiera merece la pena mencionar que no es cierto que todo el profesorado más joven venga con la ideología de serie. En ese segmento existe también diversidad de posicionamientos, de la misma manera que hemos podido comprobar que contar con una cierta edad no garantiza que uno sea crítico con el sistema o que esté comprometido de verdad. La diferencia real es que muchos de los docentes nuevos que exhiben un claro adoctrinamiento lo hacen porque es lo que han recibido. Y algunos lo terminan dejando de lado en cuanto la realidad de los centros va desmontando las falacias aprendidas. En el caso de los de mayor edad, la pasividad e indiferencia vienen dadas por el deseo de obtener la mayor comodidad posible, de no tener problemas, y en algún caso de medrar en el sistema.

¿LOS AGUJEROS NEGROS?

Traspasamos en este punto el espejo y nos adentramos en el otro lado, en el de aquellos de quienes hemos hablado hasta ahora, pero a quienes apenas hemos escuchado, es decir, a ese *establishment* educativo que parece habernos traído donde estamos y que se caracteriza por un interés manifiesto en que las cosas no cambien. Son colectivos a los que nos hemos referido como exentos de fisuras y con objetivos y métodos idénticos. Los llamo agujeros negros porque tengo que confesar que han sido a quienes más me ha costado llegar. Fueron muchos los mensajes ignorados, las citas que nunca se han podido materializar por agendas supuestamente imposibles, las cancelaciones súbitas, las esperas interminables. También ha habido algún caso entre los grupos con los que he estado hasta ahora: Catherine L'Ecuyer o Carlos Fernández Liria, por ejemplo, pero han sido la excepción.

Puede que echen de menos una mayor presencia de la enseñanza privada. Son puertas que me he encontrado cerradas a cal y canto. Lo he intentado con repetidos centros, pero la respuesta siempre ha sido la misma: o no ha habido respuesta o la invitación ha sido amablemente declinada sin alegar ninguna razón. Creo que este tipo de silencios son muy elocuentes. El *establishment* parece conformado por quienes deciden en materia educativa, pero también, y eso no me lo habían comentado, por la educación privada. En ambos casos el mutismo y la opacidad son descomunales.

6. 1. ¿PEDABOBOS, PSEUDOMANDANGAS Y FILATERÍA?

La izquierda oficial ha asumido una corriente pedagógica surgida en el siglo XVIII y tamizada en los años 60 del siglo XX por el posmodernismo y la deconstrucción y que sonaba bien por su aparente rechazo de la autoridad. Parecía idónea para una sociedad democrática. Es verdad que el positivismo del siglo XIX enfatizó en exceso la asimilación memorística de datos como herramienta fundamental de aprendizaje, si bien la acusación de que quienes discrepan del pedagogismo lo hacen porque solo creen que memorizar contenidos es enteramente ridículo.

Pedabobos es un término de Andreu Navarra que utilizo para el que, como me dijo Álvaro Marchesi, es un colectivo, el de los pedagogos, odiado y vilipendiado.

Efectivamente, no he escuchado a nadie hablar bien de él, lo que, como mínimo, da que pensar. La principal objeción de todos los críticos con la educación es justo el poder omnímodo que se les ha otorgado, si bien el blanco de las iras de algunos entrevistados no es la pedagogía en sí, sino el uso que se está haciendo de ella, la prepotencia de lo que muchos consideran una pseudociencia que, sin embargo, permanece impasible ante cualquier crítica. Algunos entrevistados no se han mostrado reacios a incorporar propuestas pedagógicas, pero de manera sensata y con criterio, echando de menos propuestas útiles, formuladas desde la humildad y sin mesianismo. Muchos consideran que la pedagogía es hoy por hoy, paradójicamente, el principal enemigo de la educación. También hemos escuchado denuncias de cómo los políticos han encontrado en los pedagogos una fuente de progresismo falaz pero fácil de vender al electorado.

Los docentes vivimos acosados por la idea de que, por muchos años que llevemos en esto, seguimos sin saber nada de educación porque no somos pedagogos. Por otro lado, se espera de nosotros que seamos capaces de enseñar en aulas en las que conviven multitud de niveles diferentes, exitosamente y sin que nadie se aburra o tenga dificultades para llegar, manteniendo una convivencia armónica, sin emplear ningún procedimiento represivo y solo con sonrisas. Dicen los pedagogos que debemos ser psicólogos, amigos, asistentes sociales, ayudadores, gurús, entretenedores. Este peculiar listado no es mío, sino de José Aguilar. Eso sí, jamás debemos opinar sobre educación porque es un tema del que lo desconocemos todo. Y de nuestra realidad diaria mejor no nos quejemos: si algo va mal, la culpa es nuestra.

Muchos ven la pedagogía como ideología, es decir, una forma de pensamiento organizada que no admite fisuras o disensiones. Algunos admiten, sin embargo, que hay un tipo de pedagogía que sí posee un cariz científico: la que estudia y explica los fenómenos y no se limita a decir cómo hay que hacer las cosas. Pero ¿cómo se difunde la otra, la que no es más que ideología? A través de las múltiples webs pedagógicas, editoriales afines, congresos y, por supuesto, los centros de profesores. A José Aguilar le censuraron una vez un artículo en el CEP de Ronda (Málaga) precisamente porque era crítico con los CEP. Después de muchas gestiones, consiguió que se lo publicaran, aunque, eso sí, precedido de otros dos artículos que decían justo lo contrario y que lo atacaban a él personalmente.

A los pocos días de charlar con Alba Fons, esta me envió un correo electrónico aportándome algún dato adicional. Habíamos hablado de hasta qué punto existía un esfuerzo estructurado y organizado para dinamitar toda enseñanza que no siga los postulados del tecnologismo y las pseudomandangas. La presión por conseguir transformar los centros en una dirección muy concreta obedece a *lobbies* de presión y a grupos con intereses en el asunto. Alba me mencionó Edulab Teams, proyecto lanzado por varias universidades privadas y algún banco, y me envió capturas de pantalla de publicaciones de este equipo en las que alertaban de grupos resistentes a la innovación a quienes había que localizar y combatir allá donde estuvieran. El llamado Foro de Sevilla tiene también un *lobby* de presión y un blog denominado www.porotrapoliticaeducativa.org.

Rafael Atienza Blasco es uno de los impulsores de Edulab Teams. Alba tuvo la oportunidad de escucharlo una vez en Xirivella, cuando acudió a contarles que tenían que enseñar a sus alumnos las capacidades que se piden en LinkedIn y olvidarse de conocimientos y saberes obsoletos, añadiendo sin rubor que los causantes del fracaso escolar eran los docentes. Atienza es, por supuesto, inspector y director de centro, la viva imagen de un *establishment* que, según Alba, presiona, empuja, estigmatiza al disidente, exige adhesión, emplea un lenguaje lo más alejado posible de la comprensión de cualquier ser humano, jamás se cuestiona a sí mismo o las supuestas bondades de lo que propone y no tiene ningún miramiento a la hora de amenazar o sancionar a los que se resisten.

Decía Ricardo Moreno Castillo en uno de sus libros que «a quien hace de la revolución la razón de su vida tampoco le interesa demasiado alcanzar sus metas porque entonces no sabría qué hacer consigo mismo». En ese mismo libro apunta una cita de Chesterton: «No quiero decir que la verdad esté toda del lado de la tradición. Tan solo digo que la publicidad está toda del lado de la innovación»[6]. Daniel Arias Aranda coincidía, afirmando que los pedagogos han conseguido convencer a todo el mundo de que la enseñanza tradicional es cutre y lo suyo es progresista, sin plantearse ni permitir una revisión seria y detenida de lo que significa tradicional, de lo que es progresista y del propio concepto de innovación que se ha abrazado como panacea de todos los males. Una pregunta que he hecho a muchos entrevistados es qué entienden ellos por enseñanza tradicional. Daniel decía que había en ella un componente memorístico, necesario en cualquier disciplina, pero sobre todo consistía en la comprensión de conceptos y la adquisición de vocabulario y capacidad de escribir. Conseguir todo eso era, en su opinión, más arduo que plantear una actividad lúdica, si bien me hablaba de lo que él llama «reloj sensitivo», el que a todo buen docente le permite saber cuándo exigir esfuerzo a sus alumnos y trabajar duro y cuándo abordar una actividad más relajada.

José Aguilar me contaba que los que hoy defienden la LOGSE a capa y espada fueron los primeros que abandonaron en su momento las aulas: liberados sindicales, altos cargos educativos, inspectores, etc., pero, eso sí, desde la distancia seguían haciendo proselitismo de las reformas. Gregorio Luri también recuerda que, al implantarse la LOGSE, había personas que acudían a los centros educativos a explicar qué

---

6   Ricardo Moreno Castillo, *Qué hay de nuevo, Chesterton. Conversaciones con un genio* (Madrid: Fórcola, 2022), pág. 119.

era un adolescente, siempre de manera teórica y distanciada; a la mínima pregunta que se les hacía, se veía claramente que no sabían casi nada de aquello.

En mi conversación con Enrique Galindo, le pregunté si pensaba que la pedagogía debía retornar a su función tradicional: la formación de maestros de primaria. Su respuesta fue que sí. Los pedagogos están ahora en todas partes. Y es lamentable porque sientan cátedra sobre disciplinas que desconocen, un alumnado que también desconocen, y su único énfasis es en cómo enseñar, sin importarles lo más mínimo qué se enseña. En cualquier mundo sensato, esto no sería admisible, como no lo sería que los veterinarios operaran a seres humanos o que los médicos diseñaran edificios. Pero hemos normalizado que un individuo sin conocimiento alguno de mecánica de fluidos esté impartiendo doctrina sobre lo que deben hacer en sus clases los especialistas de esa materia. Cuando, como hizo Álvaro Albarrán, se les espeta la poca aplicación de lo que explican, el pedagogo se encoge de hombros, lo mira a uno con una mezcla de pena, sorna y displicencia y le contesta que tiene que «seguir buscando».

Existe un párrafo de José Manuel Lacasa que no me resisto a citar. En una entrevista que le hicieron en 2016 y jamás llegó a publicarse (ahora entenderán por qué), decía lo siguiente como resultado de un estudio sobre la carrera de Ciencias de la Educación en España: «En definitiva, la formación de los maestros en España es, en general, muy pobre, y los datos apuntaban (aunque no demostraban) a que si se eliminaran estas escuelas, la calidad del sistema educativo no se vería menoscabada. A esto hay que añadir que las facultades que forman a los maestros son las que menos nota de ingreso tienen (es decir, recogen a los alumnos más mediocres), pero son la que más nota media obtienen al finalizar la carrera (son las que tienen un menor nivel de exigencia)».

No he tenido facilidades para hablar con pedagogos. El decano de la Facultad de Ciencias de la Educación de mi universidad declinó mi invitación. Sí me recibió en la Universitat Jaume I de Castellón el valenciano Salvador Seguí Cosme. Llegó con su compañero Amador Iranzo. Salvador es sociólogo e imparte clases en diferentes titulaciones de la citada universidad, en la que lleva veintiséis años. En Ciencias de la Educación enseña Sociología de la Educación, asignatura que trata de desentrañar cómo la educación se interrelaciona con las diferencias sociales. Participa en varios proyectos de innovación educativa y cree firmemente en ella. No es que la enseñanza tradicional no funcione; de hecho, a veces son los propios alumnos quienes la demandan. Pero la innovación ayuda si está bien planteada y se toma en serio. Si es una pose, resulta contraproducente. Salvador la define como todo aquello que no sea una sucesión de clases magistrales y un examen final. Es una definición algo imprecisa que crea un binarismo no del todo justo. Su compañero Amador apostilla que depende también de la asignatura. Algunas son más competenciales que otras, pero lo importante es que se plantee esa innovación con rigor y exigencia, que suponga esfuerzo y trabajo y no sea un mero divertimento.

Amador es periodista y ha trabajado para medios como *Levante* y *Valencia*. Ahora imparte clases de periodismo y publicidad y participa en proyectos de innovación educativa con Salvador y otros compañeros. Cree que el nivel en la universidad ha descendido de forma alarmante. Una solución fácil es culpar a los niveles educativos anteriores, pero Amador dice que eso no nos exime de responsabilidad. Nadie nos ha obligado a los docentes universitarios a prescindir de un nivel de exigencia y opina que hay compañeros a quienes cualquier cosa les vale y se apuntan a la moda del aprobado general. Es cierto que hay presión desde arriba, pero para muchos es una forma de evitar problemas tanto con los propios alumnos como con la Administración y las instancias educativas, que nos valoran por el porcentaje de éxito, es decir, no por cuánto enseñamos, sino por cuánto aprobamos. Tampoco se incentiva a quien se esfuerza para que sus alumnos aprendan: para las instituciones está casi peor visto esto último si genera suspensos que alguien que otorga aprobados generales sin que se haya producido aprendizaje alguno.

Salvador me cuenta que en una ocasión debió acudir a la directora de su titulación a probar que el suspenso a una alumna no había sido arbitrario. Según Amador, esto ocurre porque en la universidad pública se está imitando una sola cosa de la privada: los alumnos son clientes y tienen que estar contentos. Por otra parte, como explica Salvador, hay grados que se mantienen vivos artificialmente por alumnos que están allí sabiendo que van a titular hagan lo que hagan y los profesores no son capaces de exigirles nada. Ocurre con una titulación de mi propia universidad: Filología Alemana. De ser en los 80 y 90 una carrera en la que los alumnos salían con un nivel muy alto de alemán y de cultura alemana, hoy por hoy los egresados apenas conocen el idioma, pero todos titulan. Se ha convertido en política de la titulación aprobarlos a todos e incluso crearon la figura del Defensor del Estudiante de Alemán por si algún profesor se ponía exigente. Ni aun así han conseguido frenar el descenso imparable de estudiantes y van camino de la extinción.

Salvador y Amador coinciden en que todo lo anterior parte de una idea bastante perversa: quienes dicen que a los alumnos hay que aprobarlos porque «no dan más de sí» (y muchos lo dicen) muestran un lado buenista que, como todo buenismo, no busca el beneficio del estudiante, sino la propia comodidad. Amador explica que, si dejamos de asumir que son bobos, conseguimos mucho más de ellos. Le pregunto a Salvador sobre ese buenismo. Su opinión es más matizada. No le parece mal la idea de que no hay que dejar a nadie atrás, que significa esencialmente que debemos promocionar a todos, sepan o no. Salvador la lee desde otro prisma: hay alumnos que precisan mayor atención y con los recursos adecuados podrían aprender y avanzar igual que los demás. Si hubiera más profesores de apoyo, podría gestionarse mejor la diversidad y heterogeneidad y por ello habría que reclamar que ese lema vacuo de no dejar a nadie atrás se transforme en realidad. El problema es que, sin una mayor inversión, subir el nivel significa irremediablemente perjudicar a los alumnos más vulnerables y crear universidades de élite. Si lo bajamos, les perjudicamos también porque les engañamos transmitiéndoles la idea de que han aprendido y se han formado sin que esa formación sea real.

Conversamos sobre los alumnos. Salvador insiste en que son víctimas de un sistema que les ha engañado toda su vida. Salen del bachillerato sin apenas saber escribir. Tres años después se les pide un trabajo final de grado sin que estén acostumbrados a nada de lo que ello requiere: argumentar con solidez, redactar, plantear ideas propias, llevar a cabo una revisión bibliográfica, etc. La idea de que esta es la generación mejor preparada de la historia le produce sonrojo a Amador; Salvador no tiene tan claro que en cierta medida no lo sea. En cuanto a los docentes, Amador cree que la idea de «publica o muere» ha hecho mucho daño a la docencia universitaria, que siempre ha sido la hermana pobre de la investigación. Esto le indigna. A él le gusta su trabajo, pero querría que su esfuerzo y dedicación tuvieran un reconocimiento que jamás llegará si no publica sin parar. No quiero entrar con él en la cantidad de tonterías que se publican, incluso en revistas muy prestigiosas, y cómo las generaciones más jóvenes y algunas no tan jóvenes han aprendido perfectamente cómo se fabrica un currículum de supuesta calidad basándose simplemente en la repetición una y otra vez de cuatro citas o conceptos y nula originalidad. Al respecto, Salvador afirma que la investigación en muchos ámbitos es pura burocracia. Le dice a Amador que es posible que la Administración jamás le vaya a premiar, pero la gratificación debemos buscarla en ver a un estudiante aprender de verdad.

Salvador saca a la palestra una cuestión preocupante, que ya tocamos con Daniel Arias: a clase acuden, con suerte, la mitad de los alumnos matriculados. Muchos de los que lo hacen se pasan el tiempo mirando el móvil o el portátil, hablando, riendo. La presencialidad no es real. Quienes están no siempre están, si bien hay profesores que pueden otorgar el 50 % de la nota o más por el mero hecho de ocupar un asiento en el aula. Pasa en mi propio departamento y algunos de mis estudiantes no pueden faltar jamás a la clase de algún compañero porque con meramente asistir ya habrán aprobado. Amador es inflexible con sus alumnos: nada de móvil y nadie llega tarde. Salvador es más comprensivo, pero este año ha llegado a un punto de inflexión: en una clase en la que un grupo jamás atendía y molestaba continuamente, tuvo que echar de clase a uno de ellos, que no se lo tomó nada bien. Ambos imparten clase en un seminario permanente sobre educación y la situación es similar entre profesorado en activo y doctorandos que acuden al curso: ninguno atiende, llegan tarde, se van antes, y en el aula hacen cualquier cosa en el ordenador, pero de la clase están completamente ausentes.

¿Por qué no hablamos públicamente de todo ello? La medida de lo poco habitual que es hacerlo la tenemos en el revuelo que causó Daniel en su salida del armario. Salvador me regala un término para definir a los gestores educativos: son grandes negacionistas. Saben lo que pasa, pero trabajan denodadamente para que no se sepa y todo lo invada el silencio. En esto Salvador y Amador coinciden: se habla en los pasillos, con los compañeros, informalmente, pero nunca en público. Me pregunto si los alumnos no levantarán la voz de alarma ante la estafa que sufren si todo esto es verdad. Es su formación la que les estamos hurtando. Salvador sonríe: si por algo se movilizarían sería para que todo fuera aún más fácil, jamás para que se les forme más y mejor.

Salvador Seguí, una de las personas menos catastrofistas a las que he entrevistado, me dice que hay poca esperanza. Con su tono sosegado y amable, me explica que en el fondo no vivimos tan mal y eso nos impide evolucionar. En el sistema público cada uno hace lo que quiere: quienes desean exigir lo hacen; quienes no, no. Y no pasa nada grave ni en un caso ni en otro. Estamos instalados en una mediocridad cómoda incapaz de generar un *shock* masivo del que partan los cambios necesarios. Todos tenemos lo que queremos: los profesores, libertad para hacer lo que cada uno quiera; los alumnos, aprobados a discreción; los altos cargos, sus moquetas y sus tasas de éxito. Salvador apunta lo importante que serían las pruebas de diagnóstico e incluso pruebas de habilitación nacional. Su reflexión es la siguiente: ¿por qué están nuestros médicos por todo el mundo? Por la exigencia del MIR, un examen de habilitación nacional que es evaluado por personas que no son quienes han impartido la formación. Las pruebas externas serían una forma magnífica de diagnosticar las debilidades del sistema y tratar de corregirlas.

Las diferencias entre personas verdaderamente concernidas por la educación son epidérmicas. Amador y Salvador son amigos, pero discrepan en algunas cuestiones: uno es más exigente y el otro, más comprensivo. Algunos dirían que uno es más tradicional que el otro, pero, si lo observan, sus diagnósticos no difieren en nada sustancial. Si se innova, hay que hacerlo con esfuerzo, objetivos claros y fines bien planteados. Tanto Salvador como Amador (con algún matiz) denuncian la falta de atención generalizada en sus clases y cómo los problemas de comportamiento han llegado a la universidad, en medio de presiones para que nada de eso se sepa. Salvador solo ve dos soluciones, ambas improbables: que ocurra algo muy gordo que nos saque del estupor y la comodidad o que se instauren pruebas diagnósticas independientes.

Ni Amador ni Salvador son pedagogos, ni mucho menos pedabobos. Tampoco es esto último Julio Cabero Almenara, con quien tengo la oportunidad de conversar en su despacho del Instituto de Ciencias de la Educación de la Universidad de Sevilla, el cual dirige. Acaba de regresar de un claustro universitario en el que, entre otras cuestiones, se ha puesto de manifiesto el rechazo de los rectores a cómo la LOSU ha ignorado a gran parte de la comunidad educativa, entre ellos la propia Conferencia de Rectores. Julio me habla de la necesidad de un pacto que dé estabilidad al sistema y deje de confundir y desconcertar al profesorado. Lleva treinta años en la universidad y perteneció a la segunda generación de egresados de Ciencias de la Educación. Actualmente es catedrático de Didáctica y Organización Educativa. Fue pionero en el acercamiento a las nuevas tecnologías como herramienta de enseñanza y aprendizaje, asunto al que ahora muchos otros compañeros se dedican y que está, digamos, de moda.

Mis prejuicios me hacían asumir que Julio y yo íbamos a tener visiones radicalmente distintas de las cosas. Para mi sorpresa no es así. Nos puede separar algún matiz, pero no mucho más. Le pregunto por los contenidos, tan denostados por la pedagogía oficial, y Julio me responde que son muy importantes, aunque quizás no tanto como antes, cosa en la que podemos coincidir: en este mundo nuestro, los saberes necesitan verse complementados mediante un enfoque más competencial. En su opinión, desde la pedagogía se hace una crítica muy demoledora del sistema del que él y yo procedemos y que quizás no era tan malo. Él se formó en los escolapios y no se siente traumatizado, aunque admite que la manera en que él estudió no sería válida hoy día, al menos en su totalidad. No es que todo pedagogo esté en contra de lo que nos ha precedido, pues hay sectores, según me cuenta, más tradicionalistas, otros más renovadores, y algunos decididamente radicales.

Charlamos sobre el máster de profesorado, que responde más a una necesidad burocrática que al deseo de formar buenos docentes. Él aboga por llevar esa formación a las facultades y establecer itinerarios para aquellos que quieran dedicarse a la docencia, en los que se incida en la didáctica y no solo en los contenidos. Le pregunto por el esfuerzo y me dice que sin él no hay aprendizaje. Incluso la estigmatizada memoria es una capacidad que hay que desarrollar, si bien no hasta el punto en que se hizo en épocas pretéritas. Defiende el rigor, que concibe como la necesidad de huir de aplicar una metodología porque esté de moda y hacerlo solo si tiene un resultado positivo contrastado y se adapta a la enseñanza que en cada momento deba impartirse. Opina que hay que prestigiar la figura del docente, social y económicamente, y proporcionarle la autoridad necesaria para que pueda desarrollar su labor, obstaculizada por la falta de implicación de las familias, que lo delegan todo en la escuela: no solo la formación intelectual de sus hijos, sino también su formación como ciudadanos, personas educadas y respetuosas, etc. Le pregunto si un profesor con una tiza en la mano es una imagen que hay que desterrar y me contesta que en absoluto: «No hay mejor tecnología que aquella que te permite comunicarte con el estudiante y la tiza es, sin duda, una de ellas». Añade finalmente que la denostada lectura es esencial en la educación (a pesar de lo que venimos escuchando últimamente) y que jamás hay que renunciar a la exigencia ni bajar los niveles, pues, si lo hacemos, renunciamos a que la educación sea un ascensor social para las clases menos favorecidas.

Jamás imaginé que iba a escuchar lo anterior de alguien tan vinculado a la innovación educativa, pero me hace pensar que el consenso al que Julio se refería al principio de la entrevista es posible. Le pregunto por personas como Gregorio Luri o Alberto Royo. Al segundo no lo conoce, pero a Luri sí y considera que sus reflexiones son necesarias y oportunas. Pese al conocido título del libro de Gregorio, Julio matiza que no es que la escuela no deba emocionar y divertir, pero siempre teniendo claro que la formación es lo más importante. Concluye que la única manera de hacer buena pedagogía es dialogar constantemente con la tradición. Me recomienda *Por qué leer a los clásicos*, de Italo Calvino. No hay que rechazar lo que el mundo actual nos ofrece, pero tampoco asumirlo de manera irreflexiva. Reivindica la atención, frente a algunos pedagogos que hablan de que la multitarea es la forma de relacionarnos con el mundo en la actualidad y que hay que asumirla como algo natural. En opinión de Julio, la atención y la capacidad de concentración son importantísimas y están descuidadas. Me dice que no es catastrofista y piensa que hay razones para mirar al futuro con esperanza, pero las decisiones en materia educativa no pueden ser tan radicales como hasta ahora. Va tocando quitarnos de la cabeza la escuela franquista. Franco murió hace casi medio siglo y no podemos basar todo nuestro sistema en desmantelar el franquismo, que hace tiempo que está desmantelado.

Es difícil quedarse con algo de lo que Julio me ha contado porque en realidad me gustaría quedarme con la totalidad. ¿Hay que rechazar la tradición? En absoluto: ha tenido y sigue teniendo cosas valiosas. ¿Hay que aferrarse a ella? Tampoco, puesto que el mundo evoluciona. De sus palabras se desprende que lo importante no es el método, sino el rigor con que se aplique: una clase magistral puede ser buena o mala y lo mismo una pretendidamente innovadora. No es ahí donde se encuentra el debate. Me reconcilia lo que me dice sobre la pedagogía como una disciplina nada monolítica, con muchas corrientes y en la que no faltan los críticos con los modelos más supuestamente radicales. Sospecho que Julio estaría de acuerdo con una pedagogía menos basada en ocurrencias y más en datos empíricos y quizás es justamente la generalización de ese modelo pedagógico el que reconciliaría a muchos docentes con esta disciplina.

Hemos charlado con varios ganadores del Premio al Mejor Docente de España, que Pascual Gil decía que era entregado por un banco. Quiero conocer más sobre esta iniciativa y viajo hasta A Coruña. En su Facultad de Ciencias de la Educación enseña el doctor Víctor Arufe. Mi expectativa es encontrarme a un gurú de la innovación y del pedagogismo, que se reveló como otro más de los prejuicios que durante el viaje he podido dejar atrás. Víctor es una persona amable y cercana. Su cordialidad hace más llevadero un típico día gallego de lluvia, sol, frío, calor, todo bien amalgamado y desfilando delante de uno en rápida sucesión. Víctor me dice que en su día fue buen alumno y que se levantaba a las 6:30 para entrenar; llegó a competir profesionalmente. Aunque es de Santiago de Compostela, estudió Ciencias del Deporte en Vigo. A diferencia de la Universidad de A Coruña, más orientada al deporte profesional, la licenciatura de Vigo estaba centrada en la práctica docente y por eso decidió cursarla allí. Hizo su doctorado en la Universidad de Oporto.

Aunque no es pedagogo, no se siente un intruso en su facultad y fue bien recibido entre sus compañeros. Imparte clases a futuros profesores de Educación Física. Comentamos un poco los cambios en la asignatura. Hoy, según me explica Víctor, el enfoque es hacia un modo de vida saludable, que incluya el deporte y la motricidad, pero no de forma exclusiva. Las familias cooperan poco: no se alimentan bien y tampoco alimentan bien a sus hijos. Muchas veces lo que ocurre en casa no solo no apoya la labor que pueda realizarse en los centros, sino que la obstaculiza. Falta tenacidad: los hábitos no se crean de manera inmediata, hay que insistir mucho en ellos y bastantes familias carecen de paciencia. En palabras de Víctor: «No se puede educar sin que se derrame una sola lágrima». Tampoco se puede educar bien a un chico que está siempre encerrado con el móvil y la tableta y a quienes sus padres no dedican tiempo.

Nuestra entrevista tiene lugar justo al día siguiente de las elecciones del 23 de julio de 2023 y eso nos lleva a hablar de política. Víctor lamenta la politización de la educación, asunto que debería tener una regulación estrictamente técnica. La rápida sucesión de leyes, poco explicadas y menos debatidas, es inasumible. Más que un pacto educativo sobre qué hacer con la educación, el pacto debería producirse para sacar la educación del ámbito de la política de partidos. Me dice que a esta solo le interesa el asunto como arma de confrontación ideológica y para polarizar a los votantes. La política, en su opinión, es un circo, un espectáculo lamentable sobre quién insulta mejor al otro y en el que no caben ni la reflexión ni las propuestas constructivas.

Le pregunto por cómo mejoraría las cosas. No le preocupa tanto que haya más o menos contenidos, sino que se mejoren las infraestructuras, climatizando y acondicionando las aulas para el frío, creando más zonas verdes en los centros o bajando la ratio. También mejoraría las oposiciones para que los profesores motivados y con más talento tengan más y mejores oportunidades. Cree importante un cambio de filosofía que deje de primar, por ejemplo, las matemáticas frente a otras materias igualmente importantes como la educación plástica y artística o la educación física. Los contenidos emocionales son importantes, pero suelen descuidarse. Su visión de la educación es que todo está impregnado de contenidos memorísticos, igual que hace cincuenta o sesenta años, con mucho examen y mucha evaluación. Eso tendría que cambiar.

Todo lo anterior entra dentro de lo que esperaba. Me llama la atención que Víctor concede a crear centros más amables y confortables: en su opinión, el lugar donde aprendemos tiene mucho que ver con la motivación y el deseo de aprender. Alguien tan alejado de Víctor como Horacio Silvestre nos comentaba algo parecido. Víctor divide al profesorado en dos: el funcionario que quiere hacer lo mínimo y el docente inquieto que busca mejorar el aprendizaje, incorporar contenidos emocionales, trabajar codo con codo con las familias, etc. Para él hay solo dos métodos de enseñanza: el tradicional (un maestro que imparte clase magistral, encarga tareas y realiza un examen) y el que opta por metodologías activas: juegos, proyectos, gamificación, etc. No sé si esto es cierto y tampoco hasta qué punto Víctor repite la doctrina oficial. Intento profundizar algo más y en cuanto lo hago empiezo a ver menos convicción de la que parecía. Víctor enseguida admite que es bueno que el alumnado tenga contacto con ambos perfiles de profesor y que el esfuerzo y la exigencia no deberían estar en un lado sino en ambos. También hay que evitar decir a todos los estudiantes que son igual de buenos porque no lo son. Y afirma que una lección magistral puede resultar un recurso magnífico si está bien planteada.

Este profesor gallego admite que cada docente tenga su propio estilo, aunque debe evaluar si funciona o no, para mejorarlo o cambiarlo si fuera necesario. Dice que es importante que el alumnado esté satisfecho con lo que hacemos, opinión que muchos podríamos suscribir, aunque con multitud de matices. Aprendemos a ser docentes siéndolo. Al preguntar a Víctor por sus clases, me explica que su primer objetivo es crear un clima cálido y de tranquilidad, incluso poniendo un poco de música al principio o preguntándoles cómo les va. Sus estrategias varían: emplea la clase magistral, pero también asigna trabajos individuales y en grupo, se debaten aspectos del temario, etc. También les dice que es importante aprender y no solo aprobar. Víctor trabaja las emociones, pero fundamentalmente enseña contenidos, que opina que son importantísimos, y de hecho tienen un examen al final. Pero es importante cómo se transmiten esos contenidos. No puede impartir la materia quien no sepa (y mucho), pero tampoco quien no domine cómo transmitirla. Él se lo pasa bien en clase, y cree que sus alumnos también, sin renunciar a enseñar.

Víctor ha reflexionado mucho sobre educación y sobre su propia praxis y de esa reflexión surge, creo, una actitud sincrética que combina lo mejor de la tradición con lo mejor de la modernidad. En especial, detecto sensatez y realismo en sus planteamientos. Así, se lamenta de que el nivel del alumnado es cada vez más bajo, en lugar de esgrimir el típico argumento de que poseen capacidades diferentes que no sabemos ver. Me cuenta que sus alumnos tienen un lenguaje muy pobre, lagunas importantísimas, no saben escribir correos electrónicos y cometen numerosas faltas de ortografía. Es una percepción muy generalizada, fruto de una sociedad blanda y de un mundo burbuja en que a los chicos no se les exige nada y todo se pone a su disposición con mucha facilidad. También tiene la culpa el sistema educativo, que no exige esfuerzo y solo les habla a los jóvenes de sus derechos y no de sus obligaciones. Sus alumnos se quejan del examen y piden evaluación continua, o lo que ellos entienden por eso, que es aprobar como sea, independientemente de que se haya aprendido o no. Víctor cree que la evaluación continua, a la que no se opone, debe ser tan exigente o más que la tradicional. Sus estudiantes, o muchos, protestan cuando tienen que acudir por la tarde a realizar alguna actividad y por casi todo: les molesta tener obligaciones y no poseen ninguna tolerancia frente al estrés o la frustración de no tener todo lo que quieren de manera inmediata. Víctor dice preferir la educación que él recibió a la actual; de hecho, algunos alumnos suyos ya se han comenzado a dar cuenta de que sus padres no hicieron bien en ponérselo tan fácil.

Le pregunto por la convivencia y me dice que él no suele tener problemas, pero se ha empezado a encontrar con alumnos que buscan reventar la clase. Opina que imponer el respeto desde la autoridad no funciona; hay que ganárselo. En esto sí observo una postura muy extendida entre la pedagogía, al margen de volver a constatar cómo el profesorado se considera responsable si se produce una mala convivencia en las aulas, en lugar de exigir que quienes gestionan el sistema se aseguren de que el trabajo se pueda hacer. Víctor dice que hay que entender al alumno y escucharlo y que para poder enseñar bien tenemos que acercarnos a su mundo y adaptarnos a lo que el chico requiere en cada momento. Con respecto a los itinerarios, se muestra partidario, siempre que sean reversibles, y me dicen que mientras más capacidad tengan los alumnos de elegir las materias, más sencillo resulta todo.

Abordamos finalmente uno de los temas que me ha llevado hasta A Coruña: los premios a los mejores docentes de España, iniciativa de la que Víctor fue impulsor en 2017. Ese mismo año, al ser nominado él mismo, dejó la presidencia, aunque permaneció dentro del comité técnico. Son premios que tienen como singularidad el que los nominados son propuestos por el alumnado. Luego hay una comisión que elige los ganadores en función de distintas variables. Es un trabajo arduo, sobre todo a la hora de difundir la convocatoria y animar a que el alumnado conozca los premios y se preste a nominar a sus profesores. Víctor tiene claro que quienes los obtienen no son necesariamente los mejores docentes, pero mediante el galardón la organización obtiene visibilidad para lo que realmente importa: poner en valor las buenas prácticas docentes. Es un estímulo tanto para los premiados como para los nominados, en una profesión de la que se espera a veces demasiado y a la que se critica con mucha alegría. Han realizado estudios que demuestran que la obtención del premio estimula a los ganadores a seguir comprometidos con mejorar su praxis.

Al principio el premio era una estatuilla. Tras conseguir el patrocinio de ABANCA, han conseguido que lleve aparejada una dotación económica de 1000 euros. La entidad bancaria solo colabora económicamente. De la parte científica se encarga la Plataforma Educa, que Víctor dirige y que no se limita a otorgar los premios, sino a la formación y asesoramiento en innovación educativa. Le pregunto por el rol de las instituciones. Víctor se lamenta de la escasa o nula colaboración más allá de enviar a algún representante al acto de entrega. Ellos están abiertos a todo el espectro y no quieren señalarse como afines a ninguna ideología, lo cual es coherente con la idea de Víctor de que los temas educativos deben gestionarlos los profesionales y no los políticos, aunque solo asisten personas de PSOE y PP por lo general. Les gustaría algún representante de la Casa Real, pero hasta ahora no han tenido suerte.

Un premiado típico es un docente que consiga que los alumnos estén contentos con sus clases, que sea innovador, que esté disponible las 24 horas mediante las redes sociales y otros medios telemáticos, que sea altruista y organice actividades fuera de lo que sería el estricto cumplimiento de su labor docente, que esté presente en los medios de comunicación, que publique sobre educación y se preocupe por formarse. Todos estos apartados tienen que ponderarse y que exista un equilibrio: es decir, que no se obtenga la máxima nota en algunos y una nota muy baja en otros.

Mi conversación con Víctor me deja buen sabor de boca. Es un apasionado de su trabajo y eso siempre me merece el mayor respeto. Me gusta que sea heterodoxo, etiqueta que ha utilizado él mismo para calificarse. Afirma que hay que educar con amor, pero también con rigor, disciplina y exigencia. La lección magistral no es mala y tampoco hay que jalear todo el tiempo a los chicos y decirles que lo hacen bien siempre. Sí a los contenidos; son importantes. Pero el docente no solo debe saber, sino también saber enseñar. Parecería que todo lo anterior no puede ser sostenido por una misma persona, pero claramente es posible. En algún momento de la entrevista he notado cierta pátina del sistema (por ejemplo, en el binarismo de que los docentes son tradicionales o innovadores, lo que él mismo desmiente al hablar de su docencia, o en la culpabilización de aquel docente al que la clase se le va de las manos), pero es consecuencia de algo que flota en el ambiente y a lo que es difícil sustraerse. Su descripción de los retos de la enseñanza universitaria y de lo que está ocurriendo es realista: desmotivación, mínimo esfuerzo, lagunas enormes, demasiado empoderamiento.

En cualquier conversación sobre pedagogía, uno de los temas recurrentes es el de la innovación educativa, asunto del que vamos a charlar con Merche Marqués, una ingeniera informática por la Universidad Politécnica de Valencia que imparte clase en los grados de Bioquímica y Biología Molecular y de Diseño y Desarrollo de Videojuegos en la Universitat Jaume I de Castellón. También participa en el máster en profesorado de secundaria, donde imparte metodología de la enseñanza de la tecnología y la informática. Todo el mundo explica horrores de dicho máster, sea de la universidad que sea, y Merche no es una excepción, si bien añade que, bien planteado, sería un puente ideal entre las titulaciones específicas y el ejercicio de la docencia.

En una calurosa mañana del mes de julio, en el casi desértico campus de su universidad, charlo con Merche sobre innovación educativa, en la que ella cree firmemente. Es más escéptica a la hora de hablar de didácticas, pues piensa que no hay una didáctica específica, por ejemplo, de la informática. En su papel como docente en el máster no enseña a enseñar, sino meramente ayuda a que los futuros profesores conozcan cómo se aprende y obtengan herramientas que les permitan hacer mejor su trabajo. Me pone el ejemplo de su propio hijo, que estudió Arquitectura, con unos profesores que recurrían de manera excesiva a la clase magistral, la mayoría con poca eficacia. Algunos eran muy buenos, eso sí, e impartían clases espléndidas, pero, metodológicamente hablando, el trabajo que se hacía era muy pobre. En general, desde su punto de vista, es un método que debemos desterrar de la educación. Sus hijos estudiaron en colegios donde se trabajaba por proyectos y aprendieron a razonar, a argumentar, etc. En cambio, en el instituto la enseñanza era más tradicional y eso les desmotivó.

Merche es una mujer comprometida con su trabajo, que no deja de leer e investigar y que piensa que en esta profesión nunca sabemos lo suficiente y tenemos que continuar formándonos siempre. Eso es lo que inculca a sus alumnos. Todo lo que enseña procede de bibliografía al respecto, bibliografía que sus estudiantes deben leer. Es imprescindible documentarse y no caer en la ocurrencia fácil, que en el mundo de la innovación es una tentación omnipresente. Todo lo que enseña es aplicable a la práctica. De hecho, me confiesa que dejó de acudir a cursos de formación porque los veía teóricos y poco aplicables. En la Universitat Jaume I, los cursos de formación no están solo impartidos por pedagogos, sino por docentes que han conseguido buenas valoraciones de su alumnado. Por eso comenzaron a llamarla y ahora apenas tiene tiempo para impartir tantos.

En un tiempo era mucho más unidireccional y no le iba mal: sus encuestas eran magníficas, tenía las clases llenas, pero suspendía a bastantes alumnos y muchos no se presentaban. Su conclusión: su docencia, aunque bien valorada, no era eficaz. Comenzó a acudir a cursos de formación del profesorado y a aplicar nuevas metodologías en el aula, que le funcionaron mucho mejor, en especial la clase invertida. Siguió estando bien valorada, pero más estudiantes conseguían sacarse la asignatura. Siente que ahora ya no es culpable de los suspensos que pueda haber (que me dice que no son muchos) porque nota que hace todo lo que puede por minimizarlos. Sus alumnos trabajan mucho, entre otras cosas porque la ven trabajar mucho a ella, pero también aprenden mucho. Por eso aprueban. La correspondencia entre aprendizaje y aprobado es algo que Merche no cuestiona en ningún momento, aunque todos sabemos que el hecho de que un docente apruebe a todos sus alumnos no significa necesariamente que hayan aprendido algo.

Merche piensa que, como docentes, tenemos la obligación de interesar a nuestro alumnado. Aquí es donde se infiltra el pedagogismo más intolerante y alejado de la realidad porque asume que el alumno siempre es *interesable* y además que todo es y debe ser interesante, cuando hay cuestiones que uno debe aprender porque las necesita para el ejercicio profesional, le interesen más o menos. Preparar para la vida es preparar también en la tolerancia frente al hecho de que no todo lo que nos ocurra va a ser entretenido y ameno. Merche culpa al profesor del fracaso de sus estudiantes por no encontrar la forma de llegar hasta ellos. Me dice que si en una clase hay chicos que hablan o interrumpen es culpa nuestra por no haber conseguido generar ese interés. Quizás hay un pequeño porcentaje que, por las razones que sea, jamás va a interesarse, pero esos no nos deben preocupar, sino solo quienes quieren aprender y no lo consiguen. Añade que hay que ocuparse de quienes no tienen interés y averiguar por qué no lo tienen y ver si hay algo que podamos hacer para suscitarlo. No cree en enseñar, sino en crear las condiciones para que el alumno aprenda por sí mismo. Este argumento es muy clásico y quizás falaz, pues es obvio que no hay enseñanza efectiva si este no termina aprendiendo, cosa que siempre hace por sí mismo. Merche opina que en clase no se transmite conocimiento sino información, pero que el conocimiento lo construye el alumno. Naturalmente. Es otra de esas obviedades que repite la pedagogía para socavar el papel del docente.

Merche piensa que hay muchos docentes que usan la innovación porque está de moda, sin preocuparse de los resultados. Además, pueden llegar a utilizarla de modo tan excesivo que saturan con ella a los estudiantes. Es loable que Merche sitúe la innovación en su justa medida, como una herramienta profesional y no como el ídolo sagrado de la tribu que, por sí solo, propiciará las lluvias y una buena cosecha. Por otro lado, el valor que Merche concede a los saberes aplicados no es extraño, dada la disciplina a la que pertenece. Pero tengo la impresión de que no se ha parado a pensar que no todas las disciplinas son iguales. El punto flaco es cuando le planteo objeciones: en esos casos, se remite a su experiencia y a lo que ella hace y me parece reacia a admitir que lo que hace pueda no ser válido para todo el mundo. Le pregunto a Merche si cree en los estilos docentes. Quizás porque no se lo ha planteado o porque no quiere pronunciar un no categórico, no me dice que no, pero tampoco que sí. Deduzco que opina que un buen método lo es siempre y que si no funciona es porque no se está aplicando bien. Ante mi insistencia, admite que lo que le va bien a ella no tiene por qué serle útil a un compañero, pero, claramente, lo dice sin mucha convicción.

La trayectoria de Merche ha ido desde la enseñanza más tradicional a la supuestamente más innovadora. Dado su nivel de compromiso, nadie debería pedirle que cambiara nada de lo que hace, que seguro funciona bien y consigue aprendizaje efectivo entre sus estudiantes. Además, lee, se documenta y evita caer en la ocurrencia, que, admite, es demasiado frecuente en el campo de la pedagogía. Lo más incómodo es un cierto dogmatismo, no tanto por su deseo de imponer nada, sino por la falta de reflexión por su parte de lo que ocurre y puede necesitarse más allá de su disciplina específica. Me preocupa su idea de que el docente es casi siempre culpable de lo que ocurre con su alumnado, así como el axioma de que nuestra obligación es siempre interesar, cuando ni muchas veces está en nuestras manos ni tampoco toda la enseñanza debe siempre ser divertida: el mundo real no lo es. De todos los testimonios que hemos escuchado hasta ahora, es, en mi opinión, una de las más cercanas al *establishment* pedagógico, al que Merche no pertenece, pero que sin duda le ha influido en sus apreciaciones.

Tampoco es pedagogo, pero nos interesa su opinión como docente de Sociología de la Educación durante casi treinta años en la Facultad de Educación de la Universidad Complutense. Se trata de Julio Carabaña Morales, actualmente jubilado y que dice no echar de menos la docencia. Sus últimos años le pesaron y opina que es algo generalizado, no necesariamente coyuntural: la lógica hace que la distancia entre la edad de los alumnos y la del profesor se agrande cada año que pasa y esa lejanía puede (y suele) acarrear una gradual pérdida de motivación en el docente.

Con Julio hablo sobre todo de su facultad y de las personas que la integran. Quiero confirmar si, como me dijo en Sevilla Julio Cabero, la pedagogía es un ámbito más diverso de lo que puede parecer. Julio afirma que los que han impuesto su ley en el ámbito educativo son solo un sector, aquellos que se autodenominan innovadores o «transformadores» y se encuentran cercanos a los partidos y sindicatos «progresistas», todo, como ven, muy entrecomillado. Aunque quizás comience a haber una contestación, estos pedagogos de los que Julio me habla son dialécticamente más hábiles y eso les dota de gran poder de convicción. Mientras Julio me cuenta esto, pienso que también tienen mejores altavoces y potentes fuentes de financiación de las que los demás carecen. Es importante, según Julio, combatir su relato. Por ejemplo, la innovación se nos ha vendido como la fuente de todos los bienes. Y no es que sea la fuente de todos los males, sino simplemente una opción, buena o mala según cómo y quién la use y en qué medida.

Echamos la vista atrás al momento en que la antigua diplomatura de Magisterio hubo de reconvertirse en un grado universitario. No solo supuso añadir un año más a la carrera, sino darle un carácter universitario que hasta entonces era solo tangencial. Julio recuerda que la mayoría de docentes tuvieron que lanzarse rápidamente a realizar tesis doctorales, a investigar y a publicar de la noche a la mañana. Se les obligaba a hacerlo desde las instancias competentes. Un grupo numeroso de personas se había reconvertido en personal científico súbitamente, no solo quienes tenían interés en la investigación, sino también los que no lo tenían y se encontraban muy alejados de ella: profesores de didáctica de la música o de educación física, por ejemplo. Esta forma de *crear* ciencia y científicos es algo de lo que nadie nos había hablado, pero que debemos incorporar al bagaje que este viaje nos está proporcionando y no perderlo de vista.

Julio me confirma que se ha ido produciendo un arrinconamiento de las didácticas específicas. Para él estas tienen sentido porque incorporan metodología, pero también contenido. Se han sustituido por unas didácticas de amplio espectro, que han hecho que cobre un protagonismo desproporcionado la metodología y se arrincone o invisibilice cualquier contenido, a lo que debemos unir esa necesidad urgente de construir de la nada trayectorias investigadoras. Si unimos unas metodologías que eclipsan todo lo demás y unos científicos que no lo han sido por voluntad propia y que pueden haber accedido a la ciencia por la vía de la prescripción y la ideología y no de la investigación y el conocimiento riguroso, conseguimos a lo mejor entender por qué la pedagogía ha generado tanto malestar en quienes se han formado en unos contenidos y pretenden legítimamente enseñarlos y además no ven que las supuestas metodologías infalibles que desde este ámbito se les imponen sean tan útiles ni sensatas como se pretende.

Julio defiende los contenidos, el estudio y el rigor. Pero todos estos conceptos se oponen a una bondad obligatoria que se ha impuesto desde el poder político y que ha terminado corrompiendo el sistema educativo y dejándolo reducido a un lugar donde se socializa y, en todo caso, se intentan transmitir un puñado de valores asociados a una bondad institucional fuertemente ideologizada. Para colmo, el sistema ni siquiera se preocupa de evaluar y garantizar la adquisición de esos valores. Prefiere confiar en que su adquisición se ha producido porque, al fin y al cabo, ¿a quién puede no atraerle la bondad?

Julio conoce muy bien la gestación de la LOGSE. Nunca militó, pero sí fue simpatizante del PSOE, incluso desde antes de la muerte de Franco. Estaba en el Ministerio de Educación cuando la ley se gestó. A lo que ya sabemos sobre todo ello me aporta un dato adicional del que conviene dejar constancia: UGT y CC. OO. no es que aceptaran de manera silente aquellos cambios, sino que fueron en gran medida quienes los impulsaron. Julio no cree, de todos modos, que lo que luego ha ocurrido haya sido consecuencia de quienes gestaron la LOGSE, sino de desarrollos, decisiones y directrices posteriores. También resalta algún cambio positivo y que no siempre se recuerda y es que contribuyó a romper la brecha de género en educación: obligar a las chicas a estudiar hasta los 16 años evitó que muchas volvieran a sus casas a los 14 años a llevar una vida convencionalmente femenina, de cuidados domésticos y el posterior matrimonio. El haber permanecido en el sistema hasta los 16 favoreció que muchas terminaran cursando estudios superiores y accediendo a la universidad.

Hablé de muchas cosas con Julio, pero agradezco haber entendido mejor con él el mundo de los pedagogos. No es que todos los que lo son merezcan tildarse de pedabobos, pero sí parece que estos últimos son algunos de los que han llegado a esta disciplina con mucha mayor arrogancia que conocimientos. Ya nos habían hablado de una cierta mediocridad en este sector, y desde luego puede deberse a la incidencia de Bolonia a la hora de transformar unas facultades que formaban maestros en tres años a unas facultades universitarias que creaban científicos en cuatro. El rigor y bagaje propio de cualquier ciencia ha terminado sustituyéndose por una ideología buenista y, como tal, atractiva para el que la abraza, aunque demoledora para quien no comulga con ella.

Ya les comenté que muchos de los pedagogos que intenté entrevistar se negaron a recibirme. No es el caso de Nacho Rivas, catedrático de Didáctica y Organización Escolar en la Universidad de Málaga, en la que trabaja desde 1985, pese a ser natural de Madrid y haber estudiado en la Complutense. Cuando llegó a esta ciudad andaluza, la universidad tenía poco más de una década de vida y Magisterio formaba parte de la Facultad de Filosofía y Letras. Nacho y otros compañeros también de Madrid crearon la actual Facultad de Educación. Mi entrevistado ha ocupado diferentes cargos en la UMA (director de departamento, vicerrector, vicedecano, etc.). Hace tres años creó el Instituto Universitario de Investigación en Formación de Profesionales de la Educación (IFE), que sigue dirigiendo. Me dice que el Instituto quiere reforzar los lazos con empresas e instituciones, en especial la Consejería de Educación. Esto vendría a confirmar la simbiosis entre política y pedagogía de la que se nos ha alertado y que conforma ese poderoso *establishment* al que nos hemos venido refiriendo.

Nacho dice preferir el término *pedagogía* a *ciencias de la educación* porque enlaza mejor con una tradición que nos devuelve a la II República y su educación transformadora. Me explica que en la Transición se optó por la segunda de estas denominaciones con objeto de marcar distancias con el franquismo. Afirma que entre los pedagogos existe una corriente más conservadora que defiende la transmisión del conocimiento y otra más progresista que busca redefinir la educación desde un enfoque menos jerárquico y más competencial. En cierto modo, las posturas están tan alejadas que es como si la crispación política se hubiera trasladado al ámbito educativo. Desde su punto de vista, en los años 80 había consenso en optar por lo segundo y romper así con una tradición de enseñanza religiosa, pero hoy ese consenso ha desaparecido y hay posturas muy encontradas. En los 90 resurgieron posiciones positivistas, partidarias de lo cuantitativo, de los resultados y de establecer sistemas de control. Y son esas las que hoy día han plantado cara a esa tradición renovadora del posfranquismo.

Nacho opina que la educación se construye desde el diálogo y no desde la transmisión. Afirma además que las últimas reformas han sido precipitadas y que no se puede cambiar el sistema constantemente, algo de lo que se culpa a los pedagogos. Esto, según él, es injusto porque ellos no han tenido nada que ver. La LOMLOE, por ejemplo, ha sido una imposición política para la que no se ha hablado con nadie. Puede que sea cierto, pero también existe la posibilidad de que Nacho, a pesar de su concepto de la educación, no pertenezca a ese *establishment* neoliberal que claramente decide y diseña las reformas. Es curioso que se muestre temeroso de lo que denomina «antipedagogismo», que afirma que tiene de su lado a los medios de comunicación.

Si Nacho Rivas representa una corriente renovadora pero no oficialista, me interesa saber más de ella. En un primer momento, no veo gran diferencia. Nacho me explica que el docente no debe imponer un conocimiento que frecuentemente no es el que el alumno necesita o desea. Esto es claramente constructivista. Afirma que está en contra de la meritocracia, o sea, de que se recompense a los alumnos que más se esfuercen o que más capacidad tengan, y de la segregación de los alumnos «fracasados». También cree en la enseñanza basada en proyectos y en una docencia colectiva, en la que nadie se encierra en una asignatura y en la que todos aprendemos de todos. No cree en la evaluación estandarizada porque opina que cada uno aprende de forma diferente y no hay que imponer nada, sino respetar que cada uno aprenda lo que tenga que aprender, de la forma que lo tenga que aprender y al ritmo que sea. La educación no debería basarse en el control y la evaluación porque eso genera exclusión. El único tipo de evaluación que concibe es aquella que evalúa el sistema, especialmente en la obligatoria.

Pero no todo suena a trillado. Nacho opina que debe existir un acuerdo ciudadano en cualquier cambio educativo y que las diferentes sensibilidades tienen que ser escuchadas. Añade que con Ángel Gabilondo estuvo muy cerca de haber consenso, cosa que otros entrevistados han corroborado. También cree en la autonomía de los centros, no tanto para que cada uno busque su proyecto educativo sino para que, cubiertos unos mínimos, cada uno pueda vincularse a la comunidad a la que pertenece. No cree en un currículum universal. ¿Significa esto que si enseño en un centro en cuyo entorno solo se cultivan patatas, ese es el mundo que debo enseñar? ¿No milita esto en contra de la educación como ventana hacia el mundo y ascensor social para el alumno? Reforzar lo que el alumno ya conoce ¿no puede ser una manera de crear un determinismo que condene a los chicos por el mero hecho de haber nacido en un lugar a no poder ser nada más que eso? ¿Y no le conviene esto mucho al estado neoliberal? Me preocupa que Nacho afirme que el currículum de la ESO es muy académico y que hay que diversificarlo y dar opciones. No sé qué tiene de malo lo que él llama «académico». Y no sé si reemplazar la historia y la física por carpintería o cocina sería deseable.

Me dice que no hay que poner tanto énfasis en la metodología y sí más en la formación de un profesorado capaz de construir conocimiento desde la crítica a lo establecido y la independencia intelectual. Afirma que a veces la veneración pedagógica crea rutinas inflexibles, contrarias al espíritu de la educación, que por su propia naturaleza debe ser líquida y adaptarse a la realidad de cada momento y cada alumnado. Y aquí percibo un punto de contacto entre la pedagogía que defiende este catedrático y lo que él denomina «antipedagogismo»: ambos rechazan el entretenimiento vacuo y abogan por un conocimiento capaz de sustentar la crítica y la reflexión. Nacho lamenta que el único debate educativo sea sobre los medios y nunca sobre los fines. Añade que el binarismo conocimiento versus metodologías es falaz y que ambos van y deben ir de la mano. ¿No es esto un ejemplo de cómo armonizar la tradición y renovación que propugnaba Julio Cabero? Añade Nacho que a veces perdemos a los alumnos porque no les hacemos partícipes del sentido que tiene adquirir conocimiento; es decir, lo enseñamos como un fin en sí mismo y eso solo lleva a una erudición vacua. Sitúa la motivación como eje central del aprendizaje, aunque una motivación no basada en lo deslumbrante de la metodología, sino en despertar el deseo y la necesidad de aprender.

Nacho es un hombre atractivo, amable, distendido y cordial. Cree en la pluralidad y la diversidad y opina que hay que respetarla tanto en los alumnos como en los docentes. Un buen profesor, me dice, debe ser alguien dedicado y esforzado; no me cabe duda de que él lo es con sus alumnos. Le comento que hay mucha desmotivación. Está de acuerdo y lo atribuye a la falta de autonomía del docente para pensarse a sí mismo y dotar de sentido a lo que hace. No deja de entrar esto en conflicto con la idea de una enseñanza colectiva en los centros que él defiende. Le quiero hacer notar que algunos de sus planteamientos son quizás muy idealistas, resultado de su lejanía con lo que ocurre a pie de calle, metafórica y literalmente; su despacho está en una sexta planta de la Facultad de Educación, con magníficas vistas de las montañas que rodean Málaga, pero desde donde es imposible ver la acera. Me termina reconociendo, quizás sin quererlo, que algunas cosas son difíciles o imposibles. En su Instituto de Investigación colaboran con centros en los que no hay planes de estudios y se construye conocimiento basado en las narrativas y experiencias de los estudiantes. No sé cómo funciona ni a dónde llegan, aunque ya Nacho me ha indicado que el lugar de llegada no le parece relevante. Me lo dice abiertamente: la ESO es un ejercicio de control y no, como debería ser, de descubrimiento.

Nacho tiene ideas claras y vocación de cambiar las cosas. Pero también cree que cualquier cambio debe hacerse con la anuencia de familias, alumnado, sociedad, docentes, etc. No me opondría a que hubiera escuelas como las que propugna Nacho, pero creo que debería existir la libertad de no optar por ellas. En cualquier caso, me ha gustado escuchar sus opiniones y propuestas y me despido de él habiéndome sabido a poco la charla. Me dice que es un gran amante de la lectura y que hace diez años montó un club de lectura en el colegio de su hijo y sigue implicado en él. También le apasiona del deporte. No puedo resistirme a preguntarle por un cierto deje argentino que no me cuadra ni con Madrid, de donde es, ni con Málaga, donde vive. Dice que la culpa es de su mujer, que es argentina, pero que tiene más acento argentino él que ella.

A lo largo de la entrevista no he parado de preguntarme por qué Nacho ha sido desde el primer momento receptivo a la idea de mantener una conversación tras haberme encontrado tantas puertas cerradas en el ámbito pedagógico. Me atrevo a aventurar, más allá de un talante dialogante, que Nacho no pertenece a la pedagogía *mainstream*. Parece un verso suelto, que cree más en una educación radical que lleve al alumno a un posicionamiento crítico que en una escuela entretenedora. Él mismo me confirma que en su disciplina no hay unidad pero sí muchos ámbitos de pensamiento distintos, no siembre bien avenidos. No ve a quienes piensan distinto como enemigos, y eso me devuelve la fe en que, fuera de la política, podría existir solución a los problemas educativos. No me identifico con muchas de sus ideas, pero su manera de plantearlas me hace respetarlas a ellas y a él. Coincido en su defensa de los fines por encima de los métodos y la necesaria subordinación de estos a aquellos, como también estoy de acuerdo en la necesidad de formar bien las mentes y que este objetivo debe ser más importante que convertirlo todo en una fuente de diversión y entretenimiento.

En la Universidad de Sevilla ha impartido clase hasta hace poco el catedrático Rafael Porlán, que se jubilaba justo el día en que lo entrevisté en su despacho de la Facultad de Ciencias de la Educación, a punto de empezar a empaquetar sus cosas, con cierta tristeza y proclamando que echaría de menos las clases. Es catedrático de Didáctica de las Ciencias. Biólogo de formación, se doctoró en Filosofía y Ciencias de la Educación. Confiesa que en su facultad existen tensiones y él las ha vivido en carne propia. Hay compañeros que ven con malos ojos el conseguir que los alumnos se impliquen con tu docencia más allá de lo convencional, que es ir al aula, tomar apuntes y aprobar un examen. Él trabaja con sus alumnos en grupo y les hace investigar, y eso también molesta, igual que lo hace que apruebe de manera masiva, no porque así lo haya decidido, sino porque consigue aprendizaje real en su alumnado.

Volvemos a encontrarnos con divisiones entre lo que considerábamos un pedagogismo monolítico, y según Rafael está mucho más dividido de lo que parece. En su opinión, y resulta curiosa esta percepción tan alejada de lo que hemos conocido hasta ahora, la mayoría de la enseñanza sigue siendo extremadamente tradicional, incluso en una facultad como la suya. El modelo dominante es unidireccional: al alumno no se le enseña para crecer, sino para aprobar exámenes. Dictar apuntes y luego examinar de lo adquirido de manera memorística no constituye en su opinión aprender de verdad. Admite que hay una minoría de profesorado que busca innovar, pero no siempre es fácil ante las presiones e inercias de lo que viene dado.

Sus clases son participativas y se plantean desde el respeto a la libertad y minimizando o eliminando el principio de autoridad. Se declara constructivista e investigativo. Es consciente de que en realidad no se enseña, sino que se aprende, y por tanto hay que conseguir que el alumno construya su propio aprendizaje; y solo se aprende investigando, por lo que hay que promover la investigación autónoma. Sabe que el mundo de fuera es a veces autoritario. Por eso trata de navegar el abismo entre lo deseable y lo que es posible que sus estudiantes terminen encontrándose. No contempla evaluar en base a niveles, en los que no cree, y esperar que todos lleguen al mismo sitio está en las antítesis de lo que él persigue. ¿Qué ocurre si uno de sus alumnos no se identifica con esta forma de enseñar y prefiere planteamientos menos radicales? Rafael trata de contestarme sin parecer dogmático y afirma que él no impone ninguna forma de abordar la docencia, aunque reflexiones posteriores dejan claro que entiende que cualquier otro enfoque que no sea el suyo es erróneo y hay que hacer lo posible por desterrarlo.

Quiero contrastar las sensaciones que tuve durante la charla con Nacho Rivas con Rafael Porlán, en parte porque ambos parecen compartir postura. Rafael, en concreto, denuesta la innovación, a la que se refiere como el «cacharreo tecnológico». Considera que tiene un fuerte componente neoliberal. La intuición es cierta: no existe una pedagogía única y no todos los pedagogos están en el mismo barco. Rafael lo ejemplifica mediante un gráfico: en un extremo del espectro estaría la llamada enseñanza tradicional; en el extremo contrario, la constructivista/investigativa. En medio se situarían un conjunto de enfoques dominados, por un lado, por lo tecnológico, en cumplimiento del axioma liberal de que es lo que toca porque la tecnología es el futuro y los chicos tienen que familiarizarse con ella. Por otro lado, está lo que denomina el «espontaneísmo», que es una simplificación del modelo constructivista, ejercido sin reflexión ni sentido: consiste en poner en marcha cualquier idea u ocurrencia, por lo general de manera frenética, sin permitir que ninguna actividad dure más de cinco minutos. Rafael no duda en tildar todo este supuesto espectro intermedio de falsamente innovador. No le sorprende en absoluto la pésima valoración que tienen los docentes de los cursillos de innovación, que solo cuentan con ocurrencias sin base científica ni capacidad de transformación, pero que están haciendo mucho daño no solo a la enseñanza, sino también a la pedagogía como ciencia. Cabe indicar también que sin estos cursos el profesorado no tiene acceso a los aumentos salariales denominados sexenios. Es decir, el adoctrinamiento que suponen es casi obligatorio o, al menos, al que no desee realizarlos le va a suponer un coste económico.

Le hago notar que la política parece dominada y secuestrada por esta pedagogía espontaneísta-tecnológica, pero no se pronuncia. Lo que sí cree firmemente es que cambiar la manera de enseñar y la filosofía con la que hacerlo es imposible mediante leyes, que por lo general se limitan a crear más burocracia inútil. Los políticos, cree, son mediocres e ignorantes y están bastante perdidos. Algo que sí podrían hacer y que contribuiría a la mejora de la educación es crear unas condiciones de trabajo y salariales mejores para el profesorado, de manera que la implicación de este colectivo sea mayor.

Le pregunto a Rafael si cree en los estilos docentes. Sin querer darme un no rotundo, claramente percibo que no. Aboga por un modelo único, activo, colectivo, que potencie el trabajo en grupo y prescinda de los exámenes. En dicho modelo la singularidad del profesor puede dar al traste con el trabajo colectivo y hay que renunciar a ella. No me parece que Rafael rescate uno solo de los planteamientos de lo que podríamos denominar enseñanza tradicional. Dice que sobran contenidos por todas partes y que reclamarlos es remar hacia atrás. Para él, toda enseñanza que no sea como él propone es monolítica y caduca. Cuando leyó el *Panfleto antipedagógico* de Ricardo Moreno Castillo se mostró tan alarmado por lo que entendía como una falacia tras otra que escribió su propio panfleto: el manifiesto «No es verdad», que contó con una amplia distribución y rebatía punto por punto lo afirmado por Moreno Castillo.

Sigo buscando puntos de contacto entre esos dos extremos que hemos establecido. Rafael opina que el debate educativo está repleto de falsos binomios. Uno de ellos es si memoria sí o no. Esto es falaz. Hay muchas formar de retener cosas en la memoria y cree que se debería reformular en términos de memoria a corto plazo (la necesaria para estudiar apuntes y aprobar un examen) y a largo plazo (la que no requiere estudio y parte de una auténtica asimilación de los contenidos). La primera es inútil, pues no tiene un impacto duradero. La segunda permanece con el estudiante durante largo tiempo. Otro debate es entre si debe existir esfuerzo o no. Vuelve a ser un debate desenfocado. Para él, la cuestión es para qué esforzarse. Está a favor si esforzarse consiste en apostar por algo útil y que merezca la pena. No está a favor si de lo que se trata es de esforzarse por algo que no sirve para nada: aprobar un examen de contenidos memorísticos, que se olvidan de inmediato. No rechaza la exigencia. De hecho, él se declara muy exigente con sus alumnos. Su evaluación es continua, pero la lleva a cabo de forma rigurosa, leyendo detenidamente lo que hacen y tratando de percibir si se está produciendo un avance real.

Continúa diciendo que toda la enseñanza se fundamenta en la lógica de la materia y no en la del alumno: imponemos contenidos porque hemos diseñado las asignaturas de manera que sirvan a la materia que enseñamos, pero no nos adaptamos al mundo del alumno ni a sus ritmos de aprendizaje. Se queja de una excesiva diversidad de materias. Denuncia lo que denomina «un contexto en que el alumno es permanentemente juzgado»: las metas son meramente académicas (aprobar, pasar de curso, conseguir un título) y no se logra un aprendizaje significativo. No es una educación liberadora, pues con ello lo único que se busca es perpetuar estructuras de poder y conseguir la sumisión del alumno, en preparación para un tejido socioeconómico que precisa dicha sumisión.

Puede que la idea de que toda la pedagogía es rechazable resulte exagerada e injusta. Pero creo que la postura de Rafael es demasiado inflexible, apegada a un modelo que no parece contemplar ni ser capaz de tolerar la disidencia, modelo que, aunque él no lo admitiría, resulta más ideológico que estrictamente científico. Creo loables el deseo de formar ciudadanos críticos con el mundo en el que viven y limitar la tecnología y la innovación por la innovación. No comparto la idea de adaptar la enseñanza al ritmo del alumno ni esa conceptualización de una escuela punitiva y juzgadora, entre otras cosas porque parece estar hablando de algo muy antiguo que apenas existe ya. Y no sé cómo se crean ciudadanos más sumisos, si proporcionando saberes o renunciando a ellos. Hay que estar atentos a la pedagogía espontaneísta, que, tal como ha sido definida por Rafael, nos permite entender mejor por qué tiene tanto predicamento entre los políticos.

Más allá de planteamientos teóricos, quiero también conocer de cerca un lugar en el que dichos planteamientos se lleven a la práctica. Como he comentado, acceder a los centros privados o concertados es tarea casi imposible. No lo fue en el caso de Sadako, una escuela de Barcelona cuyo director, Jordi Mussons, accedió a recibirme. Me da la bienvenida recién llegado de un retiro con el equipo directivo, algo que me cuenta que hacen habitualmente. Valoran la marcha de los diferentes proyectos que tienen en funcionamiento y trabajan lo que denomina el «relato de la escuela». Jordi es profesor de biología. En su momento no fue buen estudiante: pasó por varios centros y en la universidad cumplió con las expectativas, pero sin destacar. Claramente, lo que se le pedía (memorizar y aprobar exámenes) no era su fuerte. El que sus habilidades eran otras es algo que ningún docente supo ver. En cuanto a Sadako, lleva veintiocho años en ella. Esta escuela se fundó en 1968 y desde el principio fue un referente de innovación en la ciudad de Barcelona.

Jordi habla mucho de competencias y emociones, lo que le sitúa en esa órbita innovadora denostada por muchos. Me explica que trabajan con sus estudiantes la autonomía, la motivación, la resiliencia y la empatía. Le pregunto si también contenidos y me responde que sí, pero en función de lo anterior y no al revés. Opina que hay dos modelos educativos: el centrado en el docente o lo que otros denominan el «modelo tradicional» y el centrado en el estudiante, con aprendizajes más significativos y sinceros. Incurre en una aparente contradicción afirmando que la escuela debe adaptarse al mundo y, en otro momento, que debe aspirar a transformar la realidad, pero la resuelve explicando que en su escuela existe un ideal, que es transformar la realidad, pero que no se aferran a él y se dan cuenta de que el mundo es como es. Por ello, preparan a sus alumnos para aspirar a cambiar las cosas, pero desde lo que ya existe. El nivel académico de Sadako está por encima de la media de las escuelas catalanas: es verdad que no creen que los saberes sean lo más importante, pero son conscientes de que a sus estudiantes les resultarán necesarios cuando salgan del centro. El único momento de la charla en que Jordi se muestra a la defensiva es cuando le pregunto si sus estudiantes saben quiénes son Verdaguer y Lorca y confiesa que quizás no todos. Pero estos alumnos, dice, tienen la curiosidad suficiente para acercarse a cualquiera de los dos si alguien les habla de ellos y la capacidad de comprender su obra si la leen.

Jordi me cuenta cosas que ya había oído, pero de su boca parecen más sinceras. Es quizás porque no teoriza. Dirige una escuela donde cualquier teoría puede llegar a chocar frontalmente con la realidad y de ahí la necesidad de compromiso y de buscar un terreno intermedio. Se muestra convencido de lo que dice y con ganas de argumentarlo. En honor a la verdad, en Sadako se respira un ambiente poco habitual en otros centros y sorprendentemente similar al del IES San Mateo de Madrid: chicos tranquilos, docentes relajados, un ambiente de trabajo ordenado, cordialidad y seriedad. La escuela se halla en la zona alta de Barcelona, en las estribaciones de la sierra de Collserola, entorno natural bellísimo, pese a tratarse de una zona urbana. Conozco a algunos alumnos y tengo ocasión de charlar brevemente con ellos: son educados, amables y saben expresarse correctamente a la hora de explicarme la labor que en ese momento están llevando a cabo.

Me dice Jordi que los políticos no los quieren: un proyecto educativo tan sui géneris les genera inquietud. Son un centro concertado y eso les pone en el punto de mira de los sectores más a la izquierda. Pero también les han dado premios, recientemente uno del Cercle d'Economia. En el fondo, les da igual cómo los vean: ser un centro concertado les permite vivir de las cuotas que pagan las familias y es a la educación de sus hijos a lo que se deben. Dicho esto, me advierte de que la opinión de las familias es importante, pero que no son ellas las que diseñan el proyecto educativo. Apunta en la misma línea que otros entrevistados: hay padres que sobreprotegen a sus hijos, pero por otro lado son muy permisivos. No saben poner límites y se muestran incapaces de educar. Me comenta alguna experiencia puntual: han firmado contratos de buen uso digital con algunos de ellos, educando a estos últimos en cuál puede ser un uso razonable de las tecnologías y proporcionándoles herramientas para abordar el tema con sus hijos. Esta reflexión es importantísima, según Jordi: es donde mejor se vertebra el papel de una escuela que aspira a ser agente de cambio en la sociedad y a servir a una comunidad que va más allá del alumnado.

Jordi coincide con muchos de los entrevistados en el escaso interés de los políticos por la educación. Por ejemplo, en Cataluña se han ofertado plazas de docente a destajo por un pacto con los sindicatos, sin importar que ello suponga el acceso a la docencia a personas poco o nada preparadas, temor que algunos otros participantes también me han hecho notar. Los políticos no saben casi nada de educación, pese a lo cual son tan soberbios que se creen los únicos capaces de gestionarla, mediante leyes a veces irracionales que revelan un deseo de control desmedido. Otro asunto que abordamos en la conversación tiene que ver con el carácter experimental del centro. Me dice que ellos nunca abrazan la innovación porque esté de moda, sino porque consideran que aporta beneficios. Jamás ponen nada en marcha sin un plan concreto para testar los resultados, de modo que lo que no funcione se pueda descartar. Con respecto a los resultados de PISA en Cataluña, admite que no son buenos, pero me advierte que, si además de resultados académicos se valoraran actitudes y competencias profesionales y ciudadanas, serían aún peores.

En Sadako hay un profesorado estable, que para Jordi es fundamental a la hora de articular un proyecto educativo coherente y que es el talón de Aquiles de muchos centros públicos: plantillas cambiantes y equipos poco implicados y dedicados solo a la burocracia no contribuyen a una mejora de la calidad. El profesorado de Sadako debe adaptarse a trabajar en equipo y a ser supervisados. No me lo dice con estas palabras, pero en su escuela no existe libertad de cátedra y el que quiera ejercerla debe marcharse. Las aulas son lo que él denomina cooperativas, donde los profesores comparten docencia con psicopedagogos. Un cristal es lo único que separa el aula del resto del centro, de modo que cualquiera pueda ver lo que ocurre dentro. Los alumnos adquieren responsabilidades en el momento que entran en el centro y colaboran en tareas cotidianas: desde limpiar hasta cocinar. En la escuela hay huertos, animales de granja, y son los estudiantes los que se ocupan de todo ello, algo que les hace responsables y cooperativos. Me habla de que trabajan lo que se denomina «aula multinivel»: todos realizan lo mismo, pero cada uno de ellos lo hacer desde un nivel que él mismo se fija y desde el que se le va a evaluar. Es decir, la evaluación no se basa en la consecución de unos objetivos iguales para todos, sino determinando si el alumno ha sido ambicioso al plantearse el nivel que pretende alcanzar y lo ha conseguido o se ha planteado metas poco ambiciosas; en este caso, incluso consiguiéndolas, su calificación es mediocre.

Jordi dice que todos los años salen a observar lo que llevan a cabo otros centros. Al principio volvían llenos de reproches porque les parecía que ellos eran mejores. Con los años se han hecho más receptivos al ver que de todos se puede aprender. Para Jordi el blanco y el negro no existen en educación. Por ejemplo, ellos no rechazan una dosis de enseñanza memorística. También profundizan mucho en la lectura (por lo general en papel) y en la comprensión y expresión escritas. Podríamos concluir que este centro es de los que Rafael Porlán calificaba de auténticamente innovadores y transformadores: no abrazan la innovación sin más, sino desde convicciones profundas, aunque Jordi es menos unilateral que Rafael y admite que su proyecto está abierto a aportaciones de muchos sitios, incluso la enseñanza más tradicional. Matiza que aprendizaje cooperativo no significa que en su escuela no se trabaje desde el rigor, ni que se haga activismo, y mucho menos que sean un parque de atracciones. Es tan crítico o más que Rafael Porlán con la moda de innovaciones mal trabajadas, que se aplican por esnobismo y que empeoran las cosas. Le hablo sobre la felicidad, quizás esperando una contraposición al aprendizaje, y me contesta que las dos cosas son lo mismo: un alumno feliz aprende mejor y está más motivado, y aprender hace que uno sea más feliz. Eso sí, se muestra en contra del suspenso y de la repetición de curso, que considera punitivos y de escasa o nula utilidad.

Cada vez tengo más claro que a los docentes se nos ha llevado a una cierta guerra de trincheras sin sentido alguno. Es imposible salir de Sadako preocupado por los alumnos de este centro. Mi impresión es que están en buenas manos y me baso para afirmarlo en el compromiso que he observado. Es un centro ciertamente innovador, pero gran parte de esa innovación es razonable y, si se trabaja desde el rigor como no dudo que hacen ellos, es seguro que puede dar buenos resultados. Algo parecido me transmitió el IES San Mateo, mucho más parecido a Sadako de lo que cabría pensar, pero que dicen aproximarse a la enseñanza de manera más tradicional. En realidad, ni Sadako es tan innovador ni el San Mateo tan tradicional. Son binarismos creados por algunos para buscar cosas que tienen poco o nada que ver con la educación. Al final, la clave de un buen proyecto educativo es el equilibrio, la falta de radicalidad y el rigor y compromiso con que se aborde, tanto si tiende más a lo tradicional como si tiende más a lo innovador, siempre con rendición de cuentas y medición de resultados. Es casi estremecedor lo mucho que se parecen el punto de vista de Jordi a los de otros entrevistados a los que muchos considerarían en las antípodas: su idea de la política como un escollo en lugar de una ayuda, la crítica a la burocratización de la docencia y el adocenamiento, las innovaciones sin sentido o el abuso de la tecnología.

Quiero que conozcamos a una pedagoga de las que sí pisa el aula; de hecho, la conversación con Isabel Nieto me resulta especialmente interesante. Isabel es de Educación Infantil, ámbito al que aún no nos habíamos asomado. Se declara constructivista y por tanto en la órbita de lo que estamos recorriendo en este capítulo. No cree en el libro de texto y elabora sus propios materiales, menos encorsetados. Enseña a niños de 3 a 6 años en el CEIP Juan Hidalgo de Los Palacios (Sevilla), en unas condiciones que no son siempre las mejores: aulas con hasta 27 alumnos, muchos de ellos diagnosticados con problemas graves. Isabel ha trabajado previamente en otras localidades sevillanas y también en Madrid. Su actual centro tiene una plantilla estable y por eso pueden trabajar con cohesión, aunque eso no evita que se enfrenten a problemas muy serios. Pero declara estar encantada con su trabajo porque es muy vocacional. El día a día es física y mentalmente agotador, pero no exento de compensaciones: a esas edades evolucionan muy rápido y presenciarlo proporciona mucha satisfacción. La suerte es que en su centro sus compañeros son mayoritariamente personas con vocación.

Me intereso por los problemas con los que los alumnos acceden al sistema. Hemos obtenido una visión amplia de la enseñanza secundaria y también, en menor grado, de la primaria, pero ¿qué ocurre justo en el nivel de entrada? A Isabel le preocupan varias cosas. En primer lugar, ha ido observando que cada vez más niños acceden con trastornos del desarrollo diagnosticados: es muy rara la clase en la que no hay uno o varios párvulos en el espectro autista. Ella lo atribuye en parte a un uso desmesurado de móviles y tabletas desde edades muy tempranas, que acarrea déficits de lenguaje, hasta el punto de haberse encontrado en algunas clases hasta el 50 % de niños con esta problemática. En algunos hay tal adicción a la tecnología que, a la hora de separarles de ella, muestran conductas agresivas. El déficit de atención es enorme y necesitan imágenes para comprender lo que se les dice porque con las palabras no les basta. Quieren pantallas, aunque tampoco comprenden bien lo que ven en ellas. Lo que a Isabel le sorprende es la rapidez con la que esta situación se ha acelerado. Cada vez es más difícil enseñar y avanzar, por no mencionar que los pequeños vienen de casa sin normas de ningún tipo.

Tales niños son los futuros alumnos de primaria, secundaria y estudios superiores. ¿De verdad pensamos que los problemas se solucionarán mágicamente en algún momento de su crecimiento? Es inevitable preguntarle a Isabel si todo esto es algo que sienta que se está investigando y gestionando adecuadamente desde las instancias pertinentes. Me hace una distinción: hay una parte de la aportación pedagógica que trabaja este tema y resulta útil, pero toda no lo es, especialmente la que es muy teórica y se limita a proponer cosas sobre el papel que luego son difíciles o imposibles de aplicar. ¿Y la inspección? Si existe tal cosa, ella no es consciente de ello ni sabe para qué sirve. Tampoco siente que los sindicatos aporten nada y los políticos mucho menos.

¿Cuáles son las necesidades reales? La primera es refuerzos de todo tipo para poder atender adecuadamente a los niños con problemas, o sea, lo que hemos denominado la verdadera inclusión y no la que viene en los papeles, pero que jamás se traduce en nada tangible. La segunda es una ley educativa sensata y que no cambie continuamente. La tercera es mejores ratios o más personas. Son tres reclamaciones razonables. Pues bien, cuando las hacen llegar a la Consejería, lo único que de vez en cuando consiguen es que les manden algunas tabletas más. También les piden papeles en cantidades ingentes, pero tienen la sensación de que nadie los lee. Isabel se muestra convencida de que quienes gestionan el sistema no tienen ni la más remota idea de lo que están haciendo.

Isabel demuestra que hay pedagogos que se sienten ninguneados por el sistema y son justamente los que realizan una labor más útil: quienes están a pie de aula y trabajan con los chicos que acceden al sistema. Estos ni están en los despachos ni notan que en los despachos se haga nada ni por ellos ni, y esto es incluso más grave, por esos alumnos a los que luego se pretende haber colocado en el centro del aprendizaje. Utilizo el plural porque la propia Isabel me confesó que la mayoría de compañeros comparten sus preocupaciones. No es una cuestión de enseñar más o menos contenidos, sino de comenzar a construir el edificio educativo con bases sólidas. Es decir, no hay ideología en mejorar las dotaciones de los centros de infantil o no hacerlo, sino meramente desidia o indiferencia. Quizás precisamente porque no se puede convertir la educación a este nivel en un arma política es por lo que no se le presta atención, confirmando que a quienes gestionan la educación solo les interesa aquello que sirva para captar votos.

En honor a la verdad, en los últimos años parece haber surgido un movimiento decidido a favor de otra pedagogía distinta que no ha conseguido llegar al *establishment*, razón por la que merece ser destacada. Se trata de una serie de personas que opinan que es urgente mejorar la rendición de cuentas por parte del sistema. Francisco López Rupérez o José Manuel Lacasa son dos nombres vinculados a este esfuerzo por una pedagogía científica, pero otros entrevistados han remarcado la necesidad de incorporar este enfoque de manera más sistemática (Elena Ortiz, por ejemplo, como luego veremos).

José Luis Arroyo imparte clases de Métodos Cuantitativos en la Universidad Pontificia Comillas de Madrid. Charlé con él sobre innovación educativa y me contó que es un firme defensor de ella, aunque se apresura a añadir que nunca puede ser un fin en sí misma, sino un instrumento para conseguir fines bien definidos y estructurados. Opina además que debe medirse cuantitativamente su eficacia, cosa que él hace: una metodología será buena en la medida en que consiga el objetivo que pretende. Si esto no se mide, terminaremos asumiendo que algo funciona solo porque alguien lo cree y así se ha encargado de venderlo. En el caso de José Luis, opina que la preparación de sus estudiantes a veces no peca de falta de conocimientos sino de exceso, entendiendo esos conocimientos como saberes memorísticos. En su caso, necesitaría que se trabajara en niveles educativos previos la conceptualización y comprensión real de esos saberes.

José Luis tiene vocación por la enseñanza. Trabajó como ejecutivo en una empresa del sector energético durante casi veinte años y lo abandonó por la docencia y la investigación, que son su verdadera pasión. Cuenta con tres tesis doctorales, una en economía, otra en ingeniería y la más reciente en filología. Ahora se plantea que la próxima pueda ser en física teórica o en filosofía. Trabajador incansable, con gran dominio metodológico y muy activo en redes sociales, afirma que la transmisión del conocimiento es lo más importante que puede hacer la universidad, sea pública o privada. Hay que darle al alumno lo que necesita y no lo que quiere, pero también opina que un docente tiene que escuchar a sus estudiantes. Es una de sus objeciones a las encuestas de evaluación: utilizando métodos cuantitativos, ha conseguido demostrar en publicaciones internacionales de primer nivel que miden más la popularidad de un profesor (me comenta que hay estudios que demuestran que incluso el atractivo físico es una variable relevante) y su índice de aprobados que su labor profesional. No sabe cómo podría esto solucionarse, pero afirma que los datos están ahí y deberían hacernos reflexionar.

¿Existen los pedabobos? Por desgracia, sí. Y los hay en exceso. ¿Lo son todos aquellos que se han formado en ciencias de la educación, en magisterio o en pedagogía? Ya hemos visto que en absoluto. Se trata de otro binarismo, mantra o estupidez que debemos descartar. No podemos aspirar a una mejora real de la educación demonizando a todo este ámbito, si bien es urgente reclamar voz en cuestiones educativas a todos los que nos dedicamos a ello y no solo a quienes ven la educación desde ángulos muy específicos y, en ocasiones, interesados. Vuelve a ser necesario escuchar, sobre todo a aquellos que también son capaces de escuchar a otros y que no se creen en el monopolio de la verdad.

6. 2. ¿LA INSPECCIÓN EDUCATIVA, BRAZO ARMADO DEL PODER?

Junto con los pedagogos y por supuesto los políticos, el cuerpo de inspectores es de lo más denostado del sistema. José Manuel y Chelo, del IES Bécquer, se quejaban de que antes los inspectores eran específicos de la materia y podían aportar un *feedback* útil. Ya no lo son. Ahora vienen de Ciencias de la Educación y su visión es la propia del *establishment*, que busca desdibujar los saberes. Eduardo, del mismo centro, se lamentaba de que siempre presuponían la culpabilidad del profesorado. Horacio Silvestre culpaba a Felipe González y sus ministros de Educación, que politizaron el cuerpo y le arrebataron cualquier atisbo de independencia. Juan Guzmán confirma lo anterior tras haber conocido dos modelos de inspección: antes de la LOGSE un cuerpo independiente, con un inspector por asignatura, que trabajaba con espíritu constructivo acudiendo a los centros a aconsejar y asesorar; a partir de la LOGSE, el inspector desconocía la casuística de las diferentes asignaturas, pero daba igual porque lo único que ya interesaba era minimizar los suspensos y presionar para que se aprobara a todos los alumnos.

Carlos Rodríguez Estacio afirmaba tajantemente que a los inspectores solo le importaba el número de aprobados. Si un docente aprueba a todos sus alumnos y con buenas notas, el inspector jamás le cuestionará nada. Si ese maestro presenta un número significativo de suspensos (para algunos, un 10 % de suspensos ya lo es) el inspector le exigirá papeles, es decir, informes, burocracia, empezará a supervisar que el profesor no haya omitido un solo formulario, a exigirle explicaciones detalladas de qué ha hecho el estudiante en cada minuto de cada clase y de las medidas tomadas para evitar el suspenso. O sea, le presionará sutilmente (o no tanto) para que cambie la nota y no ose suspender a nadie más. Ricardo coincidía con esto al afirmar que los inspectores realizan una labor nefasta, centrada en que el alumno tiene siempre la razón, no tanto porque lo crean sino por bajarle ínfulas al profesorado y así reafirmar su autoridad como brazo ejecutor del poder político. Por otro lado, al poder político le interesa vender la idea de éxito, que significa que aprueben todos:

por tanto, los inspectores deben afanarse en que esto ocurra, sin pensarlo dos veces a la hora de aplicar medidas coercitivas.

En este asunto existe una transversalidad política que no vemos en España en nada más. Los pronunciamientos públicos del PSOE están claramente alineados con el aprobado a toda costa y el nulo esfuerzo, pero existe en algunos círculos el espejismo de que PP defiende la cultura del esfuerzo y el rigor. Sin embargo, sus gobiernos en Andalucía, por citar un caso, no han revertido en medida alguna la situación educativa. En Madrid hemos visto que ha habido un continuismo frente al PSOE y solo intentos ocasionales de actuar en base a esa cultura del esfuerzo en centros como el IES San Mateo. Según muchos entrevistados, en Castilla-La Mancha y Castilla y León la situación es algo menos preocupante.

Antonio Alcázar me explicaba que la inspección era voraz a la hora de requerir papeles y que las directivas de los centros se plegaban enteramente a sus exigencias. El papel de la inspección, en su opinión, era más disruptivo que otra cosa. Les daba igual lo que ocurriera en los centros o los problemas que existieran. Gregorio Luri opinaba que era desconcertante cómo se había extendido la idea de que la calidad del sistema dependía del número de formularios rellenados. Lo atribuía a un afán de control por parte del poder político, que, investido necesariamente de bondad y supuestamente refrendado por los votos, entiende que debe supervisarlo todo. No obstante, el que exista una burocracia elefantiásica no garantiza ningún control ni ninguna supervisión, tan solo la ilusión o espejismo de que se ejerce esa función de supervisión.

A Inger le sorprendía que los inspectores no hubieran dado la voz de alarma hace tiempo frente a las disfunciones del sistema educativo, si bien, a la vista de cómo se les acusa por muchos de ser el brazo armado del poder político, esto no resulta extraño en absoluto. He encontrado algunas excepciones a esa hostilidad. Mercedes Ruiz Paz, sin mostrarse en desacuerdo con lo anterior, me advertía de que no es en absoluto algo generalizado y que hay inspectores que creen en la educación y en el rigor y son buenos profesionales. Susana Díaz me hizo notar que, en el caso de Extremadura, al menos desde su experiencia, era un cuerpo con escasa presencia en la vida de los centros.

Hasta ahora hemos hablado de inspección educativa de manera generalizada, pero toca conversar con nombres concretos. Quise empezar por Elena Ortiz, de quien me habló Alba Font, y no demasiado bien. Aun así, me interesé por conocer su versión y me desplacé hasta su despacho de la Conselleria de Educación de la Generalitat Valenciana. No tenía buenas expectativas a raíz de lo escuchado, pero debo decir que Elena jamás mostró reticencia a reunirse conmigo, a diferencia de lo que ocurrió con otros colegas suyos. Con alguna pequeña dificultad, cuadramos el encuentro sin demasiadas complicaciones por su parte. Tengo que decir que la persona con la que me encontré en Valencia no guardaba relación alguna con la que mi cabeza había construido. De una personalidad arrolladora y amabilidad extrema, me encantó conocerla y saber además que era filóloga como yo. Hasta hace cuatro años enseñaba y eso es lo que ha hecho toda su vida. Su trayectoria como inspectora es breve y conoce perfectamente lo que ocurre a pie de aula.

Elena opina que tendemos a ser muy radicales en materia educativa y a movernos de manera pendular y por modas. Lo ilustra mediante una anécdota. Tuvo hace poco la visita de unos educadores suecos, que se quedaron impactados cuando llegaron a una escuela en que los alumnos escribían y tomaban notas en sus cuadernos. Al parecer, en Suecia esto hace tiempo que se suprimió, si bien justo ahora se plantean rescatar el componente analógico de la educación. Les encantó ver que aquí no lo hemos perdido, si bien hay quienes claman que debería desterrarse en pos de una educación adaptada a los tiempos. Elena cree que la escuela tiene que estar en constante proceso de adaptación, pero opina que ello no pasa por derribar todo lo que teníamos, como aprendió de aquellos colegas suecos. También Salvador Seguí me contó en nuestra charla que Finlandia ha sido un espejismo: se nos ha presentado como un paraíso de la felicidad y la mejor educación posible, con poca exigencia, flexible, dotada de toda la tecnología imaginable y alejada de modelos caducos. Salvador me dijo que en Finlandia el sistema era magnífico, efectivamente, hace unos años. Pero llegó la innovación y empezó a implantarse de manera masiva e irreflexiva. El sistema anterior era tan eficaz que resistió bien los embates de la enseñanza innovadora. Pero ya se ha producido una alarmante bajada de la eficacia y efectos demoledores del mal llamado progresismo educativo en la preparación de los estudiantes, lo que ha llevado a una reflexión sobre la necesidad de repensar las cosas y recuperar parte de lo que se había desmantelado.

Elena no rechaza la innovación ni la pedagogía y de hecho se define como una «inspectora pedagoga». Pero también admite que en pedagogía se tiende a la radicalidad y ello es perjudicial. Añade algo que muchos invitados han puesto de manifiesto: no existe cultura de evidencia científica en educación. Algo se pone de moda y se vende como la panacea, pero nadie se molesta en aportar evidencias de las supuestas ventajas que pueda tener. No se evalúan las metodologías que se proponen y no se evalúa el funcionamiento del sistema en su conjunto. La última moda, según ella, son los proyectos. Si uno busca, afirma Elena, se los encontrará en todas partes. Lo que no hallará es constatación empírica de su utilidad. Y, sin embargo, muchos no conciben ya la educación sin ellos. En Holanda los convirtieron, según Elena, en casi la única estrategia de aprendizaje y ahora tratan de revertir la situación y restarles protagonismo tras ver que abusar de ellos acarreaba consecuencias desalentadoras. Elena dice sí a la pedagogía, pero, me advierte, no a los experimentos y ocurrencias sin evidencia científica.

También se abusa de la palabra *calidad*, que nadie sabe bien en qué consiste. Ella propone olvidarse de ese término y, con más humildad, buscar una educación útil y que cumpla sus objetivos. Pero no hay cultura de que el sistema deba ser evaluado y rendir cuentas. Los políticos asumen que es bueno si es como ellos quieren. Pero debemos dejar de hablar de lo que es bueno o malo y pasar a plantearnos si lo que hacemos es eficaz o no, pues de ese modo prescindiremos de la ideología en aras de la profesionalidad. ¿De qué sirve pregonar a los cuatro vientos que el sistema es inclusivo si cualquier persona sensata sabe en el fondo que la violencia y el acoso están a la orden del día? Elena, sin entrar a valorar la LOMLOE en su conjunto, aplaude que al menos se haya definido un perfil de salida. Es decir, la propia ley obliga a que se alcancen objetivos específicos en materia de ciudadanía, digitalización, capacidad crítica y otra serie de competencias que hasta ahora se trataban de forma vaga y sin prestar atención a cómo medir y evaluar su adquisición.

Nada de lo que he escuchado hasta ahora se corresponde con la forma en que me habían descrito a los inspectores educativos: criaturas del sistema cuyo único fin era asegurarse de que la ideología educativa penetraba hasta el último rincón. Pero en algún momento de la charla sí he hallado algún retazo de lo que esperaba. Por ejemplo, Elena defiende que hoy día importa más que los chicos sepan cómo llegar a la información que disponer de los saberes. Eso, añade, les hace empleables. Hay en sus palabras una excesiva confianza en las redes sociales como depositarias del conocimiento, así como una instrumentalización de este último en aras de una supuesta empleabilidad, vista de forma utilitarista. Siempre que escucho hablar de saber encontrar la información, me pregunto si el objetivo de toda la educación es que los alumnos sepan utilizar Google. Quizás la parte que más me sorprende es que Elena afirme que tenemos los adolescentes mejor preparados de la historia y que quienes no están preparados en absoluto son los docentes. No puedo sino hacerle la siguiente pregunta: ¿cómo puede darse la paradoja de que unos docentes tan malos preparen tan bien a sus alumnos? Sin perder su amabilidad, me contesta que hay mucho *homeschooling*. Segundos después, me espeta que algunos se preparan por su cuenta. Noto escasa convicción. No quiero seguir por ese camino, pero está claro que mi cuestionamiento enfrenta a Elena con una de esas paradojas que el *establishment* trata de no ver, sobre todo cuando compra el discurso insustancial pero bellamente envuelto del pedagogismo oficial.

¿Está Elena dividida, probablemente sin ser consciente, entre lo que sus ojos ven y lo que los discursos educativos le han inculcado? En sus palabras anteriores existe una defensa a ultranza de lo competencial, si bien un rato después admite que el conocimiento no puede arrinconarse y debe conformar un todo indivisible con lo competencial. Y añade que los países que han abrazado irreflexivamente lo competencial están dando marcha atrás al constatar que de nada sirve saber hacer si no se saben también cosas. O sea, una competencia, desde su punto de vista, es una síntesis de lo que los chicos saben (o lo que se denomina en la última ley: «saberes básicos») y lo que saben hacer, así como de las actitudes con las que se enfrentan a todo ello. Se trata de alcanzar una integración en la que cada parte sea igual de relevante que las demás. Un contenido o conocimiento básico aislado no deja de ser un aprendizaje memorístico. Y una competencia deslindada de todo lo demás es inútil. En cuanto a los valores, cree que una función básica de la escuela es ayudar a crearnos proyectos de vida.

Le pregunto si se considera una inspectora típica y me dice que no del todo. Su enfoque no es punitivo, sino constructivo. Con sus centros trata de dialogar y buscar soluciones a los problemas. Concibe su papel como el de alguien que colabora para que las cosas funcionen mejor. Estando en Valencia, es ineludible abordar brevemente la cuestión de los ámbitos. Elena se declara a favor de ellos, pero rápidamente añade que de las escuelas que tiene asignadas tan solo una se ha mostrado a favor de ellos. No percibo que Elena crea que su misión sea imponerlos y se limita a respetar la decisión de cada centro. También afirma que el problema es la falta de evidencia científica que apoye su idoneidad, por lo que no cree conveniente imponerlos si los docentes no se sienten comprometidos con ellos.

No conocía el concepto de los «niños trofeo» que Elena me explica. Son aquellos a los que sus padres sobreprotegen y tratan de inculcarles que todo está bien, reforzando a todas horas su autoestima en la idea de que así los hacen más fuertes y proclives a triunfar en la vida. Desde su punto de vista, deberíamos tratar de recuperar el concepto de resiliencia, que hace años estuvo de moda, pero que ahora se ha esfumado. Y es importantísima: la capacidad para afrontar los reveses y aquellas partes del mundo que no son como nos gustarían. Desde el punto de vista de Elena, esta sobreprotección de los hijos es uno de los principales problemas del sistema educativo. Los otros dos son una sociedad sin valores y muy vacua y un sistema productivo que no es capaz de ilusionar a los trabajadores y estimularlos para que se formen adecuadamente. La falta de horizontes desincentiva que los chicos apuesten por su educación todo lo que sería deseable.

El pedagogismo oficial tiende a pensar en el docente como el verdugo, salvo que aplique sus dogmas. Le pregunto a Elena si ve a los profesores como víctimas o verdugos. En su opinión, son víctimas de un sistema de entrada que no es demasiado bueno y de la falta de apoyo posterior. Su suerte depende demasiado de factores azarosos: que les toque un buen centro, un buen tutor y un buen inspector. Le comento que algunos docentes se sienten agredidos por unos pedagogos que jamás han pisado un aula y me dice que es comprensible y por eso se necesita menos imposición y más diálogo entre todos los sectores. Le digo que muchos docentes no sienten que la inspección favorezca ese diálogo. También admite que hay razones para que se perciba así, pero opina que poco a poco el cuerpo se está humanizando y avanzando hacia un perfil menos autoritario y más dialogante.

Sigamos buscando puntos en común. Elena coincide con muchos de los entrevistados en que la política no ayuda en absoluto a la educación y que los cambios políticos se notan poco. Como otros muchos, apoya itinerarios, que cree imprescindibles. En otros países existen y funcionan. Cuando le digo que creer en ellos conlleva que a uno lo acusen de segregador, me dice que, desde su punto de vista, los itinerarios garantizan igualdad de oportunidades para todos y no al revés. Entiende que el profesorado esté desmotivado y cree que no ayuda nada que se impongan cambios continuos y con nulo aval científico. Es lógico que la crítica al sistema vaya a más.

Antes de despedirnos, Elena dice sentirse un poco como Juana de Arco. Es muy luchadora, pero a veces agota estar en un sistema tan lleno de inercias, tan resistente al cambio útil y tan tensionado. Supongo que ese sentimiento es compartido con muchísimos otros actores del sistema, a algunos de los cuales hemos ido conociendo. Las mandarinas que Elena me regala al final de la charla (de su propio huerto) son la guinda de la magnífica impresión con la que me marcho. No estoy de acuerdo con todo lo que me ha dicho, pero aprecio su talante dialogante y respetuoso con la diversidad. Eso sí, creo que su conexión con la política es nula, y habrá que ver si esto es así en el caso de otros inspectores. Coincide Elena con personas de fuera de este sector en que las modas son muy nocivas en educación, que no hay que derribar todo lo anterior, sino mejorar lo que no funciona, pero que si algo funciona o no debe decidirlo la evidencia científica y no la ideología. Competencias, saberes y valores deben coexistir en la escuela del siglo XXI y ninguno sobra. Me gusta su análisis de los niños trofeo, de los padres sobreprotectores, de una sociedad vacua y basada en la gratificación inmediata. Coincidirían muchos entrevistados con ella en su crítica a la intervención de la política, que tiende a complicar las cosas en vez de resolverlas, y en los itinerarios, que permitirían una diversidad real.

Quise hablar con otros inspectores y comprobar si Elena es una *rara avis* o si existe más diversidad en este colectivo de lo que me habían contado. Antonio Montero Alcaide es desde 1995 profesor asociado en la Facultad de Ciencias de la Educación de la Universidad de Sevilla. Antes de eso fue docente de primaria en un centro de su localidad natal: Carmona, en la provincia de Sevilla. Tras aprobar las oposiciones en la rama de psicopedagogía, pasó a ser orientador; después accedió a la Inspección General del Estado del Ministerio de Educación, donde ejerció hasta 2010, cuando fue transferido a la Junta de Andalucía. Ser inspector es, según él, apasionante: cada día es distinto. Antonio es un hombre inquieto y activo, que practica la maratón, pero también colabora en medios de comunicación escribiendo sobre temas educativos, así como autor de libros sobre personajes históricos como el rey Pedro I el Cruel. Su próxima obra versará sobre María de Padilla, amante de dicho rey y, según Antonio, un personaje fascinante.

Mi invitado es consciente de los prejuicios que existen contra la inspección, pero piensa que son injustos: los ven siempre como personas intransigentes, obsesionadas con la burocracia, alejadas del día a día de los centros. No le falta razón, como hemos explicado más arriba. Antonio esgrime que con frecuencia también se asesora y ayuda. Le quita importancia a esas críticas, que atribuye solo al hecho de que a nadie le gusta ser supervisado. No sé si está cayendo en el error de pensar que todos sus colegas son como él, a quien desde luego no puedo calificar en absoluto de intransigente. Sigue diciendo que la inspección sensata y equilibrada es bien recibida, lo cual ya deja traslucir que quizás toda no lo sea. En un momento se le escapa una apreciación injusta: «Los docentes raramente tienen el deseo de mejorar y aprender». A lo mejor es que lo que se les pretende enseñar es poco útil para mejorar y resulta más ideológico que profesional.

Antonio es cordial y empático, pero también corporativo. Le pregunto por agresiones como la que me relató Nacho Camino, en la que el inspector se limitó a culpar al profesor agredido y a una presunta metodología inadecuada. Antonio admite que cualquier agresión es siempre responsabilidad del agresor, pero se apresura a añadir que hay problemas de convivencia en los centros que sí pueden ser atribuibles a metodologías inadecuadas, especialmente en la ESO. Y ya que surge el tema, llegamos a lo que era fácil de intuir: Antonio opina que la ESO la debería impartir íntegramente profesorado de primaria. En esto existe una corriente de pensamiento muy viva en los despachos, pero que no ha salido aún del armario. Quizás la estrategia no está diseñada todavía. Podría ser que los ámbitos fueran una manera de transitar hacia ello, así como toda la pedagogización del profesorado de secundaria. No sé si el hecho de que la inspección, la orientación y la política educativa, así como los sindicatos, estén plagados de maestros es causa o consecuencia de lo anterior. Pero el enemigo de todos estos defensores de la infantilización son los profesores de secundaria, que, como especialistas y personas dotadas de mayor cantidad de saberes, amenazan el vaciamiento anhelado.

Volvemos a la ESO, que unos y otros denuncian como el principal problema de la educación en España. No se puede suspender en ella «para no arruinar la vida de los alumnos». Todos deben titular y ser exigente amenaza ese objetivo. Solución: eliminar la exigencia y a quienes pueden reclamarla, o sea, los especialistas. Es mejor dar entrada a personas que conozcan poco de las distintas materias, pero vengan pertrechadas de ideología pedagógica. Antonio comulga con estos planteamientos. Opina que hay que reemplazar el aprendizaje memorístico por uno significativo: ese que no se olvida nunca, que sea útil, que se adquiera aplicándolo. La ESO debe proporcionar destrezas básicas: enseñar a escribir y redactar, a comprender lo que se lee, etc. Pero ¿si sumamos esos cuatro años a los seis de la primaria, no es demasiado tiempo para que un chico no aprenda matemáticas, ni física, ni historia, ni filosofía? ¿No será que lo del aprendizaje significativo es otro de esos términos que puede terminar equivaliendo meramente a un aprendizaje entretenido y dinámico, sin ningún contenido?

Le pregunto a Antonio por la exigencia y me dice que hay que tenerla con los docentes y con los alumnos. Le preocupa la falta de vocación con la que los primeros acceden al sistema. Son varias las personas que me han hablado de maestros más motivados por la estabilidad del puesto de trabajo o las vacaciones que por enseñar, así que Antonio podría tener parte de razón. Su conclusión es que no debemos bajar la guardia y exigirle mejoras al docente en su praxis. La idea puedo compartirla, aunque no la receta de más pedagogía e innovación. Estas últimas parecen tener el efecto contrario: que quienes tienen pocas ganas de esforzarse se escuden tras la tecnología y la autonomía del estudiante como excusa para hacer lo mínimo. Antonio no lo dice, pero de sus palabras se desprende que culpa a los profesores de los problemas de la educación.

Antonio no rechaza los conocimientos, si bien se apresura a esgrimir que hay que compaginarlos con competencias y actitudes. Es un buen paso reconocer que se puede compaginar todo. También le pregunto si está de acuerdo con la educación comprensiva, esa que obliga a que todos los alumnos estudien lo mismo. Aquí se extiende algo más. Empieza diciendo que tenemos la tasa de escolarización más alta de Europa y una de las más altas del mundo. Es una ventaja de haber ampliado la educación obligatoria hasta los 16 años. Es consciente de que este debate se ha ideologizado, y que la izquierda opta por mantener un sistema único hasta esa edad, mientras que la derecha prefiere itinerarios diferenciados. Antonio confiesa que él prefiere la diversidad y no hay nada más injusto que tratar de manera idéntica a quienes son diferentes. Eso sí, es importante que los itinerarios sean flexibles y reversibles.

Antonio insiste en que la ESO debería estar reservada para los maestros, y los especialistas limitarse a enseñar en bachillerato. Admite, como opción provisional o intermedia, la creación de itinerarios específicos para profesorado en las diferentes facultades. Vuelve a cargar contra la enseñanza memorística o, como él la llama, «academicista», es decir, los saberes más puros, aquellos que no tienen una traslación práctica inmediata. Y se muestra horrorizado ante la idea del suspenso, que debería reservarse para casos muy extremos. Si bien no rechaza de plano la exigencia, la circunscribe a pedirle a cada uno solo lo que puede conseguir. De aquí a las inteligencias múltiples hay un paso, paso que damos cuando Antonio me indica que hay que articular entornos de aprendizaje cooperativos, en los que los chicos se ayuden unos a otros.

Le pregunto qué opina sobre la literatura del desastre y me parece interesante su respuesta. Dice que no se puede hacer pedagogía en el BOE, pero se hace. La protesta frente a ello es una reacción lógica de lo que no se percibe como un acompañamiento, sino como imposición. En su opinión, hay que buscar la complicidad de los docentes como primer paso para cualquier reforma y dar argumentos frente a quienes puedan ser críticos en lugar de limitarse a descalificarlos. Dice mucho esto último de su talante dialogante. Aunque no se lo digo, no es solo una cuestión de que los cambios no se expliquen bien. A veces es simplemente que, por muy bien explicados que estén, son malos. Cuando un político dice que su partido ha perdido votos porque no ha sabido explicar bien su mensaje, siempre se me viene a la cabeza que a lo mejor ocurre que, mal o bien explicado, los ciudadanos lo han entendido perfectamente y por eso no les han votado.

Me atrevo a calificar a Antonio de un inspector prototípico, que responde al perfil que me habían descrito. Culpa a los docentes de los problemas (incluso de convivencia), exculpa a los alumnos de cualquier responsabilidad en nada, aborrece de los suspensos y de cualquier enseñanza que no sea mayormente competencial y asequible y aspira a desterrar a los especialistas de casi todo el sistema, confinándolos, si acaso, en bachillerato. La excepción es un talante más dialogante de lo que parece ser habitual (menos que el de Elena) y su discrepancia frente a la demonización de la diversidad de opciones que se lleva a cabo desde el poder político.

Nos trasladamos a Palma de Mallorca, donde reside Miguel Ángel Tirado, inspector de educación en aquella comunidad. Todo en este profesor de educación física resulta llamativo y fuera de lo esperable. No lo es menos su altura: casi dos metros. Su discurso carece de sintonía con el que podemos escuchar en los políticos y también con el de Antonio Montero. Su acento mallorquín no me permite adivinar sus orígenes familiares: su madre era extremeña, una mujer humilde que emigró a Barcelona para trabajar de costurera. Eso le ha despertado gran empatía con chicos que proceden de entornos humildes como él y que dependen del sistema público para recibir una formación adecuada, como fue su caso. Me dice que la educación es la «aldea gala» de la sociedad, el reducto de transmisión de conocimiento y cultura dentro de una sociedad banal y consumista. Lamentablemente, está perdiendo esa función. Entraremos en detalles enseguida, pero me gustaría que conociéramos mejor a Miguel Ángel.

Nació en Barcelona, pero se crio en Castellón, donde trabajó durante un año. Su padre era de esta última localidad y trabajaba en una refinería. Miguel Ángel estudió INEF en Barcelona, pero acabó trasladándose a Mallorca, donde ahora reside. Fue profesor de educación física en un instituto de Inca en el que conoció a su esposa. Desde 2003 asume funciones de jefe de estudios y director de centro, lo que le ha proporcionado un bagaje de gestión importante. Ni como jefe de estudios ni como director ni ahora como inspector (lleva ejerciendo desde 2015) ha dejado nunca de dar clase. Es cuestión de principios: no se siente moralmente legitimado para gestionar si no sabe lo que ocurre día a día en el aula. No quiere ejercer puestos de responsabilidad desde la distancia, sino desde la primera línea. Miguel Ángel conoce bien no solo la secundaria, sino también la FP y las enseñanzas de régimen especial, pues en todas ellas ha impartido clase. Actualmente tiene asignada la zona de Capdepera, en el este de la isla de Mallorca, con un total de treinta y dos centros de muy diversa tipología. Capdepera es un importante enclave turístico con magníficas playas, pero las comunidades locales, que viven del turismo, son mayoritariamente humildes.

Pasé un día con él en Palma y tuvimos tiempo de hablar de muchas cosas. No dejó de repetirme que su único objetivo es ayudar a los centros. Siendo profesor de educación física, le importa la consecución de objetivos, algo para lo que es imprescindible proceder de manera sistemática y rigurosa, como en el deporte. Me habla insistentemente de la importancia de las capacidades lectoras, cuyo descuido es en su opinión la base de buena parte de los problemas de aprendizaje. Las noticias que últimamente han salido en prensa sobre los deficientes niveles de comprensión lectora de nuestros escolares, en especial en comunidades como Cataluña, parecen confirmar la preocupación de Miguel Ángel. Me explica algo en lo que no había reparado. Con frecuencia no es un problema de falta de capacidad de descodificar el signo lingüístico, es más complejo: se trata de una falta absoluta de conocimiento. No se puede entender lo que se lee si uno no ha asimilado contenidos que permitan entenderlo. Lo que interpretamos como un déficit lector no es más, en muchos casos, que un déficit en saberes, aunque de eso nadie suele hablar.

Hablando de conocimientos, coincidimos en la falacia que supone distinguir entre educación competencial y basada en contenido. Sin contenidos no hay competencias o son solo competencias vacuas e imposibles de evaluar con objetividad: ¿cómo enseñamos o evaluamos la empatía? Acerca de las declaraciones de la ministra Pilar Alegría de que todo está en internet, dice que puede ser verdad que lo esté. Pero los seres humanos no pueden pensar a través de lo que sabe internet, sino a través de lo que cada uno sabe. Y si no sé nada no puedo pensar y no puedo entender lo que leo, más allá de mensajes de extrema simplicidad. Hay un movimiento generalizado para privilegiar la lengua oral, pero Miguel Ángel tiene claro que la lengua escrita es mucho más compleja y sofisticada y que renunciar a ella es negar a los chicos la posibilidad de acceder a un pensamiento más complejo que el que se refleja en las conversaciones cotidianas.

¿Es Miguel Ángel consciente de lo atípico que es? Sí. De hecho, dice que de todos sus compañeros solo hay otro inspector con el que se siente libre para hablar de cualquier cuestión. Incluso su defensa de los saberes es algo de lo que no puede hablar en voz alta si hay pedagogos alrededor porque le tildan de fascista, casi como si aplaudiera las cámaras de gas de Hitler. Y en los claustros a los que acude ni siquiera es posible conversar sobre metodología porque enseguida surgen enfrentamientos. Su manera de abordarlo es centrarse solo y exclusivamente en lo que aprenden los alumnos y no en cómo lo logran. Hay, me dice, una hipertrofia metodológica en el sistema y lo último que parece importar es el resultado. Él reivindica que el debate educativo no debe basarse en si una metodología es buena o mala, sino en cuáles son los objetivos que se persiguen y cómo valoramos si se han alcanzado o no. Si eso le lleva a ser *resultadista*, afirma orgulloso que lo es. Esto hace que el debate se desideologice: lo saca del terreno de la ideología y lo lleva a lo estrictamente profesional.

Me cuenta una anécdota, sin mencionar, obviamente, nombres concretos. En una ocasión acudió a una escuela que se declaraba progresista, de las que trabajan por proyectos y ambientes de aprendizaje. Le insistieron en que fuera a presenciar la clase de una profesora. Le pareció que lo que hacía y los resultados que conseguía con sus alumnos eran espléndidos. Había orden, tranquilidad y aprendizaje efectivo en el aula. Mi sospecha es que aquello estaba guionizado y el centro lo había preparado para impresionarle. No era así. Cuando Miguel Ángel le dijo al director que le había parecido magnífica la clase, este no se lo podía creer. Luego descubrió que la clase era magnífica porque aquella era una profesora díscola que se negaba a seguir las directrices metodológicas del centro. La idea de la dirección era crearle un problema a la docente y que la inspección la reprendiera. En ese momento Miguel Ángel entendió la razón por la que al felicitarla por su clase esta había roto a llorar: se sentía acosada por la dirección, que le hacía la vida imposible. La sinrazón y el fanatismo al que se ha llegado es patológico.

Miguel Ángel me cuenta que la presión para eliminar cualquier atisbo de enseñanza es enorme. Las situaciones de aprendizaje son un paso para lograr la obligatoriedad del trabajo por proyectos. El problema de estos es que no parten de un conocimiento previo que luego se lleva a la resolución de un problema. Es un concepto mercantil que subordina la búsqueda del conocimiento a una necesidad práctica. Podemos disfrazarlo de adaptación a la realidad actual, de aprendizaje para el futuro o de cualquier otra cosa, pero no es más que aplicar una mentalidad empresarial a la educación, en la que el individuo no es ciudadano sino trabajador y debe servir solo para hacer lo que el mercado necesita que haga. Como afirma mi entrevistado, un proyecto necesita que se combinen disciplinas distintas y de ahí a los ámbitos hay un paso. Hasta la historia se enseña ya sin una cronología: eso la hacía demasiado estructurada e inflexible y había que diluir los saberes en una especie de gazpacho sin apenas enjundia. Todo en educación parte de un afán de diluir y descafeinar: los saberes, las especialidades, la enseñanza. El docente ya no enseña, acompaña al alumno en su proceso de búsqueda. También se han eliminado de las facultades de educación las didácticas específicas: para que existan deben enseñarse en función de contenidos y eso es anatema. Enseñar a aprender es la tautología que domina la educación neoliberal. Y no es que Miguel Ángel no reconozca que es importante saber enseñar; pero no se puede fiar todo a eso porque difícilmente podrá enseñar bien alguien que solo sabe enseñar y no posee un amplio conocimiento de un campo determinado del saber.

De los pedagogos Miguel Ángel tiene muy mala opinión; aunque admite que debe haberlos buenos, no ha conocido a ninguno. ¿Qué es lo que le parece más criticable?

Su elitismo y lo alejados de la realidad que se hallan. Ni han pisado las aulas —al menos los que redactan las leyes y asesoran a los políticos— ni tienen la más mínima idea de la realidad. Todas las investigaciones en las que basan sus teorías, que luego imponen a sangre y fuego, proceden de un ámbito teórico que carece de utilidad cuando se lleva a la práctica. Son investigaciones que demuestran lo que ya se sabía de partida, exhibiendo un sesgo descarado que es una farsa de la ciencia de verdad. O sea, no es ciencia sino ideología.

Este inspector reivindica la cultura frente al utilitarismo. Ser cultos y críticos nos prepara para la vida y no solo para el trabajo. La democracia no funciona sin unos ciudadanos con una cultura básica. Aun así, se muestra defensor de que, a partir de los 14 años, la ESO debería ofertar itinerarios adaptados a las motivaciones e intereses de los alumnos. Si no es así, los problemas de convivencia que generan chicos de esa edad obligados a estar donde no quieren terminan dando al traste no solo con su propia educación, que se desarrollaría mejor si se les condujera hasta planes de estudios más acordes con sus intereses, sino con la de sus compañeros, que se ven privados del derecho a recibir una educación de calidad. Al final, por beneficiar a los alumnos menos interesados conseguimos lo contrario: expulsarles a ellos del sistema, que abandonan cuando cumplen 16, y desmotivar a todos los demás: recordemos conversaciones como la que mantuvimos, por ejemplo, con Rafa Castaño.

Todo ello entra en conflicto con algunas criaturas del sistema, por ejemplo, las llamadas «escuelas vivas», donde los niños dejan de recibir instrucción por parte de los docentes, que en ellas se denominan «acompañantes». Los chicos llegan a la escuela por la mañana y cada uno se encamina hacia el ámbito o espacio que le apetece, aprendiendo lo que le apetece, cuando le apetece y al ritmo que desea, sin presiones ni guía. Eso sí, luego se les obligará a estudiar a todos lo mismo en la ESO hasta los 16, sin el menor atisbo de adaptación a lo que a cada uno le pueda interesar. Son contradicciones inherentes a un sistema que no se basa en la ciencia, sino en intereses de unos y otros, articulados en una ideología de bases muy endebles.

La promoción de curso sin haber adquirido los conocimientos necesarios, caballo de batalla de casi todas las leyes educativas, no ayuda en nada. Muchas veces no es solo que exista desinterés; no podemos pretender que un alumno esté motivado cuando se enfrenta a un curso sin poseer los conocimientos previos necesarios. Es una falsa inclusión y Miguel Ángel cree en la de verdad: preparar a todos para que cada uno cumpla su papel en la sociedad. O sea, darles a todos un futuro. Pero, bajo el pretexto de la inclusión, estamos excluyendo a muchos, condenándolos a un futuro aciago por una ceguera en persistir en teorías falaces. Otro concepto que parece progresista, pero que está haciendo mucho daño, es la sobreprotección del alumno, al que se exime de cualquier responsabilidad sobre su propio aprendizaje. Para culpar a alguien de lo que vaya mal, siempre tenemos al docente (recordemos a Antonio Montero). Miguel Ángel admite que si un estudiante no avanza en primaria puede ser el profesor quien no haya terminado de hacer bien su trabajo. Pero, a medida que la escolarización avanza, el docente va siendo cada vez menos responsable y el estudiante lo es más.

Miguel Ángel es la viva imagen de lo que los docentes creen que debería ser un inspector de educación y no suele serlo. Detesta la burocracia: es inevitable en alguna medida, pero no tanta. Para él, reunirse con un grupo de alumnos e indagar en lo que saben es mucho más útil que leerse los cientos de informes que recibe. Para desintoxicarse de la ideología dañina que le rodea, se ha refugiado en la escritura. En 2021 publicó *Escuelas que enseñan: el conocimiento sí importa.* Su intención, tanto al escribirlo como al ejercer la inspección, es proporcionar argumentos a los buenos docentes para que no se avergüencen de enseñar y sean libres de hacerlo con sentido común, disciplina, rigor y sirviéndose de aquella metodología que les permita alcanzar sus objetivos. Hace poco ha publicado el artículo «Decodificando el DUA: ¿Qué evidencia empírica lo refrenda?», poniendo en cuestión un nuevo artilugio de vaciado masivo de conocimientos llamado Diseño Universal de Aprendizaje, que el Ministerio de Educación ha hecho suyo, sin preguntarle a nadie salvo a los de siempre. En la web se indica que es el resultado de las más recientes investigaciones pedagógicas y de la neurociencia, que últimamente se invoca para justificar cualquier cosa, por estrambótica que sea. Miguel Ángel, en su artículo, desvela que las pretendidas bases científicas son, cuando menos, cuestionables.

El libro se ha vendido bien y Miguel Ángel es requerido por muchos centros e instituciones para impartir charlas. En Baleares se ha producido un cambio reciente en el gobierno. Mi anfitrión dice que es pronto para opinar sobre quienes acaban de entrar, pero detecta mayor humildad en temas educativos y más cautela a la hora de aplicar medidas. Los anteriores eran prepotentes y temerarios. La LOMLOE es un ejemplo más de esas leyes que se aplican sin consenso ni información. Ya hemos comentado lo complejo de su formulación. Miguel Ángel añade que con la ley en la mano va a ser casi imposible suspender a un solo alumno por un complejísimo sistema de evaluación, con una pátina científica, pero que está milimétricamente calculado para que todos promocionen, aunque no sepan absolutamente nada. Los pequeños resquicios que ofrece la ley para mantener un cierto rigor suponen tanta burocracia y tanta presión sobre el docente que la mayoría optará por el aprobado general si no quieren pasar todas sus vacaciones, noches y fines de semana redactando informes. En el fondo esa macroburocratización que trae la LOMLOE es una invitación a dar la máxima nota posible y a que el profesor ya ni siquiera sea responsable de calificar: lo hará un algoritmo. Miguel Ángel se muestra también en desacuerdo con la imposición metodológica de la nueva ley, que, pese a reconocer el principio de autonomía pedagógica, impone las situaciones de aprendizaje, que no deja de ser una opción metodológica frente a muchas otras.

No me puedo marchar de Mallorca sin preguntarle por la idea tan extendida de que la inspección es un brazo armado de la política y del *establishment* educativo. No lo confirma ni lo desmiente, pero cree en cualquier caso que la inspección debería ser independiente de la Administración y de ese modo poder realizar su trabajo con un enfoque técnico y sin directrices ideológicas. Así se comprobaría si el sistema funciona y, si no funciona, se podrían pedir cuentas a los políticos, lo que ahora es imposible, pues son ellos quienes controlan el cuerpo. Fisuras hay, y Miguel Ángel es un ejemplo de que incluso al sistema se le escapa algún disidente, pero la generalidad se adapta a lo que él describe. También existen organismos públicos para evaluar la calidad del sistema, pero vuelven a carecer de independencia del poder político y por tanto de utilidad.

La manera de cambiar el mundo que tiene Miguel Ángel es a través de lo que escribe y el trabajo con sus escuelas, acompañándolas a la hora de pensar lo que hacen y cómo lo hacen. Me dice algo casi revolucionario: su único objetivo es que los chicos aprendan. Miguel Ángel es empático y se preocupa por los estudiantes; por ejemplo, a raíz de la forma en que las ubicuas tecnologías están comprometiendo seriamente su salud física y mental. También empatiza con los docentes, convertidos en padres, policías, asistentes sociales y responsabilizados de males que ellos no han creado. ¿Hay esperanza? Se resiste a contestarme que no. En cierto modo la situación puede estallar en forma de problemas muy graves de convivencia y que eso obligue a reconducir las cosas. Quiere pensar que hay una posibilidad de que sean los propios docentes quienes las redirijan o incluso las familias, aunque en este caso deben ser padres muy implicados en la educación de sus hijos y que entiendan bien lo que ocurre en los centros.

Desde que hablé con Miguel Ángel sigo pensando en la escuela como aldea gala de libertad y adquisición de conocimientos, asediada por unos romanos utilitaristas que buscan desmantelarla y convertirla en un engranaje más de la sociedad de consumo. Hay tres hechos definitorios que han configurado el pensamiento de Miguel Ángel: procede del deporte, de un entorno humilde y nunca ha dejado de dar clase. Lo primero le hace plantearse la educación como un camino hacia un fin, algo que con frecuencia se olvida en aras de disfrutar el momento y una satisfacción inmediata. Para él, la escuela pública ha sido una tabla de salvación y le enoja que para otros no lo sea. El hecho de seguir dando clase le da una visión realista que quienes solo pisan despachos han perdido, abrazando abstracciones ridículas cuando se contemplan desde la primera línea. Su defensa de los conocimientos no excluye que le parezcan importantes las competencias y las metodologías, si bien opina que se abusa de estas últimas. Los déficits en conocimiento están en la base de la falta de comprensión lectora, aspecto que a los científicos de la educación no parece interesarles resaltar. Competencias y metodologías son herramientas ideológicas y por eso se encuentran encumbradas. Miguel Ángel quisiera extirpar la ideología de la educación y retomar la profesionalidad. Su idea de que cualquier cambio debería venir de las familias, pero que estas deberían tener más información, merece ser tenida en cuenta.

Todo viaje conlleva experiencias no demasiado gratas, pero igualmente enriquecedoras. El momento más perturbador que he vivido durante mi viaje tuvo lugar el 2 de junio de 2023 en una conversación telefónica con Antonio Asegurado, vocal de Relaciones Institucionales de USIE (Unión Sindical de Inspectores de Educación). La llamada era para solicitarle una entrevista, que no quiso concederme alegando que, antes de aceptar, debía enviarle un cuestionario previo cerrado que él consensuaría con el resto del sindicato. No ha sido mi forma de trabajar hasta ahora y decliné su ofrecimiento. Sin embargo, la conversación continuó y eso hizo que a Antonio se le escaparan algunas opiniones. Su queja es que los políticos no avanzan lo suficientemente rápido en la implantación de reformas educativas, asustados por lo que él denomina la «caja negra», forma que tiene de denominar al aula. Es un lugar siniestro en el que el docente hace lo que le viene en gana sin que pueda hacerse nada desde fuera. Su empeño y el del sindicato es romper con eso, uniformar al profesorado y no sé si incluso instalar cámaras en las aulas para asegurarse de que cada docente cumple fielmente las directrices políticas.

Lo que más me perturbó fueron los derroteros posteriores de la conversación. Me preguntó quiénes eran los entrevistados de este libro y le mencioné unos cuantos. Acto seguido me realizó una contrapropuesta: que me olvide del proyecto tal como lo he planteado (nada de opiniones diversas y mucho menos entrevistas con docentes ni escritores ni filósofos) y edite un libro de entrevistas junto a él y al director del sindicato. Entrevistaríamos a inspectores y personas afines. Tal libro tendría mucha mayor difusión y se harían presentaciones en multitud de lugares. Tendríamos acceso a grandes editoriales (me menciona explícitamente a Alianza) y a las grandes figuras de la educación en este país, como la ministra Pilar Alegría. Llego a dudar si realmente he escuchado lo que he escuchado y solo al reproducir posteriormente la grabación termino de creerlo.

Si me quedaba alguna duda de la pertenencia de este cuerpo al *establishment*, la conversación con Asegurado me las disipa. Sus vinculaciones con las facultades de pedagogía y las universidades, con las grandes editoriales y la política en su conjunto (no solo me habla de Pilar Alegría, también de sus buenas relaciones con la Junta de Andalucía, gobernada por el PP) es absoluta y sin fisuras. Ante tal intento de desactivar un proyecto plural a la par que modesto y convertirlo en parte del adoctrinamiento generalizado, no puedo hacer otra cosa que dejar cuenta de ello para que el lector extraiga sus propias conclusiones.

6. 3. LA POLÍTICA, ¿ORIGEN DE TODOS LOS MALES?

A estas alturas, la pregunta podría resultar retórica a juzgar por lo que venimos escuchando. Se nos ha dicho que la política ha entrado en la educación de forma avasalladora, sirviéndose de ella como una herramienta más de la confrontación partidista y utilizándola para debates puramente ideológicos cuando no electoralistas, con un desinterés absoluto por los efectos y consecuencias de todo ello y por la calidad del sistema, pese a pronunciamientos públicos que sugerirían lo contrario. Muchos piensan que la mayoría de problemas educativos podría mejorarse o solucionarse con una gestión educativa menos ideologizada y más profesional. A la derecha y a la izquierda les encanta hablar de si se debe o no enseñar religión, de ratios, de la concertada, de si permitir o no el móvil en las aulas, de si debería existir una selectividad única. Ninguno de los anteriores constituye un problema clave del sistema y son casi armas de distracción masiva con las que alejar el foco de lo realmente importante. Hay quien nos dijo que sí existía un pacto educativo, consistente en que todos los partidos harían la misma política educativa y meramente disimularían ante la sociedad, posicionándose de manera radicalmente opuesta en temas como los anteriores, contentando así a sus votantes más ideologizados.

Tengo pocas esperanzas de obtener nada en mis conversaciones con políticos más allá de lo que podemos consultar en cualquier hemeroteca. Tampoco sabía si iban a mostrarse disponibles. Ya hemos visto que inspectores y pedagogos eran reacios a ser entrevistados, especialmente los más afines al poder. Con los políticos no ha sido exactamente igual. Quienes menos dificultades he tenido para entrevistar son aquellos que ya no están en activo o al menos no en primera línea. Y respecto a los que siguen en política, no he conseguido hablar con nadie del PP, pese a haberlo intentado por todos los medios. Otro espectro ideológico con el que no ha habido forma de hablar es el que conforman partidos como Podemos, Sumar, Izquierda Unida, etc. De ellos solo he recibido silencio y negativas. No ha sido así, en cambio, con el PSOE, donde no he encontrado grandes problemas para encontrar personas dispuestas a hablar.

Mi opinión a estas alturas es que en España solo existe una política educativa y es la que defiende y representa el PSOE, único partido meridianamente claro en sus planteamientos. Se puede estar en desacuerdo con algunos de ellos o con todos, pero sería injusto negar que son claros y explícitos y que han sido coherentes con ellos. La LOGSE fue el punto de partida y marcó el camino a seguir. A partir de ahí todas las demás leyes han avanzado en la misma dirección, la que decenas de entrevistados nos han señalado. Cuando el PP ha gobernado, no ha hecho más que un seguidismo tácito de lo que su rival defiende. Algún ministro que ha intentado cambiar el rumbo ha visto cómo el partido se lo impedía o al menos trataba de descafeinar los cambios.

Públicamente, por supuesto, se ha sacado a pasear la cultura del esfuerzo o alguna cuestión menor como las mencionadas anteriormente, pero sin ninguna intención real de que nada sustancial cambie. Muchos entrevistados han señalado que el PP está alineado con la enseñanza privada y que a esta le interesa que los centros públicos vayan lo peor posible y se ganen una reputación, merecida o inmerecida, de problemáticos y poco exigentes.

Quienes sí parecen haber mostrado interés en la educación y exigido cambios para mejorar la convivencia y potenciar la enseñanza efectiva fueron primero UPyD y más tarde Ciudadanos, al menos en teoría y según la opinión de algunos entrevistados, opinión que mi propio viaje ha matizado. Cuando, tras no conseguir respuesta de Rosa Díez, me topé con ella firmando ejemplares de su último libro en la Feria del Libro de Madrid de 2023, le pregunté si le interesaba la educación y su respuesta fue contundente: «Es lo que más me interesa». Eran palabras alentadoras y me parecieron sinceras. Pero las evasivas con las que rehuyó cualquier intento posterior de charlar con ella me hacen pensar que a lo mejor no lo eran tanto. Fernando Savater no ha contestado a ninguno de mis acercamientos y Arcadi Espada, que *a priori* parecía interesado en la educación, se ha mostrado siempre muy ocupado para atenderme.

En cambio, sí pude entrevistar a dos expolíticos de Ciudadanos. El primero es el sevillano Manuel Alejandro Cardenete, consejero de Educación de la Junta de Andalucía tras el fallecimiento de Javier Imbroda en abril de 2022 y que ocupó el cargo durante unos meses. Alejandro es catedrático de Economía en la Universidad Loyola en Sevilla, en un flamante campus que me sorprende por la luminosidad y el ambiente universitario que se respira en él. En los pasillos del edificio de la Fábrica de Tabacos de la Universidad de Sevilla hay a veces más turistas que estudiantes. Las aulas y despachos de la Loyola tienen paredes de cristal y a través de ellas vemos a profesores haciendo su trabajo y clases con alumnos atentos a las explicaciones. Todo el mundo con quien hablo para encontrar el despacho del profesor Cardenete (tarea nada fácil) es educado y amable. La localización, alejada del centro de la ciudad, lo hace parecer el campus de una universidad norteamericana.

Alejandro viene de recibir uno de los muchos premios con los que cuenta. Me explica que es autor de más de cien publicaciones científicas, algo que no podríamos decir de muchos ministros y consejeros. Es amable y me siento cómodo hablando con él, aunque me advierte que tiene poco tiempo. Su discurso educativo es poco ambicioso. El principal logro que me relata durante su etapa como consejero es la equiparación salarial de la pública y la privada, que no me parece a raíz de los testimonios que hemos ido conociendo que sea el principal problema de la educación. Me dice que, si hubiera seguido, habría trabajado por la dignificación de la Formación Profesional, que en su opinión es el futuro, y la promoción de la concertada. Entrando en el terreno más disciplinar, opina que hay que fomentar las matemáticas, la lengua y las disciplinas STEM, así como incentivar al profesorado y aliviar la burocracia. Es curioso que el análisis de Alejandro de los temas sobre los que volcar los esfuerzos no coincide en nada con los problemas que otros entrevistados han señalado.

No podemos acusar a Alejandro de no conocer la realidad educativa, pues ha ejercido la docencia durante treinta años en la Universidad de Huelva y la Pablo de Olavide en Sevilla. Me dice que en ese tiempo jamás ha tenido un problema de disciplina. La conclusión que extrae es que quien los tenga es porque no sabe imponerse. Como le indico, no puede pretenderse que todo docente posea un carisma como el suyo (siendo una persona cordial, se entrevé que puede llegar a ser firme y hacerse respetar) y la Administración no debería fiarlo todo a ello. Añade que hay mucho profesorado falto de vocación y que ha escogido la profesión por las vacaciones o el sueldo, pero que no va a conseguir de sus alumnos un respeto que solo obtienen el rigor y la seriedad en el trabajo. Esta última afirmación ya la hemos escuchado anteriormente. Hablamos de centros privados y públicos, a todos los niveles, y me indica que el problema del funcionariado es que es incontrolable y una actividad que se ejerce sin posibilidades reales de control está siempre al albur del grado de compromiso de cada individuo.

Con la LOMLOE es inflexible: es un intento de logsificar aún más la educación. No es que esté en contra de las competencias, pero no se pueden desterrar los contenidos. En cuanto a la universidad, califica las reformas que se han ido produciendo desde la Declaración de Bolonia como una entrega de esta institución a los pedagogos para que la reconstruyan a imagen y semejanza de lo que han hecho en los centros de primaria y secundaria. Y encima lo han hecho mal: esos cursos de innovación docente que tanto se publicitan y por los que tanto se apuesta son un auténtico desastre, como casi todo el mundo señala. Alejandro dice que hizo muchos, pero no aprendió casi nada.

La sensación muy extendida es que la llegada del PP al gobierno de la Junta de Andalucía no ha supuesto ningún cambio sustancial en materia educativa. Alejandro solo ha ejercido de consejero unos meses, pero tenía mucho interés en preguntarle si renovaron el equipo anterior cuando Ciudadanos llegó a la Consejería. Me refiero a todo el funcionariado que *de facto* dominó la Consejería durante la etapa socialista y que fue en gran medida responsable de las cuestiones que han ido generando quejas a lo largo de este tiempo. Según Alejandro, el equipo se renovó casi al completo. Una de las personas de ese equipo, Mar Gijón, con la que luego hablaremos, me dice que no fue así y que la Consejería siguió estando en manos de las mismas personas. Esto refuerza la idea de un continuismo no declarado en la política educativa. Como dice el propio Alejandro, nada de lo que en Andalucía hizo el PSOE en educación ha sido revocado por el PP. No parece asumir ninguna responsabilidad por ello, pese a que la Consejería de Educación fue ocupada por el partido al que Alejandro pertenecía,

Ciudadanos, durante cuatro años. No sería justo culparle a él personalmente, que accedió al cargo cuando quedaban pocos meses para el final de la legislatura, sin tiempo para implementar ninguna medida de calado.

Alejandro no parece excesivamente concernido por los problemas educativos. Tiene ideas sobre lo que se puede mejorar, pero su atribución de responsabilidades al profesorado me recuerda demasiado al discurso pedagógico oficial, el que defienden pedagogos y el PSOE. Su apuesta es por la enseñanza privada, convencido de que el sistema público, por su propia naturaleza, está fuera de cualquier control. Es posible que tenga razón. Pero quizás su postura es demasiado elitista, sin excesiva empatía por chicos que no tengan otra opción que acudir a la pública. ¿No se debería hacer lo posible por mejorarla? Parece que Ciudadanos, cuando gobernó la educación, aplicó esa política: si algo no es posible mejorarlo, ¿para qué intentarlo? Lo único que diferencia su discurso del PSOE y lo acerca a los críticos con el sistema es la condena a la pedagogía como causante de los males de la enseñanza: han infantilizado la educación y pretenden vaciarla de contenido en todos sus niveles.

Mi encuentro con el otro exmiembro de Ciudadanos, el barcelonés Xavier Pericay, es muy diferente. Xavier vive en Palma de Mallorca, en donde nos citamos para hablar, entre otras cosas, de su paso por el partido, del cual fue uno de los fundadores y responsable de Educación. En 2020 lo abandonó. Licenciado en Filología Catalana, fue de los que defendió un modelo de inserción del catalán menos invasivo. Solo por eso fue siempre un *rara avis*, tal como cuenta en sus memorias de 2007, *Filología catalana. Memorias de un disidente*. Tras pasar por el ejercicio del periodismo en medios como *Diario de Barcelona* y por la docencia universitaria en la Autónoma de Barcelona y en la Ramon Llull, Ferran Mascarell le fichó para el Instituto de Cultura de Barcelona, en el que permaneció de 1996 a 1999. En 2003 abandonó Cataluña para instalarse en Mallorca junto a su esposa, mallorquina, docente de secundaria e informante de Xavier en lo tocante al sistema educativo, en el que él ejerció solo durante dos años en un centro religioso de Barcelona. También tuvo largas conversaciones con sus padres, ambos profesores de clásicas. Un día escribió un primer artículo sobre educación y desde entonces no ha dejado de interesarse por el tema. Me explica que su mujer ha tenido que pasar temporadas de baja médica debido a un clima de trabajo enrarecido, en parte por el nacionalismo rampante y excluyente, pero también por la incapacidad de hacer su trabajo en centros en los que enseñar no importaba nada. La alianza entre la filología catalana y la pedagogía en Cataluña ha sido total: los segundos venían ya con el independentismo de serie y los primeros con el pedagogismo bien aprendido.

Me explica que en 2018 estuvo a punto de alcanzarse un pacto educativo con el Ministerio de Educación que entonces encabezaba Íñigo Méndez de Vigo (al igual que había ocurrido en 2010, siendo ministro Ángel Gabilondo). En el último minuto fracasó la negociación, que por parte del PSOE encabezaba Luz Martínez Seijo, secretaria ejecutiva de Educación con el PSOE. Su antecesor, Manuel Cruz, era más dialogante, pero Martínez Seijo no parecía querer el pacto ni estar dispuesta a hacer nada por conseguirlo. Xavier me confirma que hay dos sensibilidades en el PSOE, una más proclive a acuerdos de estado y otra más radical y menos dialogante, que es la que encabeza Pedro Sánchez. Tampoco el PP es homogéneo y cree que hay dos partidos: el que quiere cambiar cosas y es más valiente y el tímido y acomodaticio que quiere tocar cuanto menos mejor. El ministro José Ignacio Wert sí quiso cambiar, pero, como decíamos, no consiguió la complicidad de su partido y sus propuestas quedaron diluidas y rápidamente derogadas por el PSOE en cuanto recobró el poder. Ahora puede que sea incluso peor: si el PP intenta cambiar algo, el PSOE se lo impedirá y para ello no dudará en movilizar a todo el colectivo docente, sobre el que retiene bastante poder.

Xavier cree que hay un concepto que circula entre la izquierda oficial y es que se atribuye a sí misma en exclusiva el derecho a decidir sobre la educación pública, tachando de advenedizos a quienes, sin tener el correspondiente carnet, pretenden opinar al respecto. Como ejemplo me cita la resistencia a incorporar cualquier enmienda a la LOMLOE, con excepción de las que provenían de sus socios parlamentarios. Dice que en otros países no es así. En Reino Unido, el laborista Tony Blair volvió a poner en valor el mérito, entendido como el esfuerzo que el estudiante está dispuesto a realizar, en función de sus capacidades. Se saltó así el dogma de la equidad por encima de todo e incluso estableció controles externos del sistema. Es algo impensable en España, donde los partidos de la izquierda oficial siempre se han negado a cualquier rendición de cuentas y aún menos a que se publiciten resultados con el argumento de que eso es resultadista, atenta contra la educación inclusiva y supondría la estigmatización de algunos centros. La paradoja reside en que, según esa izquierda oficial, el sistema es de una gran calidad; pero no se quiere medir lo bueno que es ni divulgarlo mediante datos objetivos.

Es inevitable hablar con Xavier de la implosión de Ciudadanos. Su diagnóstico es que pecaron de ingenuos, siendo un partido integrado en sus cuadros de mando por personas excesivamente jóvenes. Había un comité de dirección poco sensible a las opiniones que pudieran llegar desde fuera y no existía un consenso dentro del partido sobre temas importantes como la educación; y las posturas alejadas de Alejandro y Xavier lo muestran. Muchos integrantes estaban a favor de una cultura de los centros como lugares de transmisión del conocimiento. Sin embargo, el que fuera consejero de Educación de la Junta de Andalucía, Javier Imbroda, era tibio en eso y prefería dejar las cosas como estaban. La abogada almeriense Marta Bosquet, presidenta del Parlamento durante el gobierno PP-Ciudadanos de la Junta de Andalucía, hablaba de inclusión en las aulas como si hubiera comprado el discurso de la LOGSE y no mostraba la menor preocupación por el perjuicio que se le originaba al sistema cuando el objetivo era integrar como fuera, o decir que se integraba, a alumnos problemáticos y conflictivos.

Sabemos que Ciudadanos era un partido que abogaba por la recentralización de asuntos como la educación. Al hilo de esta cuestión, me apunta la paradoja que supone que en el sistema educativo se haya acabado con la enseñanza de la tradición histórico-cultural y que en comunidades como Cataluña y el País Vasco, en cambio, toda la enseñanza se base en una reivindicación de las tradiciones y la historia del territorio. Es curioso cómo los políticos creen más o menos en unos determinados principios en base a sus intereses electorales. La alianza entre el PSOE y nacionalistas ha sido letal para la educación: los últimos han apoyado cualquier cosa, por poco acertada que fuera, a cambio de conseguir más cesiones para sus territorios.

Enseñanza y *educación* parecen términos sinónimos, pero, según Xavier, hay una distinción sutil que explica lo que está pasando. *Enseñar* es un verbo transitivo: se enseña algo y se supone que alguien lo enseña. El alumno es a quien se enseña y por tanto el complemento indirecto de la frase. Si lo reemplazamos por *educar*, desaparece la transitividad y ya no es necesario enseñar nada en concreto. *Educar* es un concepto abstracto, que puede significar cualquier cosa y ninguna, pero resta valor a la instrucción, al docente y a las materias. Cualquier cosa es educar o puede serlo. Si lo pensamos, lo que parecería una mera disquisición léxica termina siendo mucho más. Xavier y yo, como filólogos, sabemos que el lenguaje nunca es inocente y elegir un término u otro puede ser la clave para transmitir una u otra visión del mundo. Xavier afirma que la educación se ha tragado la enseñanza, algo que debemos a los pedagogos, que, según él, están incluso por encima de los políticos y son los que marcan el camino a seguir.

Xavier nos hablaba de Luz Martínez Seijo y con ella charlaremos ahora, en un momento en que esta política socialista se encuentra en Palencia, en plena campaña para las elecciones generales de 2023. Luz cursó Filología Inglesa y posteriormente se doctoró en Educación. Eso parecería situarla en el ámbito de quienes saben de pedagogía, pero sin haber pisado un aula. En absoluto es así. Incluso cuando era diputada en las Cortes de Castilla y León seguía ejerciendo la docencia. Ha enseñado en centros de diversa naturaleza desde los 23 años. Al entrar en política nacional, se tornó imposible seguir compaginando ambas facetas. Pero Luz es docente y sabe de lo que habla. Le importa la educación y habla de ello con muchísima pasión, lo que me merece respeto.

Es difícil no hablar de la campaña electoral y de las próximas elecciones. Luz tiene una labor agotadora por delante como parlamentaria y portavoz de Educación del PSOE, pero ella minimiza el esfuerzo y dice que se encuentra muy ilusionada. Le pregunto qué opina que ocurrirá en educación si el PP gana las elecciones, pero su respuesta es esencialmente política. Me habla del pin parental y de la falta de ense-ñanza de temas emotivo-afectivos o del cambio climático, así como de la vuelta de la religión a primer plano. Alguno es importante, pero echo de menos alusiones a pro-blemas más medulares. Luz también dice que la derecha no cree en la educación pú-blica y busca promover la concertada y la privada. Y esto sí es preocupante, pero me asombra que lo mencione de pasada y como si todo lo demás fuera más importante.

Luz me recita el argumentario de la izquierda oficial al abogar por un modelo educativo que garantice la calidad, la equidad y la inclusión, palabras rodeadas de buenismo, pero que pueden aplicarse para conseguir resultados perversos. En su opinión, la gente sabe que la educación es un pilar del estado del bienestar y no quiere que la derecha se la arrebate. Esto es tan falaz y simplista como pensar que el PSOE busca implantar el comunismo si gana las elecciones. Me dice Luz acto se-guido que en las estadísticas jamás se habla de preocupación de los ciudadanos por la educación, cosa que es cierta y da que pensar: ¿por qué? ¿Se ha sido muy eficaz en vender las bondades del sistema, por mucho que la realidad lo contradijera? ¿O tenemos justo el sistema que queremos? También es verdad que la educación no se percibe como un problema, pero la política sí, y uno de los más graves. ¿Acaso los ciudadanos piensan o creen que la educación no está en manos de los políticos, sino de los docentes y los centros y es en ellos en quienes confían?

No puedo evitar preguntarle sobre las críticas que recibe el sistema. Tras descartar un descontento generalizado amparándose en las encuestas ciudadanas, en su opi-nión es solo la «caverna mediática» la que genera discordia acerca de un asunto en el que todo va bien. «La educación no plantea ningún conflicto», afirma sin dudarlo. Son quienes se benefician del conflicto los que pretenden hacernos creer que existe.

Lo anterior se califica a sí mismo y no merece la pena añadir nada. Es inquietante que alguien que gobierna desprecie de manera tan ostensible las críticas, que, según hemos visto, no proceden de ninguna caverna mediática, sino, en gran medida, de personas que ejercen la labor docente día a día o de muchísimas personas progre-sistas desencantadas con el progresismo oficial. No creo que haga ningún bien ni al PSOE ni al país desentenderse de todo esto y atribuirlo al anticristo. Me dice a conti-nuación Luz algo que sí creo que constituye un problema medular y de primer orden: al PP le interesa poco la educación y su proyecto son solo unos cuantos mantras. Y en esto puede tener razón. Como hemos afirmado, el PSOE tiene un proyecto educativo claro. El PP, no. Es decir, la confrontación es entre un partido con unos objetivos y otro que carece de ellos y que tampoco es capaz ni de articular una oposición política ni de poner en marcha iniciativas que contrarresten los excesos que se puedan cometer desde el otro ámbito.

Luz se extiende mucho sobre lo mala que es la recentralización del sistema edu-cativo. Ningún entrevistado ha hecho hincapié en ello y la sensación es que todos quieren un sistema que funcione, lo gestionen el Estado o las comunidades autónomas. Es otra muestra de la desconexión entre los políticos y la realidad: lo que en su mente tiene proporciones máximas, a la mayoría de los afectados les importa muy poco. Acusa al PP de ideologizar la educación, como si ella no hablara desde otra ideología. Su discurso en este punto es bronco y sus opiniones contundentes e inflexibles.

Echo de menos empatía hacia posiciones contrarias a las suyas. Sin embargo, le menciono dos conceptos que imagino le provocarán rechazo: esfuerzo y excelencia. Para mi sorpresa, no es contraria a ninguno de los dos y lo único que matiza es que a veces la falta de recursos puede impedir a algunos realizar los mismos esfuerzos que otros que sí disponen de esos recursos. ¿Y no sería mejor en ese caso luchar para que todos consigan unos objetivos irrenunciables, pero, en lugar de doblegar la exigencia para que todos quepan, poner sobre la mesa recursos para que todos lleguen?

Cuando le menciono proyectos como el del IES San Mateo, esgrime el mantra de que no es partidaria de la segregación. Habla de proyectos y esfuerzos compartidos, en grupos en que no se segregue y los chicos que avancen más rápido ayuden a los que experimenten más dificultades, lo que aportará a los más estudiosos o inteligentes un plus de inteligencia emocional. Suena precioso, pero a estas alturas tenemos claro que no se sostiene ni de lejos en la realidad. Ese el momento en el que percibo menos a la Luz docente y más a la política, cegada por una trampa ideológica de la que no sabe o quiere salir. Añade que la escuela tiene que enseñar a convivir, pues aglutina en un aula a personas muy diferentes con las que uno tiene que mostrar tolerancia. El problema de estos planteamientos es que dan por sentado (i) que antes la escuela no enseñaba a convivir, lo cual es falso, y (ii) que la escuela tiene que asumir toda la educación del niño, minusvalorando o minimizando el rol de otras actividades predominantemente socializadoras como, por ejemplo, el juego.

Le pregunto a Luz qué opina sobre la tiza y la pizarra, anticipando un rechazo, pero dice defenderlas. De hecho, explica que las nuevas tecnologías son útiles, pero no la panacea y ni siquiera imprescindibles; se abusa de ellas con frecuencia, curiosamente una opinión extendida entre quienes no piensan como Luz. Las nuevas metodologías tampoco deben ser las protagonistas y ni siquiera son tan nuevas porque en la II República ya se usaban (recordemos que Luz tiene un doctorado en Educación y conoce la cuestión a fondo). «La lectura es esencial y hay que incrementar los esfuerzos para potenciarla», declara mi entrevistada en una afirmación transversal y alejada del pedagogismo oficial. La competencia digital forma parte del sistema y hay que atenderla, pero sin olvidar lo tradicional ni descartar lo memorístico. No hay que derribarlo todo, sino preservar aquello que merezca la pena y, eso sí, transitar hacia un aprendizaje más conceptual y menos memorístico, respetando los estilos docentes de cada profesional y la libertad de cátedra. Cualquier cambio requiere tiempo y hay que permitir que los docentes puedan formarse y adaptarse.

Nos detenemos en la cuestión de la disciplina y aquí también se muestra dialogante y sensata. Me comenta que por lo general es un problema que procede del ámbito familiar y es difícil de resolver en los centros, que no deberían tratarlo como un problema individual del docente, sino mediante un proyecto de centro que arbitre soluciones y protocolos que impliquen al equipo educativo en su totalidad. Y siempre habrá casos graves que sean difíciles o imposibles de resolver. No obstante, explica que, según los organismos internacionales, España es de los países europeos con menos problemas de convivencia. No puedo evitar preguntarme si la transparencia con que otros sistemas rinden cuentas es comparable a la opacidad generalizada del nuestro. En otras palabras, ¿tenemos menos problemas o los tapamos mejor?

Le pregunto a Luz dónde están sus líneas rojas y aquello que considera innegociable. Son la equidad y la no segregación: esto se traduce en que hasta los 16 años los chicos tienen que estudiar lo mismo y obtener el título, hagan lo que hagan. No quiere oír hablar de itinerarios porque es «segregador». Quien impulsa esos itinerarios es porque no quiere aguantar a los alumnos más complejos de atender, por pura comodidad y falta de implicación. Muchos quieren alumnos que no «den la lata». Lo dice con entera convicción e incluso con un nivel altísimo de empatía. Me pregunto si la empatía no es un hándicap para diseñar una política educativa eficaz. Desconozco cómo será en otros casos, pero creo que esta preocupación por no dejar a ningún alumno atrás y redoblar nuestros esfuerzos con aquellos que presentan más problemas es genuino en Luz. Igual que en algún caso he sentido que me hablaba más desde la política de partido, en este caso creo que lo hace la docente y el ser humano. No me convence del todo y creo que habría que tratar el tema con más frialdad, pero consigue que respete su punto de vista.

Luz ejemplifica la posición del PSOE en materia educativa: calidad, equidad e inclusión, siempre entendidos como lo hemos ido viendo a través de este viaje. El hecho de que el PP, como afirma Luz, carezca de una política educativa hace que tales ideas nunca hayan sido seriamente contestadas. Me ha dado que pensar su afirmación de que la gente no incluye la educación entre sus preocupaciones, aunque sí la política: es obvio que no perciben la estrecha relación entre educación y política. O eso o se ha vendido con mucha eficacia que tenemos un sistema educativo magnífico y sin apenas problemas. Luz desprecia las críticas como propias de la ultraderecha más rancia. En cambio, no se muestra contraria a la exigencia y al esfuerzo, ni a la tiza y la pizarra, ni rechaza lo tradicional, ni es rabiosamente defensora de la tecnología y la innovación educativa. Está en contra de los cambios radicales y a favor de la libertad de cátedra, aunque apela, de forma sensata, a que la memoria no lo sea todo y el aprendizaje se torne cada vez más conceptual.

Una personalidad de extrema importancia para el tema que tratamos y de quienes más han determinado el camino recorrido por la educación en España desde los años 80 es Álvaro Marchesi. Fue el ideólogo de la LOGSE y, como pueden imaginar, de las personas más odiadas por algunos. Mi trato con él, sin embargo, fue exquisito. Atendió con prontitud y amabilidad mi llamada y mantuvimos una conversación agradable y cordial en el edificio de su facultad, en el campus de Somosaguas de la Universidad Complutense. Álvaro tiene 76 años, pero nadie lo diría, y sigue siendo un seductor. Me lo habían dicho y no se equivocaban. Cercano, educado, divertido, conoce a casi todos por su nombre y todo el mundo le trata con cariño.

Álvaro estudió psicología y comenzó a dar clase incluso antes de que se implantara la ley Villar Palasí de 1970. Trabajó en colegios, centros de secundaria y de adultos. Pronto ingresó en la universidad, primero en la Autónoma y después en la Complutense. Ha ido y venido. Durante los períodos en los que ha tenido responsabilidades de gestión ha abandonado la universidad, pero siempre ha terminado regresando. Lo hizo por ejemplo en 1996 cuando José María Aznar llegó a la presidencia del gobierno y tuvo que dejar el Ministerio de Educación, en el que había estado desde poco después de la victoria electoral del PSOE en 1982. A sus 76 años sigue dando clase y confiesa que le entusiasma hacerlo cada día como si fuera el primero.

Militante del PSOE, en 1984 el entonces ministro José María Maravall le llamó para poner en marcha un proyecto de integración de alumnos con discapacidad en la escuela, asunto en el que Álvaro se había especializado. Recuerda que no todo el mundo lo veía claro y había voces que argüían que con aquello terminaría bajando el nivel. Álvaro no hizo caso a las críticas y consiguió que el proyecto, del que ahora se siente orgulloso, siguiera adelante. Quiero detenerme aquí un instante. Álvaro sabía que aquello generaría resistencias. ¿Cómo se enfrentó a ellas? Afirma que con moderación, o sea, implantando las medidas de manera gradual para no incomodar gravemente a nadie. Es lo que luego me contará en el caso de la LOGSE y lo que ha echado de menos en reformas posteriores. Su receta: hay que ir despacio para no generar enfado ni recelo. ¿Moderación o tacticismo? No dudo que Álvaro sea una persona dialogante, pero también tengo la sensación de que puede ser implacable en cualquier negociación.

Me comenta otra cosa en la que es importante detenernos. Opina que en aquel momento había un clima más favorable a la integración de alumnos discapacitados. Lo dice como si ahora fuéramos menos solidarios. ¿No podría ocurrir que simplemente somos más conscientes de que los resultados de aquello no han sido los que se pretendían? En cualquier caso, dice sentirse más orgulloso de aquel proyecto pionero que de la LOGSE, su obra más conocida. Le paraban por la calle para felicitarle y los profesores de primaria estaban muy satisfechos. En una playa de Levante un padre se acercó para preguntarle si su hija podía darle un beso. Gracias a aquella ley, la chica había podido estudiar en la misma clase que su hermana. Álvaro me lo cuenta con lágrimas en los ojos. El orgullo que siente de lo que él cree un trabajo bien hecho es genuino.

Centrándonos en la LOGSE, Álvaro fue su artífice, pero me repite que en último extremo se la debemos a Javier Solana, entonces ministro de Educación y sin quien no habría salido adelante, no solo porque el entonces ministro hubiera creído en ella, sino porque fue quien consiguió vencer las resistencias, que, según parece, existían en el gobierno. Álvaro insiste en que el objetivo de la ley fue extender la escolarización hasta los 16 años, si bien en otro momento de la entrevista me remarca un aspecto que genera menor unanimidad: el que hasta esa edad todos los alumnos estuvieran juntos y estudiaran lo mismo. En general, Álvaro, conocedor de las críticas, parece querer defender su obra aferrándose al único aspecto de la misma en torno al cual existe un consenso mayoritario: extender la escolarización hasta los 16 años era necesario. Pero noto una leve resistencia a entrar en los aspectos más polémicos. Le espeto, por ejemplo, que dar clase con alumnos de niveles muy diferentes no es sencillo. Está de acuerdo, pero dice que eso no es culpa de la LOGSE, sino de la evolución de la sociedad española en estos años, que se ha hecho más diversa y compleja. Según él, la solución no pasa por la segregación, o sea, por diversificar los cursos y ofrecer mayor optatividad.

Cuando le indico que hay una sensación generalizada de que los niveles han bajado, me dice que no lo han hecho «tanto». Y, en una afirmación esperable, me explica que si algo no ha funcionado del todo bien no es porque el sistema tuviera ninguna falla, sino porque no se han aportado los recursos necesarios. Ha oído hablar del descontento entre muchos docentes y de hecho escribió un libro, *Sobre el bienestar de los docentes: Competencias, emociones y valores* (2007), en el que explicaba que quienes trabajaban en equipo e innovaban estaban satisfechos y eran los que no lo hacían los que se mostraban insatisfechos. Estos últimos presentan un gran problema: no han conseguido conectar con las nuevas generaciones ni entenderlas. Del título del libro se deduce que la enseñanza competencial, de emociones y valores era también un objetivo y que quienes no están satisfechos es porque no han sabido o querido aplicarlo. O sea, la LOGSE no era solo una cuestión de escolarizar hasta los 16 años.

Álvaro está convencido de que las ventajas son muchas más que los inconvenientes y siente que es injusto denostar una ley buena solo porque tuvo efectos indeseados. Afirma que inicialmente hubo protestas y malestar, pero hoy día es una ley que nadie cuestiona. Esta afirmación es sorprendente. Quizás crea que la contestación no se debe a su ley, sino a otras que posteriormente la han desarrollado o no han cambiado lo que quizás podría haberse cambiado. Así, afirma que cuando el PP ha tenido la ocasión de cambiarla no lo ha hecho, cosa que es cierta. Le argumento que la llamada ley Wert sí planteaba cambios (reválidas al final de la primaria, por ejemplo), pero se limita a contestarme que al final el PP la paró. Esto vuelve a confirmar que el PP, por la razón que sea, estaba y está mucho más de acuerdo con la LOGSE de lo que siempre ha afirmado públicamente. Según Álvaro, y como han sugerido otros entrevistados, solo la ha criticado cuando había intereses electorales en juego.

Un aspecto de la ley que Álvaro dice que se olvida (¿admisión tácita de que la crítica existe y es consciente de ella?) es la extensión de la escolarización en secundaria en zonas rurales. Su argumento tiene algo de falaz: a los dos últimos cursos de primaria se les rebautizó como los dos primeros de secundaria, por lo que lo único que se produjo fue un cambio de nombre. Dicho esto, es indudable que el nuevo sistema hizo que se abrieran muchos centros en localidades pequeñas que evitaron que los chicos tuvieran que marchar a otros lugares para estudiar.

Le pregunto a Álvaro si hace alguna autocrítica y, para mi sorpresa, tiene varias, no tanto de la ley como de su implantación. Confiesa que se han tenido poco en cuenta las sensibilidades del profesorado de secundaria y que eso fue un error. Un primer aspecto que reclama es que se apoye más a los centros con dificultades, que no pueden trabajar con la misma ratio que aquellos en los que esos problemas no se dan. Piensa igualmente que no se ha contemplado un plan de incentivos al profesorado que permita el desarrollo profesional y aumente la motivación. Y cree que habría sido necesaria una evaluación de la práctica docente y de los propios centros, con idea no de castigarlos, sino de detectar qué problemas existen y tratar de aportarles soluciones.

El análisis que Álvaro realiza de la realidad educativa se antoja profundamente alejado de la realidad y no solo por lo que dice, sino también por lo que no dice. Para empezar, vuelve a cometer el error, por el que la LOGSE es muy conocida, de eximir de cualquier responsabilidad a los alumnos en el éxito o fracaso de su propia educación. Álvaro pone el foco solo en los docentes y los centros, como si un chico de 14, 15 o 16 años fuera un trozo de barro que podemos modelar desde el sistema como más nos convenga o apetezca. Lo que me sorprende es que diga que los estudiantes cada vez saben más y son mejores. Me intereso por la evidencia en que basa tal afirmación, y su respuesta me deja de piedra: la sociedad española de ahora es mejor que la de hace cuarenta años y eso no habría sido posible si la educación fuera peor que hace cuarenta años. Como mínimo, tendremos que convenir en que es un análisis de la realidad con un trazo muy grueso, impropio de una persona culta como Álvaro. Si la evidencia del éxito del sistema es esa, casi lo interpreto como una admisión tácita de su fracaso.

Álvaro vive instalado en la autocomplacencia por el trabajo realizado y no se permite a sí mismo afrontar que parte de lo que hizo en su momento pueda haber sido perjudicial para la educación. Cuando le hablo de su opinión sobre un profesor que no comulgue con el sistema, pero que muestre amor y vocación por su trabajo, dice que merece su respeto. También consigo que me diga que no está en contra del esfuerzo y que no cree que haya nada en la ley que impida exigirlo. Pero de vez en cuando me insiste en que los alumnos despliegan hoy nuevos paradigmas a los que hay que adaptarse y tienen más conocimientos aplicados que hace veinte años. Es lo que se pretendía con la LOGSE y, lejos de darse cuenta de que eso tampoco se consiguió, Álvaro se aferra a que lo que se pretendió se ha logrado. Cree que otra prueba incontestable es que hoy día hay muchos menos suspensos que antes. Eso es prueba de que los chicos trabajan más. Como es obvio, «nadie les va a regalar el título». Esto es tan naíf que produce sonrojo. Es común que en los aprobados/suspensos se produzca una transferencia metonímica de significados. Aprobar se asume que es consecuencia de que se ha producido un aprendizaje. Por tanto, se fuerza a que existan aprobados, sin querer ver que si la presión no es por enseñar más, sino por aprobar más, acabamos destruyendo esa relación metonímica y consiguiendo que un alto número de aprobados ya no implique que el sistema esté triunfando. Meramente hemos aprendido a pervertirlo, ayudados por la ausencia de controles externos. Juan Antonio Rodríguez Tous, en esta misma línea, me explicaba que el mayor fracaso del sistema no es el alumno que suspende, sino el que aprueba sin haber hecho nada para merecérselo. Es al que realmente estamos estafando.

Algo más que llama mi atención es la idea de Álvaro de que cualquier cambio debe hacerse con prudencia y mesura, no tanto para facilitar las transiciones, sino para no generar descontento y rechazo entre el profesorado. No está en desacuerdo, por ejemplo, con los polémicos ámbitos de aprendizaje para 1.º y 2.º de ESO, pero siempre que sean voluntarios y se ofrezcan incentivos para su aplicación. La justificación para su necesidad es la misma que emplea todo el mundo que los defiende: los chicos tienen muchas asignaturas y profesores diferentes y eso les perturba. No he escuchado ni una sola argumentación científica ni ninguna explicación algo más profunda al respecto.

Álvaro percibe antipedagogismo en secundaria, pero cree que siempre lo ha habido. Su explicación es que el profesorado quiere contenidos porque eso no les obliga a trabajar tanto. Claro, se podría fácilmente plantear el argumento contrario: los profesores de primaria, que son quienes encabezan el *establishment* educativo, no quieren contenidos porque solo saben de pedagogía y los contenidos los ven lejanos, difíciles de dominar, peligrosos, sospechosos. No les interesan y los demonizan. Y los políticos solo los escuchan a ellos porque son más dóciles.

Álvaro Marchesi siempre se ha movido entre la política y la universidad y es el vivo ejemplo de cómo en España se ha diseñado un sistema educativo desde lugares muy alejados de su ámbito de aplicación y sin contar con quienes debían llevarlo a término. De la conversación deduzco varias cosas que me parecen importantes. Tenemos hoy día la contestación que tenemos porque responsables educativos posteriores no han sido tan cautelosos como los impulsores de la LOGSE. Quizás la política se ha vuelto menos dialogante y más dogmática en estas tres décadas. Álvaro admite que el profesorado de secundaria es el más ninguneado por la Administración. Lo noto a la defensiva al afirmar que lo único que pretendía la LOGSE era extender la educación hasta los 16 años, como si supiera que es casi lo único que genera consenso. Cuando le enfrento a otros problemas, los atribuye a la evolución de la sociedad, a la falta de dotación presupuestaria, a que muchos docentes no saben conectar con las nuevas generaciones o a que es más cómodo hacer lo de siempre que incorporar nuevos métodos. No quiere ver los problemas: los niveles no han bajado tanto, los conflictos de convivencia son ocasionales, los chicos saben cada vez más, todo el mundo está contento con las reformas educativas, apenas se suspende. Uno de sus argumentos, y este sí es incontestable, es: ¿si la ley es tan mala, por qué el PP no la ha derogado cuando ha tenido ocasión de hacerlo?

He tenido la gran fortuna de poder conversar con otro de los grandes artífices de nuestro sistema educativo: Alejandro Tiana, catedrático de Teoría e Historia de la Educación en la UNED, donde sigue impartiendo clase, ahora como profesor emérito. Muchos le consideran el artífice tanto de la LOE como de la LOMLOE, leyes que han seguido la estela de la LOGSE, en cuya elaboración Alejandro participó también, aunque no de forma tan destacada como Álvaro. Alejandro es solo unos años más joven que Álvaro, pero su incorporación a la política fue posterior.

Mientras me dirigía a la cafetería cercana al parque del Retiro en la que había quedado con Alejandro, tenía sensaciones encontradas. Me interesaba mucho su punto de vista, pero temía encontrarme alguien distante y dogmático. No lo fue en absoluto. Mantuvimos durante dos horas una conversación muy cordial. Alejandro no solo es muy educado, también es cálido en el trato. En cuanto a sus ideas, no espera que su interlocutor esté de acuerdo con todo y se limita a exponerlas con argumentos y convicción, pero sin dogmatismos. Acude a la entrevista con americana y zapatillas deportivas. No viste como si tuviera 20 años, pero se niega a actuar como un anciano, como demuestra el que siga ejerciendo su labor docente, acudiendo a charlas y siempre con proyectos en la cabeza. Practica la natación y se nota que está en perfecta forma física y mental.

Alejandro es oriundo de Vallecas. Tras cursar la carrera, en 1974 entró a dar clase en el Colegio Siglo XXI, en Moratalaz, que hacía gala ya entonces de un ideario renovador, en línea con la pedagogía de la que beben la LOGSE y leyes posteriores. El colegio se había creado unos años antes como alternativa a la escuela nacional-católica. Trabajó allí solo seis años y entró luego como profesor en la UNED, universidad en la que lleva más de cuatro décadas y de la que llegó a ser vicerrector. Ha formado parte del Ministerio de Educación en tres períodos: 1989-1996, 2004-2008 y 2018-2022, bajo los tres presidentes socialistas de nuestra democracia: Felipe González, José Luis Rodríguez Zapatero y Pedro Sánchez. También estuvo cuatro años en la Organización de Estados Americanos. Ha recibido importantes premios, como la Gran Cruz de la Orden Civil de Alfonso X el Sabio en 2008. Lo que no tiene ni ha tenido nunca es el carnet del PSOE.

Alejandro sabe que la educación provoca opiniones encontradas y concluye que ello es un reflejo de las diversas formas de ver la vida y cómo querríamos que fuera la sociedad. Lo único que le molesta es la ligereza con que se habla del tema. Quiero calibrar su talante y le pregunto, por ejemplo, por la política educativa del PP. Sin exhibir ningún partidismo, me indica que va mutando en función de la mayor preponderancia que tengan en ese momento los neoliberales o los cristiano-demócratas. Afirma que hay personas del partido con las que ha podido dialogar sobre temas educativos, desde la discrepancia en algunas cuestiones, pero también la coincidencia en otras. Como venimos comprobando, parece claro que son por lo general los partidos los que impiden el diálogo y no tanto las personas, y lo hacen por pura táctica electoral. El voto parece depender del nivel de alejamiento que uno consiga demostrar frente al rival.

Alejandro, en contra de lo que yo pensaba, no afirma que la educación sea imposible de mejorar («queda mucho por hacer»), pero opina que está mejor ahora que hace treinta años, lo que, según él, reflejan «todos los indicadores». Se trata de esos etéreos y socorridos indicadores que tanto enervan a José Manuel Lacasa. Alejandro afirma que ahora está escolarizada toda la población de menos de 16 años, logro que casi nadie discute. Cuando le saco a relucir la opinión de muchos de que ahora «los chicos no saben tanto como antes», se limita a proferir un «bah». Vuelve a mostrarse incómodo o displicente cuando le menciono los términos *esfuerzo* y *exigencia*. Claramente, no quiere entrar en el tema y solo me dice que es «todo muy sesgado» y no sabe por qué se habla tanto de eso. Yo no tengo claro que se hable tanto, pero es quizás donde Alejandro se muestra más fiel al espíritu de la LOGSE: lo mejor para los estudiantes es no exigirles nada y conseguir lo que se pueda, pero sin coartarlos.

Le pregunto por los datos de comprensión lectora recientemente publicados, nada halagüeños, y es otra de las preguntas que intenta rehuir. Pero termina por admitir que es un tema en el que hay que trabajar y que en la primaria se podría hacer mucho más de lo que se hace. Me explica que en nuestro sistema los saberes están demasiado compartimentados y se presta poca atención a aquello que es transversal. O sea, opina que la lectura debería trabajarse en todas las asignaturas. O a lo mejor simplemente es una defensa velada de los ámbitos educativos.

Hablamos también de innovación. Lo importante para él no es ser más innovador o más tradicional, sino que lo que se haga tenga sentido y persiga un objetivo bien definido. Apuesta por el rigor más que por la innovación, convencido de que innovar a secas no significa hacer bien las cosas. Debe innovarse cuando las cosas no funcionan, pero no tiene sentido hacerlo si se está consiguiendo lo que se pretende. Tampoco se muestra contrario a la clase magistral si está bien preparada y es efectiva. Hay muchos estilos docentes, me dice, y ninguno es mejor que otro: dependiendo del contexto, funcionarán mejor o peor. Él mismo utiliza poco el *powerpoint*, pero ni está en contra ni le parece mal que otros compañeros lo hagan.

Hablamos también del binomio igualdad versus excelencia. No es partidario de ninguna de los dos y sí de buscar el equilibrio. Si para integrar a chicos con mayores dificultades hay que renunciar a algo de la excelencia, debe hacerse, pero depende del contexto y siempre dando oportunidades a aquellos con mayor potencial para que lo aprovechen. Tratar a todos por igual crea injusticias. Sin embargo, en la ESO, puesto que es obligatoria, hay que intentar que todos titulen. Esto es sin duda un gran escollo con el que los docentes se encuentran. La idea de un aula en la que cada alumno avance según su compromiso y capacidad es interesante sobre el papel, pero difícil de aplicar en la realidad. Hay otro aspecto en que Alejandro se revela como un idealista que cree que porque una idea parezca buena lo es. Le indico que la sociedad es meritocrática y desigual y que por tanto ese ideal de una escuela igualitaria y sin exigencia puede llevar a un divorcio entre lo que ocurre allí y lo que ocurre fuera. Su respuesta es que, efectivamente, la sociedad es así, pero no hay que fomentar que lo sea. Como podemos ver, es una respuesta muy diferente a la que me dio Jordi Mussons.

De nuevo, noto evasivas cuando le hablo de problemas de convivencia: «Son casos aislados que se magnifican y que en cualquier caso vienen causados por la sociedad y las familias». Y no le falta razón, pero ¿qué le decimos a un docente que tiene que enfrentarse a ellos? Es fácil quitarle importancia cuando uno tiene un trabajo en el que es respetado, como le ocurre a él. Le pregunto al hilo de esto si cree que se escucha a los maestros a pie de aula. Sorprendido ante la pregunta, me dice que sí porque las leyes se negocian con los sindicatos, que los representan. Espero unos segundos por si me lo dice con ironía. No la hay y de verdad piensa que los sindicatos representan la opinión del profesorado. Creo que poco puede añadirse. Hemos visto en repetidas ocasiones cómo entrevistados nos han hablado de la poca representatividad de los sindicatos y su desinterés absoluto en los problemas reales de la educación.

Alejandro reconoce que, si bien en un primer momento tras la LOGSE el sistema era más monolítico, con el tiempo se ha ido diversificando, sobre todo en los últimos cursos (Chelo Pradilla así nos lo confirmaba). Y también parece interesado no solo en lo que se hace, sino en qué resultado tiene, coincidiendo, por ejemplo, con alguien como Miguel Ángel Tirado. Alejandro también está a favor de las pruebas diagnósticas. Viendo estas coincidencias con personas críticas con la educación, le pregunto sobre estos últimos. Solo muestra admiración por Gregorio Luri, aunque no plena coincidencia. Del resto ha oído hablar, pero no le preocupa mucho lo que digan. En su opinión, poseen una capacidad analítica muy baja. Zanja la cuestión llamando a todos los críticos «literatura del desastre». No llega a usar la etiqueta de «reaccionarios», pero se queda muy cerca.

Me marcho con sensaciones contradictorias. Alejandro es una persona brillante e inteligente. Pero me llama la atención su poca disponibilidad a escuchar argumentos que pongan en cuestión sus creencias. No quiere ni oír hablar de esfuerzo y exigencia, pero sí coincide con la mayoría de entrevistados en que la innovación está profundamente sobrevalorada: no hay que abusar de ella ni considerarla una panacea y cualquier estilo docente que consiga sus objetivos es válido. Es más dogmático y previsible en la idea de que todos los chicos deben titular, al menos en la ESO, y ahí no quiere atender testimonios contrarios. Tampoco le interesan los puntos de vista de las personas críticas con la educación y no considera a los profesores como interlocutores válidos para tratar temas educativos, lo cual es preocupante. También es negacionista de los problemas de convivencia, si bien no los achaca, como algún otro entrevistado, a los propios docentes.

Quiero hablar ahora con una persona que ni se dedica ni se ha dedicado nunca a la política. Me desplazo a Zahara de los Atunes (Cádiz) para conversar con Mar Gijón, que es de Sevilla, pero reside ahora parte del año en esa localidad. Mar comenzó como docente en 1988, habiéndose licenciado en Filosofía y en Filología Clásica. En 2009 fue nombrada asesora de Innovación en la Consejería de Educación de la Junta de Andalucía, donde permaneció hasta 2017. Durante ocho años presenció de primera mano esa política de despachos que nadie menciona y casi nadie conoce, pero de la que Mar ha accedido a hablar conmigo.

Me interesan primero sus dos décadas como docente. Recuerda, por ejemplo, que a principios de los 90 se realizaban cursos de adaptación a la LOGSE que ella califica de «pinta y colorea», o sea, de tal vacuidad y simpleza que parecía difícil creer que mediante aquello se pretendiera transformar la educación en España. Eso sí, quienes experimentaban con nuevas metodologías nunca lo hacían en grandes ciudades, sino en pueblos aislados, como Nerva, en Huelva, donde Mar enseñaba por entonces. Enseguida se dio cuenta de que el objetivo no declarado era primarizar la secundaria, aunque también admite que, cuando se dieron cuenta de que los alumnos tenían luego muchas dificultades con el bachillerato, comenzaron a limarse algunos aspectos. La LOGSE, dice Mar, nunca fue un intento de mejorar la calidad de enseñanza, sino de acabar con el fracaso escolar a base de niveles tan bajos que era casi imposible no alcanzarlos. El profesorado debió haberse unido para frenar aquello, pero no se hizo: oponerse a esa ola de progresismo beatífico estaba mal visto y tampoco se sabían bien cuáles serían las consecuencias a largo plazo, si bien, curiosamente, fue entonces cuando algunos partidarios de la LOGSE comenzaron a llevar a sus hijos a centros privados. Hoy día, según Mar, nadie del *establishment* pedagógico/político lleva a sus hijos a la pública.

A Mar le gusta argumentar las cosas con matices, como he observado que es común en personas del ámbito de la filosofía. Me dice, por ejemplo, que los inicios de la LOGSE fueron peores que lo que sucedió después. La orientación fundamental no cambió, pero algunas cosas se frenaron. Por otro lado, la Formación Profesional experimentó una significativa mejora cuando se adoptaron los ciclos formativos. En su opinión, el bachillerato fue el que se llevó la peor parte, pues los alumnos llegaban cada vez menos preparados y con una actitud hacia el aprendizaje más suspicaz. Por enésima vez, me repite que en 3.º y 4.º de ESO deberían haberse introducido itinerarios, pero el mantra de la igualdad no lo permitió.

Mar abrazó la innovación desde el principio, participando en cursos y programas de todo tipo. En los 2000 tenía su propio blog. Todo eso hizo que la llamaran de la Consejería para ser asesora de Innovación. No era un cargo político, pero tampoco requería oposición. Su nivel de cercanía con los políticos era absoluta. Casi todos sus compañeros eran de libre designación, pero su caso fue una singularidad y no la llamaron porque la conocieran personalmente: habiéndose ganado fama de docente innovadora, quienes la reclutaron concluyeron sin pensarlo dos veces que sería adicta a la causa.

Mar es contundente al afirmar que a los políticos no les interesa la educación, sino el adoctrinamiento. Ahora toca la Agenda 2030, que gira en torno a la digitalización, el medio ambiente, el cambio climático, la igualdad y la identidad sexual. En su opinión, el énfasis en muchas de estas cuestiones no es del todo desinteresado: lo que se busca es crear nuevas minorías y subgrupos, divisiones, o sea, nichos de votantes adeptos. Se dice que se fomenta el pensamiento crítico, pero solo a base de binomios, sin matices, y con una simpleza casi pueril. A esos mismos políticos la falta de contenidos, de aprendizaje y de nivel no les preocupa y solo usan la escuela como laboratorio de ingeniería social. Mar va más allá. A los muchos políticos que ella ha conocido no les ha temblado la mano a la hora de cargarse deliberadamente el sistema educativo. No quieren gente preparada y no lo han dudado un instante a la hora de diseñar una educación para camareros y proletariado lumpen o, como dijo el filósofo Guy Debord, «pseudocampesinado tecnológico» (99)[7].

Cuando se marchó de la Consejería en 2017, Mar se sentía decepcionada por el escaso interés en sus aportaciones. Su falta de ambición política le impedía trabajar al dictado de la política y su labor se desarrollaba desde la más estricta profesionalidad e independencia. Eso la había llevado al ostracismo en un panorama enrarecido en el que solo se podía opinar en un sentido y en el que la mínima disidencia era castigada. «Todo es un puro teatro», sentencia Mar, que opina que no hay calidad sin rendición de cuentas ni pruebas de diagnóstico o evaluaciones externas. Pero, según los políticos, hay que huir de todo ello, pues «el dato mata el relato». De los sindicatos tiene la peor de las opiniones: a cambio de subvenciones han conseguido que ninguno abra la boca.

En 2017 se produjo una agresión a una alumna de Murcia por sus ideales y los de su familia de extrema derecha. Cuando al día siguiente de conocer la noticia

---

7   Guy Debord, *The Society of the Spectacle,* trad. Ken Knab, Londres: Rebel Press, n. p.

Mar acudió a su puesto de trabajo, el 50 % de sus compañeros jaleaba unos hechos que a su juicio eran «execrables», fueran cuales fueran las circunstancias. En aquel momento Mar tomó la decisión de marcharse, no por solidaridad con las ideas de la chica, sino por la radicalidad y ceguera de sus compañeros, incapaces de ver que la violencia no puede combatirse con más violencia, independientemente de la ideología. Mar retorna al IES Macarena de Sevilla. Se sintió como si hubiera entrado en una escuela de primaria y no lo dice por el alumnado, que estaba completamente desmotivado, sino por el profesorado. Pudo allí constatar en primera persona los efectos prácticos de las políticas que se habían puesto en marcha durante su tiempo como asesora. Vio también cómo el discurso oficial había calado plenamente: también en su centro se tildaba de fascistas a quienes no abrazaban el pensamiento único.

Se preguntarán cómo alguien tan cercano al poder se expresa con tanta valentía. Es sencillo: Mar se jubiló hace unos meses. Quizás estando en activo no se podría haber expresado con tanta candidez. De hecho, nadie de quienes eran sus antiguos compañeros en la Consejería me hablaría en estos términos y por eso no la presiono para que me sugiera nombres a los que entrevistar. Lo que me cuenta, cabe hacer notar, no difiere de lo que personas más lejanas a la política también me habían dicho. Si bien Mar cree que la LOGSE ha ido modificándose con el tiempo (por la puerta de atrás), no se ha hecho lo suficiente. La ley pretendía infantilizar la enseñanza y conseguir aprobados masivos: como ella dice, era una ley que buscaba que los chicos no aprendieran nada. En su opinión, la educación no se ha dinamitado de manera accidental, sino plenamente consciente. No es una especulación, es fruto de contemplar la realidad que durante tantos años la ha rodeado. Y las ruinas del edificio educativo se encuentran custodiadas celosamente, no sea que quede algún cimiento sobre el que alguien tenga la tentación de volver a construir.

La política no ha llegado a la universidad de una forma tan contundente como a la enseñanza preuniversitaria, pero lo ha hecho. Los rectores se han ido convirtiendo cada vez más en políticos, y muchos aspiran a ocupar cargos de gestión fuera de las universidades tras su paso por los rectorados (la lista es enorme). Tenía mucho interés por charlar con algún rector o rectora y me puso muchas facilidades para ello la de la Universidad de Granada, Pilar Aranda Ramírez. Catedrática de Fisiología, Pilar es la primera rectora de esta institución, fundada por Carlos V y a punto de cumplir quinientos años. Sus compromisos no le permitieron atenderme personalmente, pero lo hizo por teléfono. No tuvimos mucho tiempo para conversar, pero me quedó claro enseguida que Pilar está alineada con la pedagogía al uso, por convicción personal, por contaminación del entorno o quizás por contentar a un presunto grupo amplio de docentes que se relacionan con ella y que en las universidades suelen estar cercanos a los cenáculos rectorales.

El discurso de Pilar es atractivo. Cuando le pregunto por su visión de la educación, me dice cosas sensatas, como por ejemplo que serían necesarios grupos más reducidos y que los estudiantes accedieran con una mejor base en las disciplinas medulares: matemáticas, lengua, historia, etc. De ese modo sería posible trabajar metodologías más innovadoras y potenciar, por ejemplo, el trabajo colectivo. Pero el tamaño de los grupos lo hace difícil. Por una parte, opina que la tiza y la pizarra son muy útiles en bastantes casos y que no hay que denostarlas, pero hay que prescindir de los saberes memorísticos porque a veces coartan la capacidad de análisis. Por lo que me dice, es partidaria de un equilibrio entre las posturas más progresistas que venimos abordando y las más supuestamente renovadoras. Cree que los alumnos llegan ahora con otras competencias. Esto lo llevo escuchando décadas y cada vez que he preguntado cuáles, nadie me ha sabido contestar. Pilar dice que no es productivo comparar el antes y el ahora, pero se muestra concernida, por ejemplo, con las faltas de ortografía.

La rectora de la Universidad de Granada lleva ocho años sin impartir clase, por lo que me habla de lo que ella recuerda de hace casi una década. Conversamos sobre los aires nuevos que llegan a la enseñanza universitaria. Su opinión es que debemos ir a grados más generalistas y hacia profesores menos especializados, capaces de dar asignaturas más globales. Curiosamente, esta parece la tendencia generalizada del *establishment*: eliminar la especialización. ¿Habrá ya quien se esté planteando trasladar los ámbitos a la universidad?

El de Pilar es ciertamente un posicionamiento algo ecléctico, no sé si tácticamente calculado para no alienar ninguna sensibilidad. Lo que puede aclararme mejor la cuestión es preguntarle por Daniel Arias Aranda, profesor de su universidad que, si recuerdan, se lamentaba de no haber recibido una sola llamada de la rectora para interesarse por la situación que denunciaba en su carta abierta. Pilar era esa rectora a la que Daniel se refería. La respuesta de Pilar a mi pregunta sobre el caso de Daniel nos desvela claves importantísimas de lo que está ocurriendo en el *establishment* educativo. Como sabemos, desde hace décadas lleva culpándose al claustro de todos los problemas del sistema: si los alumnos no saben comportarse es porque el profesorado no hace bien su trabajo; si los estudiantes no aprenden es porque los docentes emplean metodologías obsoletas; si no están motivados, es porque no sabemos acercarnos a su mundo. Sobre Daniel, Pilar me dice que estaba generalizando y culpando a otros de lo que probablemente era culpa suya. Cree que, en lugar de escribir cartas, debería trabajar más y lograr despertar el interés de su alumnado, dando por sentado que no lo ha hecho y también que existe una manivela mágica que activamos y que consigue reanimar ese interés. Nadie parece querer ver que hay alumnos que son imposibles de motivar y que una clase puede llegar a frustrarse por un solo estudiante o un pequeño grupo. Además, no todos los docentes tienen una capacidad motivadora tan alta y tampoco se les puede exigir que la tengan o esperar que un sistema fallido pueda ser rescatado por un equipo de profesores cuasi superhéroes, que existen, pero no son todos, ni siquiera necesariamente la mayoría.

Según Pilar, el profesorado no hace suficiente autocrítica: ¿seguro que le dedican a su trabajo el tiempo necesario? Me espeta que un profesor que no esté en su casa trabajando un domingo por la tarde no es un buen profesional. Añade que los docentes que más se quejan suelen ser los que menos trabajan. Y que el profesor que sabe tratar con respeto a sus alumnos no tiene ningún problema de convivencia. Aunque ella no tiene experiencia reciente en docencia de grado, sus compañeros no le hablan de que exista problema alguno, si bien sí ha notado una creciente infantilización con el paso de los años.

Me quedo con un sabor de boca agridulce. Pilar ha sido amable conmigo y, aunque noto que algunas cosas que dice forman parte de un discurso falaz y trillado, también realiza algunas observaciones sensatas y realistas. Lo que me deja muy atónito es cómo le asigna la culpa al profesor por un problema complejo que ni él ha creado ni del que es responsable. Si no hubiera conocido a Daniel, podría quedarme la duda. Pero he conversado con él y me consta que no tiene nada que ver con quien Pilar tiene en la cabeza. Como tantos políticos, Pilar es negacionista de la realidad. Quizás hubiera sido conveniente que llamara a Daniel a su despacho y escuchara su versión. Yo me he desplazado hasta Granada para interesarme por su caso y no soy rector ni tengo responsabilidad alguna. ¿Por qué quienes debemos transmitir a nuestros alumnos la necesidad de escuchar a los demás y respetar y tratar de entender las opiniones ajenas somos a veces tan poco dados a hacerlo?

6. 4. ¿LOS SINDICATOS QUE NOS REPRESENTAN?

Alejandro Tiana nos ha proporcionado ya algún título en secciones anteriores. Para esta última parte del viaje vuelvo a tomar prestada una idea que dejó caer en su momento y que no ha desaparecido de mi cabeza. La razón por la que, desde la política, la pedagogía y la inspección no se habla con los docentes (y me refiero a hablar en el sentido de entablar un diálogo y no de informarles u ordenarles) es porque ya se hace con quienes los representan: los sindicatos. Como nos acaba de decir Mar Gijón, hay un miedo atroz muy extendido a que el dato mate el relato y nada puede ser más perjudicial para la pedagogía que un conocimiento demasiado cercano de la realidad de las aulas.

Tengo claro a estas alturas que los sindicatos solo se representan a ellos mismos. En el ámbito educativo, es enteramente obvio. En otros sectores puede que defiendan a los trabajadores, pero en educación actúan, como dijo un entrevistado, a la manera de un ministerio más: van a escuchar las ocurrencias del político de turno y lo único que quieren saber es cuánto les van a dar para mantener la boca cerrada. No sé por ello si sorprenderme de que ninguno de los representantes de UGT y CC. OO., a cuyas puertas llamé, se molestara siquiera en contestarme y mucho menos accediera a hablar conmigo. Ya David López Sandoval me advirtió que iba a ser más fácil encontrar inspectores críticos que algún alto cargo sindical que lo fuera.

Xavier Pericay considera a los sindicatos parte del sistema, algo parecido a lo que ocurría con los sindicatos verticales del franquismo. Cree que solo buscan dinero y liberados sindicales y tragan con lo que haga falta con tal de conseguir ambas cosas. Juan Guzmán me explicaba que en ellos solo hay maestros, de un nivel cultural nada excepcional, por lo que se sienten incómodos hablando sin un guion preestablecido. Juan va más allá: quienes integran UGT y CC. OO. tienen un objetivo fundamental: no volver a dar clase. Y para ello están dispuestos a lo que sea. Además, como el profesorado de secundaria no suele votarles, las políticas que apoyan buscan debilitarlo. Tan solo en la Comunitat Valenciana, Irene Murcia y José Sabater reconocieron que UGT les había echado una mano recogiendo firmas contra los ámbitos, quizás viendo un rechazo casi unánime de los claustros valencianos contra la medida y a lo mejor también por su nula implantación en esa comunidad y el hecho de que allí su rival, CC. OO., había sido el más cercano a los gobiernos socialistas. Buscaban visibilidad. José Aguilar, por su parte, me explicaba que CC. OO. y UGT se han visto cuestionados por su apoyo sin fisuras a la LOGSE y eso les ha restado afiliados, con un efecto perverso: al conseguir vivir cada vez menos de las cuotas sindicales y más de las subvenciones, han terminado aún más serviles al poder político.

El auténtico descubrimiento del viaje, en cambio, ha sido el surgimiento de una nueva generación de sindicatos menos complaciente con el poder establecido y que pretenden no solo defender derechos laborales, sino también a los docentes de lo que entienden que constituye una agresión al sistema educativo. Ellos sí han querido hablar conmigo. Acudo a Barcelona a encontrarme con el tarraconense Xavier Massó, al que mucha gente considera un referente. Nos encontramos en la calle Rocafort, en la Nova Esquerra de l'Eixample, cerca de la estación de Sants. Lo de Nova Esquerra no sé si tomármelo como premonitorio. Lo que más me sorprende al llegar es encontrarme con la sede de un sindicato en toda regla: una banderola en la fachada y la sensación de que es una institución plenamente consolidada. Se trata de ASPECS-SPS, sindicato específico de profesores de secundaria. Mientras charlo con Xavier, un colega atiende permanentemente las llamadas y consultas de los afiliados en un despacho contiguo. Me dice que tienen cada vez más afiliados y, lo que es más importante, mucho profesorado joven.

USTEC era hasta que ellos llegaron el sindicato mayoritario en Cataluña y, como todos los sindicatos tradicionales, vivía al abrigo del poder político y convencido de que su función era pasar desapercibido. Pero ASPECS pone querellas ante casos de profesores desatendidos por la Administración y las gana. En Cataluña, me dice Xavier, las plantillas se eligen a dedo por los equipos directivos y los docentes viven aterrorizados. ASPECS tumbó un aspecto del decreto de plantilla que establecía que un director, mediante una simple entrevista, podía desembarazarse de un funcionario incómodo. No es extraño que en las últimas elecciones sindicales les haya ido muy bien y hayan superado a USTEC.

Preside la sede de ASPECS una lámina de Edward Hopper: *Habitación de hotel*. Pintado en 1931, es uno de los cuadros más conocidos del artista norteamericano y refleja la soledad y alienación de una mujer en lo que parece una habitación de hotel. Me planteo si está ahí para representar esa soledad que tantos docentes han experimentado durante largo tiempo ante un sistema que les ignoraba y ninguneaba o directamente demonizaba por tener una opinión crítica. Junto al cuadro hay un cartel del sindicato, que dice lo siguiente: «Ja n'hi ha prou! Precarietat. Indisciplina. Incompetència. Retallades. Deteriorament. Burocràcia. Devaluació acadèmica. Disbarats competencials. Gurús educatius». No se les ha quedado nada en el tintero.

Xavier es un hombre afable y cercano, con gran sentido del humor. Deportista, pero también un intelectual, me resulta un sindicalista algo atípico. En los primeros instantes de la conversación cita a Aldous Huxley: «La dictadura perfecta se parecería mucho a una democracia». En su opinión es lo que estamos viviendo. Bajo una apariencia benigna y casi de despotismo ilustrado con un discurso engañosamente amable, se están imponiendo prácticas enteramente distópicas. Le planteo, como he hecho con otros entrevistados, si existe la posibilidad de que por parte de la política exista simple torpeza, pero opina que todo está demasiado bien armado para que no haya una intencionalidad aviesa.

Xavier es catedrático de instituto. Estudió Filosofía y Antropología Social y sus argumentos son razonados, sensatos y coherentes. Me dice que la filosofía es la notaría del saber y que el interés en la educación es consustancial a la propia praxis filosófica. Al mismo tiempo, entona el *mea culpa* porque parte de lo que sucede en educación procede de algunos filósofos, comenzando con Rousseau. En el *Discurso sobre las ciencias y las artes*, este último cuestiona la idea del progreso artístico y científico. Era un antiilustrado y su atracción a la idea del «buen salvaje» no le sitúa lejos de algunos pedagogos actuales. También el posmodernismo ha aportado mucho y no bueno, cuestionando cualquier idea de autoridad y relativizando la realidad cognoscible. El escepticismo de Fichte ya preconizaba este relativismo y a él se apuntaron desde Santayana hasta Hannah Arendt, en especial el constructivismo, del que parte la pedagogía neoliberal, y el pragmatismo de Dewey.

Xavier lleva doce años en actividad sindical y desde 2018 en ASPECS, que contribuyó a fundar. Como hemos dicho, en marzo de 2023 fueron la segunda fuerza sindical en Cataluña y la primera entre docentes de secundaria. Xavier explica que en la mayoría de sindicatos tradicionales el profesorado de secundaria ha sido sistemáticamente ninguneado y esa puede ser una de las razones de su éxito. UGT y CC. OO. nunca han criticado nada, apoyaron fervientemente la LOGSE y son parte del problema por su complicidad con el sistema. Los docentes de secundaria han sido siempre los más vilipendiados en todas las reformas, empezando por la LOGSE, que les obligaba a primarizarse. Hasta Álvaro Marchesi lo admitía. Los profesores de primaria los ven con recelo, los pedagogos les achacan no saber nada de pedagogía y ser, por tanto, incapaces de enseñar y los políticos tratan de erosionar su especialización obligándoles a participar en proyectos educativos que desdibujan los saberes específicos y priorizan actividades con fines educativos difusos e imprecisos.

Haciendo un recorrido histórico, los informes internacionales confirman que España vivió entre 1970 y 1990 un desarrollo educativo sin precedentes, con un sistema que creció espectacularmente en cobertura hasta conseguir llegar a casi la totalidad de la población en edad escolar. A mediados de los 90 este desarrollo se estanca y, a partir de ahí, con la LOGSE implantada, comienza el declive y se pasa a una educación cada vez más utilitarista, consecuencia, apunta Xavier, de una sociedad que ya no necesita gente bien formada por la precarización del empleo y la irrupción de la tecnología: es el proletariado lumpen de Mar Gijón. No es que la infantilización de la educación sea un efecto no deseado, es parte de una agenda política que bebe de la idea de que solo una élite necesita una buena formación; al resto le basta con desarrollar destrezas laborales aplicadas, sin importar la formación general en saberes y destrezas intelectuales.

Xavier define el pedagogismo como la negación de la enseñanza y la encumbración del aprendizaje. En términos prácticos, esto significa socavar hasta la casi extinción el papel del docente, que ya no debe transmitir nada, sino facilitar que el alumno adquiera los conocimientos que desee y como desee. Al pasar de ser algo cuantificable a tener un carácter subjetivo, se intenta prescindir de la evaluación bajo la excusa de que es mejor evaluar el sistema y, sobre todo, se reniega de la búsqueda de resultados, los cuales se desprecian. Piaget y el constructivismo aportan una apoyatura pseudocientífica, con teorías que no se sustentan en evidencia empírica alguna. La idea de las inteligencias múltiples, por ejemplo, tan querida del posmodernismo y lanzada por Howard Gardner a principios de los 80, es, según Xavier, un disparate, al plantear que el que un individuo no aprenda nada queda compensado por lo que otros puedan aprender, pues el mundo funciona de manera cooperativa. Viene a significar que lo que uno no aprenda ya habrá otro que lo sepa, que es una forma de bendecir sin pudor alguno una sociedad de ignorantes.

Xavier es muy crítico con la enseñanza por proyectos. Quienes la defienden la rodean de parabienes. Muchos de quienes la sufren cuentan una historia distinta. En el sindicato han comprobado de cerca la diferencia entre colegios que enseñan por proyectos y otros que mantienen un sistema orientado a la transmisión de saberes. La diferencia de preparación de los alumnos es abismal. Para Xavier, trabajar por proyectos significa en la práctica hacer casi nada y tener a los estudiantes en el aula mirando el ordenador o el móvil, entretenidos, con el docente liberado de preocuparse por la convivencia o la falta de atención. Con ello se construyen inteligencias múltiples, o eso se afirma. Merche Marqués me comentaba, sin embargo, que sus hijos habían estudiado en esa modalidad y su adquisición de destrezas era muy alta. Xavier no se opone a que se realicen proyectos, de manera puntual y no como método único. Los que creen en todo ello se amparan, como pude comprobar en mi conversación con Merche Marqués, en que hay mucha *literatura*. Y probablemente la haya, pero eso de por sí no constituye una base científica. Hay muchos libros sobre cómo elaborar la mejor paella, pero eso no lo convierte en una ciencia.

A Xavier le han acusado de todo, sobre todo de fascista, aunque él se declara comunista de toda la vida. Le da igual, claro. Me cuenta que se acusa a las reválidas de franquistas, cuando las hubo en la II República y fue Franco quien las suprimió. La selectividad, tan alabada ahora por la izquierda oficial, fue en cambio un invento de Franco. La inclusión de alumnos discapacitados, a los que no se puede segregar, me cuenta Xavier que la inventó Margaret Thatcher en el Reino Unido para ahorrar dinero. Aquí en cambio se nos ha vendido como progresista el que todos los alumnos estén en las mismas clases, sin mencionar los millones de euros que ello le ahorra a la Administración.

Pero a Xavier no le preocupan las etiquetas y sí la mercantilización creciente de la educación, que ni siquiera con Franco se daba. Con el Generalísimo, mucha escuela era religiosa y, en palabras de Xavier, «antigüita», pero no se había dado entrada al capitalismo desbocado. Con el mercado y el capitalismo surgen los nichos: quien quiere educación de calidad y se la puede pagar, la tiene. Quien quiere una educación vacua pero cara, también. Y quien no puede permitirse nada que el sistema público no le ofrezca, acudirá a una escuela débil e ineficaz, pero que alimenta el sistema capitalista mediante el servilismo a la tecnología y la innovación. De hecho, manejan estudios en los que se demuestra que las universidades están cada vez más llenas de alumnos de clase acomodada y menos de personas humildes. Y me advierte que no me deje engañar por el argumento de que aumentando la dotación presupuestaria se solucionan los problemas: en sus palabras, «esta mierda de sistema que tenemos nos cuesta carísimo».

Lo importante para Xavier es que se transmitan saberes y reniega de la importancia que ha adquirido la socialización, algo que el alumno hará en cualquier caso fuera del aula: en su entorno familiar, con sus amigos, en el parque, en la piscina, etc. Pero el aula está pensada para aquello que no se puede aprender, por ejemplo, en la piscina: desde Platón a la tabla periódica. También reniega del «alumnocentrismo» logsiano: solo busca, bajo disfraz buenista, desempoderar al alumno bajo pretexto de colocarlo «en el centro». Me divierte su término *teocnología*, es decir, esa creencia fanática en la tecnología salvadora que ha usurpado el poder de Dios y que no solo nos hace felices, sino que vela por nuestro bienestar. También recela de quienes dicen que debemos enseñar a ser felices. Estamos asumiendo un rol que no nos corresponde como docentes: y no, no estamos para enseñar a ser, como afirman muchos pedagogos. Es casi totalitario que el Estado y quienes trabajamos para él pretendamos saber y decidir lo que los ciudadanos deben ser. Me cita a Hannah Arendt, que en «La crisis de la educación» decía que el sistema educativo está para adquirir conocimiento del mundo y no para transmitir el arte de vivir en él.

Xavier menciona el caso finlandés: pese a que durante años fue un espejo en el que mirarse, hoy soporta la vergüenza de ser uno de los sistemas educativos más depauperados. Todo empezó con la desautorización del profesorado, afirmando que ejercía un papel represivo; la clase expositiva robaba protagonismo al estudiante y le impedía ser libre. En realidad, es lo primero que hacen los totalitarismos, aunque no esgriman razones: arrebatar autonomía al profesorado e instruirle en lo que debe enseñar y cómo. Y es el objeto de la LOMLOE: crear docentes clónicos y un modo único de enseñar. El paraíso educativo finlandés se encuentra ahora lidiando con problemas de todo tipo: una convivencia fracturada en las aulas y varias generaciones de estudiantes con una preparación ínfima.

El vaciamiento de la enseñanza es algo de lo que muchos pedagogos presumen. Xavier me relata la siguiente anécdota: tras la victoria de su sindicato en las últimas elecciones, fue entrevistado por *El Punt Avui*. Les habló de muchos de los temas que también trató conmigo: la necesidad de contenidos, exigencia y esfuerzo y el disparate que en su opinión suponen los ámbitos. El titular era «Xavier Massó: "Nos están llegando alumnos a la ESO que no saben leer ni escribir"». Jaume Funes no perdió el tiempo y le replicó a través de otro artículo que el medio, afín a los partidos nacionalistas catalanes, título «Jaume Funes: "No saben leer ni falta que les hace"».

Me permito una digresión a cuenta de lo anterior. Tenemos que pensar que el *establishment* incluye también a los medios de comunicación, en su gran mayoría altavoces de la política oficial y, de manera indirecta (o no tanto), del *establishment* financiero. Me contó Enrique Galindo que Olga Sanmartín le hizo una entrevista en *El Mundo*. Esta periodista se ha ganado fama de comprometida con la mejora de la educación, pero Enrique le hizo un comentario que indirectamente afectaba a los medios de comunicación. Olga le dijo que eso no podía publicarse. ¿Permite el sistema algo de crítica, pero no demasiada? ¿Hasta dónde existe la libertad de expresión y cómo saber cuándo hemos llegado al límite de lo que se puede decir? Olga Sanmartín ha ignorado todos y cada uno de mis intentos de hablar con ella.

Al respecto de los medios, el 20 de mayo de 2023 el programa de RNE dirigido y presentado por Pepa Fernández incluía una tertulia sobre los datos conocidos en esa semana acerca de las dificultades de comprensión lectora que presentan los escolares españoles. En la tertulia participaban una profesora de Derecho de la Universidad Complutense (cuya vinculación con el tema nunca se precisó), el filósofo José Antonio Marina y el periodista Andrés Aberasturi. El segmento se abría con un audio de Gregorio Luri en el que este se refería a la situación como «emergencia nacional». La conductora se apresuraba a relativizar la gravedad del tema, preguntándole a Marina si estaba de acuerdo. Este ignoraba la pregunta y se lanzaba en cambio a disertar sobre la lectura como actividad que integra informaciones de diferente tipo en un sentido único. La idea reviste interés, pero era completamente ajena al tema que se debatía. En realidad, es una actitud habitual en este popular filósofo, que puede decir una cosa o la contraria según le convenga en cada momento o según lo que quien le invita quiera escuchar. Parece moverse por conveniencia personal y no por un posicionamiento claro. Muchos de los entrevistados desconfían de su supuesta equidad y creen que es puramente estratégica.

Intervino a continuación Andrés Aberasturi para explicar que la culpa del problema es de quienes escriben, que no logran hacerse comprender. O sea, la culpa no es de los chicos, sino de quienes redactan los textos. Sigue explicando con gran condescendencia que él no va a atacar la lectura (*El País* llevaba varias semanas haciéndolo). Pero explica que cuando leyó *Patria*, de Fernando Aramburu, no entendió nada; en cambio, lo entendió todo cuando vio la serie. Esto, según él, nos habla de un cambio de paradigma en el que leer y entender no es tan importante mientras tengamos a Netflix para descifrarlo visualmente, o a HBO, que fue quien produjo la serie. Imagino que, por la misma lógica, debemos dejar de leer poesía y esperar que Netflix lo haga por nosotros. Y no hablemos de otro tipo de libros. Aberasturi afirma que hay conferencias magníficas en internet y con eso nos basta. O sea, la lectura es una actividad obsoleta y sobrevalorada, lo que significa que el hecho de que los jóvenes ya no entiendan lo que leen dista mucho de ser preocupante. Ningún otro miembro de la tertulia le contradice.

Observen el papel tan nocivo de los medios como adláteres del oficialismo atontador. Que Aberasturi piense como acabo de explicar es irrelevante, en todo caso paradójico, pues ha llegado a donde está gracias a algo que quiere hurtar a generaciones futuras. Pero escucharle nos permite inferir que hay una conexión entre la pedagogía y los medios. Lo que expresa Aberasturi es algo que muchos pedagogos llevan diciendo años. Es también triste que un medio público, que debería dar voz a las diferentes posturas acerca de un tema de tanta importancia, cocine una tertulia en la que se nos viene a transmitir la idea de que el hecho de que la comprensión lectora sea cada vez más precaria es algo que solo ven como un problema gentes anticuadas, incapaces de darse cuenta de que leer es irrelevante en este mundo contemporáneo de beatífica tecnología. Siempre he admirado a Pepa Fernández, pero ese día casi dejé de hacerlo.

He preguntado a muchos entrevistados si creen que las cosas pueden estar comenzando a dar un giro. Nadie está muy convencido, pero Xavier ve signos de esperanza. En marzo de 2023 se produjo una manifestación masiva en Barcelona en contra de la pérdida de especialización del profesorado de secundaria. Se trataba de decenas de miles de profesores en la calle, que no pedían mejoras salariales, sino que se respetara su perfil profesional. Uno de los lemas era «Volem ensenyar». No deja de ser doloroso que haya que salir a la calle para pedir hacer aquello para lo que uno se ha preparado y para lo que le pagan. Quizás la LOMLOE ha sido la gota que ha colmado el vaso. También le llegan a Xavier noticias de otros países que no están tan mal como nosotros y donde se han empezado a producir reacciones.

Cataluña ha salido peor parada que el resto de España en todo aquello de lo que venimos hablando y allí las reformas han sido más radicales, quizás por una tradición marcadamente neoliberal que diferencia a este territorio del resto de España. Pero mucho de lo que se inició allí luego se ha exportado al resto. César Coll, al que hemos aludido anteriormente, es uno de los artífices del trasvase. Xavier reconoce que España no está exenta de una serie de tendencias globales, pero también cree que aquí nos hemos lanzado a los experimentos con fervor religioso, quizás como parte de esa paroxística expiación de los pecados del franquismo que algunos consideran moralmente indispensable y sanadora. En cuanto a Cataluña como avanzadilla de la renovación (o involución) educativa, cabe pensar que la razón por la que allí la contestación educativa es más acentuada es justamente por esa prisa en reformar, que ha ido de la mano del independentismo y la construcción nacional, asuntos vinculados coyunturalmente, pero que carecen de vinculación *per se*. Hay *lobbies* como Escola Nova 21, la Fundació Bofill y otros, con una financiación difícil de trazar, pero que actúan codo con codo con las administraciones para impulsar el desmantelamiento de la escuela como lugar de enseñanza. Miguel Ángel Tirado me contaba en Mallorca que a la isla llegan regularmente enviados de estas y otras fundaciones a impartir cursos para que profesores aborígenes, o sea, de Baleares, tengan herramientas para, como ellos dicen, «transformar» la escuela.

Resultadismo, evaluación del sistema y no del alumno, proyectos salvadores, inteligencias múltiples, socialización, felicidad, alumnocentrismo, tecnología, enseñar a ser y el comodín del franquismo para desacreditar a quienes discrepan son mantras que nos hemos vuelto a encontrar. Xavier abomina de una gran parte de la pedagogía, pero deja entrever que otra sí tiene sentido y rigor. Y este sindicalista catalán ha despejado algunas de mis dudas sobre la enseñanza privada. ¿Mejor o peor que la pública? Hay de las dos, a la carta, como en una sociedad de mercado que se precie: escuelas que enseñan y escuelas que entretienen. El problema es que la pública no ofrece opciones y va derivando hacia lo segundo. Los más humildes no van a poder elegir y eso dista mucho de ser progresista.

En el Museo de las Ciencias de Valencia me reúno con José Sabater e Irene Murcia. Enseguida se une Susana Navarro. Son parte de la quinta columna valenciana de disidentes y rebeldes. José lleva treinta y un años como profesor de física y química. Ha pasado por muchos centros y en la actualidad imparte clase en el IES Ramón Llull de la capital. Irene ha sido profesora de matemáticas, pero, por motivos de salud, se encuentra prejubilada. Empezó como docente en 1995 en Castilla-La Mancha y pasó posteriormente a la Comunitat Valenciana. Susana es también profesora de física y química, pero desde hace dos años está destinada en un centro de profesores, que en Valencia se denominan CEFIRE. Son muy distintos. José es tímido y reservado. Susana es un derroche de energía y optimismo. Irene es muy seria y, debido a su prejubilación, podría estar tranquila en su casa, pero no renuncia a seguir trabajando por la mejora de la educación, ayudando a compañeros que a veces no se atreven a expresar públicamente sus opiniones. Los tres forman parte del núcleo fundacional de OCRE (Observatori Crític de la Realitat Educativa). Empezó como grupo en una aplicación de mensajería en 2021, donde Irene colgó un decálogo contra los ámbitos educativos. Estos últimos se implantaron de forma pionera en la Comunitat Valenciana, con la idea de exportarlos posteriormente al resto de España. Aquel decálogo tuvo una inmensa respuesta y eso los llevó a plantear un frente de oposición más organizado. Al día siguiente de hablar con ellos, el Tribunal Superior de Justicia de Valencia admitía el recurso interpuesto por OCRE contra los ámbitos, decretando que no podían imponerse, como había pretendido hacer la Generalitat Valenciana gobernada por el PSPV y Compromís. OCRE empieza a tener afiliados en toda España. Llevan tres congresos con una nutrida participación, el primero en Valencia, el segundo en Barcelona y el último en Madrid en 2024.

Los ámbitos se implantaron bajo el pretexto de la pandemia. Se argumentó que, dadas las dificultades que afrontaban los alumnos de primaria al pasar a secundaria, recurrir a ellos en 1.º de ESO mejoraría la situación. Consistían en agrupar dos o tres materias e impartirlas de manera simultánea: o sea, desdibujar las fronteras entre asignaturas, justo lo que hemos visto repetidamente que constituye la siguiente fase en la primarización del sistema. Responde a esa hostilidad hacia los profesores de secundaria que hemos observado, con el conocido argumento de que lo importante no es lo que se enseña sino cómo se hace y que un docente tiene que ser pedagogo por encima de todo y no especialista. Como dicen José e Irene, es algo de naturaleza ideológica, aunque Susana apostilla que también existen razones económicas (es más barato tener profesores polivalentes) y logísticas: en especialidades como matemáticas faltan profesores, pero, enseñando por ámbitos, ya no serían necesarios expertos en esa materia mientras los haya en alguna otra afín. Además, tienen el aliciente añadido de vulnerabilizar aún más al profesorado (copio la expresión de

Chelo Pradilla): un docente obligado a impartir una materia que no domina a fondo es más probable que renuncie a enseñar o a exigir nada.

El maremoto de oposición contra los ámbitos que llevó a la denuncia de OCRE se gestó de manera artesanal. Irene se dedicó a ir recabando correos electrónicos de centros educativos de toda la comunidad al no conseguir un listado por parte de la Conselleria. Fueron muchas horas, pero gracias a ello pudo dirigirse de manera directa a muchas personas y transmitirles su punto de vista. Recibió cientos de adhesiones. Es verdad que ya en muchísimos claustros de la comunidad se había rechazado su extensión a 2.º de ESO: un 90 %, apunta Irene. Los ámbitos fueron un empeño personal, según me explican, de Miquel Soler i Gràcia, político socialista y matemático que fue director general de Formación Profesional con José Luis Rodríguez Zapatero y que había estado implicado en la implantación de la LOGSE. Desde 2015 venía ejerciendo como secretario autonómico de Educación y FP de la Comunitat Valenciana. Ha mandado mucho en educación, pero es una persona que no se caracteriza ni por su brillantez intelectual ni por su talante dialogante: como es habitual, lleva décadas sin pisar un aula.

En la Comunitat Valenciana el profesorado nunca ha querido manifestarse contra nada mientras gobernara el PSPV. Una gran mayoría acogió con ilusión su llegada a la Generalitat en 2015 tras años de gobierno del PP. Ocho años después, muchos se sienten defraudados. Susana admite que jamás les perdonará la traición. Tanto José como Irene y Susana se declaran de izquierdas. Se nota entre el profesorado, según me dicen, hastío. Un sistema que cada vez enseña y exige menos acaba agotando y erosionando la motivación de quienes aún son vocacionales. A quienes mejor les va es a los que muestran mayor grado de indiferencia. Los que pueden, se jubilan. Nadie quiere suspender, pero aprobar a chicos sin ningún conocimiento hace que la labor docente deba ejercerse sin rigor alguno. En 4.º de ESO se titula ya hasta con cinco suspensos.

Me hablan de un *establishment* opaco y ladino puesto en marcha por el aludido Miquel Soler, en el que figuran inspectores de educación, orientadores, pedagogos, muchos maestros (como la consellera hasta 2023, Raquel Tamarit, de Compromís y maestra por más señas) y también los directores de centro, que en la Comunitat Valenciana son elegidos directamente desde la Administración y ejercen como comisarios políticos. Ahora que mencionamos esta palabra, me viene a la cabeza Pedro Ruiz Morcillo, a quien expedientaron en una ocasión por utilizar esa expresión para aludir a un cierto equipo directivo que la Administración les había impuesto en su centro.

Creen muy grave que los maestros hayan acaparado todos los puestos de responsabilidad, desplazando a los profesores de secundaria, en general menos sumisos, más críticos y mejor formados. Son además maestros de la escuela de no exigir nada porque cada alumno tiene su propio ritmo, de inflar las notas, aunque los estudiantes no sepan nada, y de centrarlo todo en las emociones. Veneran lo competencial, aunque esto último suele significar tener a los chicos entretenidos en clase haciendo cualquier cosa banal. Así producen masivamente mano de obra barata para los numerosísimos chiringuitos de la costa. Esto último son palabras textuales de Irene, José y Susana, aunque los pedagogos lo disfrazarían de cientifismo falaz.

Ninguno de mis tres contertulios tiene gran cosa que ganar a nivel personal. Susana e Irene ya no imparten clase y José está a un paso de la jubilación. Pero sienten una obligación hacia el profesorado más joven, del cual hay mucho afiliado en OCRE. Han conseguido crear una comunidad y que esas voces que antes o no se escuchaban o se escuchaban de manera muy tenue ahora tengan más eco. Susana se muestra sorprendida del miedo que algunos funcionarios tienen a decir lo que piensan cuando la razón de ser del funcionariado es poder oponerse a quien manda si es necesario, sabiendo que su obligación es servir a la sociedad y no a intereses políticos o económicos. Pero a unos les da igual y otros no quieren experimentar la más mínima incomodidad.

Me hacen una interesante distinción que hace saltar por los aires muchos mantras. Distinguen entre didáctica y pedagogía y me dicen que en absoluto desprecian lo primero. Es necesario aprender a enseñar y hay técnicas y metodologías útiles. El problema está en la pedagogía, que no pertenece al ámbito profesional, sino al de la ideología, una ideología que preconiza la felicidad y la hipertrofia de las emociones, pero que solo beneficia a unos políticos indocumentados, mediocres, ignorantes, que piensan que un sistema educativo ideologizado, es decir, gobernado por la pedagogía y no por la didáctica, es más fácil de controlar y de emplear para sus propios fines.

Irene introduce una nota de amargura en la conversación al afirmar que hay compañeros tan conformistas que acatan cualquier cosa que les venga impuesta asumiendo que, si se impone, es porque está avalada por algún criterio científico. Por otro lado, las nuevas metodologías en muchas ocasiones permiten aulas de alumnos ensimismados con la tecnología y, por tanto, relativamente tranquilas, y a muchos les resulta más cómodo tragar con eso, se aprenda o no, que tener que lidiar con chavales que interrumpen o no prestan atención.

En un momento de la conversación les hablo de la enseñanza privada y les pregunto si puede ser una solución. No quieren ni oír hablar de ella. José, que ha sido el que ha permanecido más callado, interviene para afirmar que lo que el país necesita no es eso, sino un sistema público para todos, pero de calidad. No están a favor de una total autonomía de los centros y la única manera en que verían aceptables los centros privados es si están bajo un control férreo de la Administración. No les gusta que exista una buena educación para las élites y una *low cost* para los demás. Irene tiene una opinión incluso peor sobre la concertada: es un reducto de los años en que España no tenía todas las escuelas que necesitaba. Ya existen y no es asumible que un centro que funciona privadamente esquilme las arcas públicas para conseguir con ello beneficios económicos.

Terminamos la conversación con un asunto clave para OCRE: los ámbitos son un atentado frontal contra la libertad de cátedra, que debe ser defendida hasta sus últimas consecuencias. Ningún político ni ninguna ley tiene derecho a decirle a un docente cómo enseñar ni obligarle a hacer propaganda o adoctrinamiento ideológico. Lo protegen explícitamente la Constitución española en su artículo 20 y la Carta de Derechos Fundamentales de la Unión Europea en su artículo 13. Si permitimos que nos digan cómo enseñar, estamos permitiendo la entrada de los políticos en las aulas. Y hay que pelearlo en los tribunales si hace falta.

Conseguí también entrevistarme en Málaga con el representante de otro sindicato, nuevamente fuera de la órbita de los oficialistas. Juan Antonio Bravo preside APIA (Asociación de Profesores de Instituto de Andalucía). Natural de Córdoba y periodista de formación, ha desarrollado su carrera como docente de la especialidad de Lengua y Literatura. Actualmente trabaja en un centro del barrio de Teatinos, zona de la ciudad que ha crecido alrededor del campus de la Universidad de Málaga.

APIA data de 2001. Si en el caso de OCRE fueron los ámbitos, en el de APIA fue la reivindicación de un sistema educativo que enseñe. Como OCRE, han puesto el acento en la transmisión del conocimiento como pilar básico de la educación. Tampoco han querido venderse al poder político. Juan Antonio me explica que desde el principio renunciaron a la liberación sindical con objeto de mantener su independencia, pese a presiones del sistema para integrarlos dentro de la maquinaria establecida. Saben que el sistema de liberados es una forma de presionar a los sindicatos y doblegar voluntades o meramente garantizar su silencio en los temas importantes. Según Juan Antonio, el hecho de que todos los cargos de APIA pisen a diario el aula les ayuda a no perder el contacto con la realidad educativa. Pese a todo, se consideran la aldea de Astérix: no tienen el apoyo entre el profesorado que les gustaría. Él lo achaca a una desmovilización e indiferencia generalizadas. Quizás les falta la energía y el empuje que he observado en Cataluña y la Comunitat Valenciana. Tampoco puede descartarse que se haya extendido el bulo de que APIA es un sindicato de ultraderecha y eso les reste afiliados.

Juan Antonio opina que la LOGSE y sus derivadas han conseguido que cada vez se enseñe y aprenda menos, a cambio de que los centros ofrezcan un servicio asistencial y recreativo para los chicos. Los padres son felices y los niños desarrollan su personalidad entre nubes de colores y corazoncitos en los murales. Las noticias que leemos en la prensa sobre agresiones, *bullying*, drogas o amenazas no nos hablan precisamente de equilibrio emocional, pero tampoco hay que dejar que la realidad, tan tozuda ella, estropee una bella mentira. En cualquier caso, lo anterior ha generado una eclosión de academias y centros privados que responden al deseo de muchas familias de que sus hijos reciban la educación de calidad que los centros públicos les niegan. Juan Antonio me explica que las leyes educativas no han conseguido solo bajar la exigencia al alumno, sino también al profesor. Como no hay ningún sistema que compruebe el nivel o los conocimientos del estudiante más allá del propio docente, este no se siente obligado a enseñar si no lo desea. No es que todos renuncien a intentarlo, pero algunos sí lo hacen. Ese estereotipo del maestro mediocre, que solo piensa en las vacaciones, que se siente seguro en su puesto de trabajo y gana un sueldo razonablemente bueno no sería justo aplicarlo a todos los miembros de la profesión, pero tampoco es completamente una invención.

A Juan Antonio le preocupa lo público y le da pena que se esté desvirtuando. Ya no es de todos, sino de unos políticos que lo utilizan para defender sus propios intereses, sin visión de futuro ni altura de miras. Suelen, además, poseer la soberbia de creer que lo saben todo e ignorar a los profesionales. No confían en los médicos, no confían en los profesores y toman las decisiones sin tener en cuenta nada, a excepción de lo que les sugieren sus adeptos. Lo hacen por populismo, por desconocimiento o buscando agradar a los que ellos consideran «los suyos», es decir, los votantes.

Juan Antonio opina que se ha instalado la ideología de que repetir o suspender no sirve para nada y crea consecuencias emocionales gravísimas en el estudiante. Se refiere a ello como ideología, pues no hay evidencia empírica de que sea así. En efecto, me he encontrado docentes que me miraban sorprendidos cuando les preguntaba por los suspensos. Pero, como dice Juan Antonio, aprobar a un alumno que no ha trabajado, no ha aprendido ni se ha esforzado es enviarle un mensaje terrible: que la indolencia tiene una recompensa y el esfuerzo es una tontería. Hablamos también de innovación, que a él le parece útil y le ayuda en sus clases, aunque en la mayoría de los casos se abusa de ella. El profesorado comprometido siempre va a buscar formas de llegar a su alumnado y de motivarlo. Cada uno terminará quedándose con aquello que mejor le funcione, entre otras razones porque cada docente y cada grupo de estudiantes es diferente. Por eso, la innovación no debe ser un dogma ni una forma de uniformar al profesorado.

Sobre los cursos de formación, manifiesta la misma queja que muchos de los entrevistados: son inútiles y desprecian los contenidos. Pero Juan Antonio sigue impartiendo contenidos, y los alumnos, cansados de tanto entretenedor, lo agradecen. Muchos valoran que se les exija. Es entre los estudiantes y las familias donde, en su opinión, es posible hallar algo de lógica. No se va a encontrar nunca si miramos desde los inspectores hacia arriba: ahí solo queda ideología. En los centros que él ha conocido, el profesorado no es ferviente seguidor de la pedagogía oficial, aunque siempre tiene algunos adeptos, que suelen llevarse bien con la Administración y son reclutados en algún momento por ella. Sobre su propio centro, en el que lleva doce años, afirma que hay un buen equipo directivo que se toma en serio la educación.

Me pregunto de dónde saca las fuerzas Juan Antonio no solo para continuar con su labor docente, sino también para encabezar un sindicato. Cree que las cosas cambiarán. No sabe cuándo, pero llegará un momento en que la sociedad se rebele. Y siempre hay alumnos por los que merecen la pena todos los esfuerzos. Por otro lado, cree que el conocimiento sigue circulando, si no ya en los centros educativos y menos en los públicos, en internet. Algún día alguien lo devolverá al lugar que le corresponde.

Se acordarán ustedes de Juan Guzmán, al que entrevistamos en un capítulo anterior. Fue uno de los fundadores de APIA, precisamente, y la mayor visibilidad del sindicato la consiguieron cuando se rebelaron contra la ley de incentivos de un gobierno socialista de la Junta de Andalucía que pretendía comprar aprobados masivos a base de ayudas económicas. APIA sacó cientos de personas a la calle y se les unieron USTEA, CGT y otros sindicatos minoritarios. Los intelectuales les apoyaron y tuvieron un gran eco mediático. Con posterioridad, según Juan, hubo una división interna entre sectores muy conservadores del sindicato, los que le dieron la fama de sindicato de ultraderecha y otros que viraban hacia el centro-izquierda. Juan fue apartado cuando la primera de estas facciones se hizo con el poder.

Como muchos, Juan Antonio culpa a los políticos de lo que ha sucedido en la educación, pero también a algunos docentes. Esta acusación puede restarle afiliados a APIA, pero creo sinceramente que no puede llevarse a cabo un diagnóstico serio de los problemas sin incluir este factor. El optimismo de Juan Antonio es loable, aunque quizás falta un poco más de cohesión y estructura en el sindicato, que a lo mejor se beneficiaría de una mayor colaboración con otros de tipo OCRE o ASPECS.

6. 5. ¿HAY MÁS AGUJEROS NEGROS?

Tengo que confesar que en un momento dado me planteé que el último capítulo tratara la cuestión de la dirección de los centros como parte de ese tupido entramado de agujeros negros. Nos han dicho que la principal consigna de los equipos directivos es que lo que pasa en el centro se quede en el centro. También se pretende que la Administración esté contenta y burocráticamente bien alimentada. Lo que a estas alturas no tengo tan claro es que las consignas ideológicas calen en los equipos directivos de la forma en que lo hacen en otros colectivos. Gregorio Luri decía que si un profesor tiene un problema en un aula, solo tiene uno. Si lo comunica a la dirección del centro, deja de tener un problema y tiene tres. Pero, a raíz de lo que me han contado otros entrevistados, depende mucho de quién ocupe la dirección o la jefatura de estudios y no es siempre como dice Gregorio. Lo vivido en el IES Bécquer, por ejemplo, lo desmiente. No es que no ocurra como él dice, pero no es algo sistémico, sino consecuencia de las dinámicas internas de cada centro.

Les quiero presentar al último de mis entrevistados. José Luis Caro Pastor, licenciado en Filología Inglesa, ha pasado ya por varios centros de secundaria de la ciudad de Sevilla y localidades cercanas. Destacan sus nueve años en el IES Joaquín Romero Murube de Los Palacios, localidad agrícola a unos 25 kilómetros de la capital. Actualmente ejerce en el IES Chaves Nogales, situado en una zona periférica de clase media de la ciudad. José Luis llegó al centro al poco de haberse inaugurado y ha ido constatando cómo tanto el instituto como la zona se han ido llenando de nuevos vecinos y alumnos. Me explica que es un centro relativamente tranquilo. Aquí sí se observa esa función de la educación como «ascensor social»: los padres de los alumnos suelen ser familias jóvenes y muy interesadas en que sus hijos aprendan, por lo que suelen estar involucrados en su educación.

Hablamos de sus cuatro años como jefe de estudios, labor que acaba de dejar hace muy poco. En su opinión, es el cargo más complicado, más que el de director, pues es quien debe abordar los problemas en primera instancia. Es el puesto que más desgasta: está a medio camino entre los alumnos, las familias y los docentes, y nunca es posible contentar a todos. José Luis es una persona empática y eso explica mucho de lo que ahora referiré. Durante el tiempo en que mantenemos nuestra charla en una cafetería, se levanta varias veces a ayudar a personas mayores de mesas cercanas. Es de quienes ven siempre el vaso medio lleno. Pero también admite que a veces es por su talante, si bien su cerebro insiste en recordarle que en realidad está medio vacío.

La convivencia, admite, es cada vez más complicada, incluso en un centro supuestamente bueno como el suyo. Cree que las redes sociales tienen mucha culpa, magnificando problemas triviales a través de su reiteración virtual. La relación entre alumnos populares e impopulares es cada vez más dramática y en absoluto hemos conseguido las ansiadas armonía, felicidad y socialización plena que se nos anunciaban como recompensa por renunciar a exigencia y contenidos. El docente es cada vez más un gestor de emociones del alumnado, que igual consigue aprovechar algún momento para enseñar algo. A pesar de todo, los jóvenes aprenden, menos que antes, pero lo hacen. O sea, el sistema no es inoperante del todo. Y siempre hay un grupo reducido de estudiantes que buscan recursos fuera del centro y consiguen progresar. En el aire flota la expresión «pese al sistema», pero José Luis no llega a verbalizarlo así.

Está de acuerdo con algún que otro entrevistado en que no se pueden tratar de la misma manera la ESO y el bachillerato. La primera, al ser una etapa obligatoria, debe tener un listón asumible, pues los chicos que no titulen lo van a tener muy difícil para salir adelante. Pero, aunque esa bajada de nivel sea lógica y necesaria, la consecuencia es que se ha tenido que bajar el nivel de todo lo demás. O sea, la renuncia al rigor no afecta solo a los que titulan y abandonan, que lo hacen sin las herramientas deseables, sino sobre todo a quienes van a seguir estudiando, que sí necesitarán esas herramientas.

José Luis cree que su centro no destaca por ser tradicionalista, pero tampoco rompedor. Por utilizar una metonimia, la pizarra de tiza convive con la digital y ambas se usan, aunque los alumnos parecen desear que la primera se emplee con más asiduidad. Él personalmente cree que las nuevas tecnologías deben convivir con métodos más tradicionales, aunque en su caso ha incorporado con agrado los nuevos métodos y tecnologías y dice que le funcionan bien: tiene sus blogs, páginas web, etc. Pero tampoco piensa que haya que imponer la innovación. De hecho, opina que a los alumnos les viene bien tener docentes más tradicionales y otros menos. Esto, denuncia, es algo que las leyes educativas ignoran al pretender uniformar a toda costa. Hacen bandera de la diversidad, pero solo es la diversidad que a quienes promulgan las leyes les interesa.

José Luis explica que casi no quedan ya alumnos en estratos de aprendizaje intermedios. Hay una minoría de estudiantes muy buenos, generalmente de familias implicadas y con recursos para complementar su formación fuera del centro. Y una enorme masa de chicos a los que no les interesa nada. Ese segmento de alumnos, que, sin ser muy vocacionales, pueden ir mejor o peor según la calidad del sistema, casi ha desaparecido.

Le pregunto por el papel de las administraciones. No cree que tengan malas intenciones, pero necesitan cuadrar los números a toda costa. No puede haber muchos suspensos porque entonces se apresuran a presionar para evitar el fracaso, lo que no significa que se combata, sino que se tapa. Hay un gran cortoplacismo en los gestores políticos, que quieren contentar a los padres y que rara vez piensan en las consecuencias futuras que sus decisiones puedan tener. El objetivo es asegurar el voto en las próximas elecciones. Lo que pase dentro de diez años o de veinte no les preocupa lo más mínimo. José Luis no esgrime que la solución sea aumentar la exigencia. Lo ve como muy impopular y además una batalla perdida: exigir supone peores resultados y los políticos no quieren afrontarlos. Pero no hacer lo correcto para que los padres no se enfaden es una temeridad. José Luis tiene el corazón dividido: sabe lo que está bien, pero no ve que la solución sea sencilla. Esto cansa, afirma, y no solo a él, sino también a otros compañeros, impelidos a hacer aquello en lo que no creen, pero sin opción de nada más.

El profesorado, opina, es un colectivo sumiso en lo importante y muy crítico en la cafetería. No concibe una huelga por descontento ante un sistema educativo. Sobre la inspección, con la que he tenido ocasión de tratar en su desempeño como jefe de estudios, no tiene mala opinión. Hacen su trabajo y muchos de ellos tratan sinceramente de ayudar a resolver los problemas. Añade, sin embargo, que su cercanía al poder político es enorme. No son cargos políticos, pero están a un escalón de serlo.

José Luis es consciente de los problemas y también comparte con muchos otros cuál sería la solución, si bien no es catastrofista. Podríamos considerarlo posibilista.

En su discurso se nota cierta insatisfacción e incluso frustración ante la imposibilidad de mejorar las cosas. Pero es vitalista y eso le hace sobreponerse. Su opinión de los políticos, ya hemos podido verlo, es muy crítica. Pero no diría yo que un equipo directivo como aquel al que ha pertenecido deba colocarse al mismo nivel que colectivos anteriores, por lo que me reafirmo en que es más una opción personal de quienes en cada momento gestionan cada centro y probablemente también consecuencia de la idiosincrasia y el profesorado que los han elegido.

Tampoco tengo una postura clara en la cuestión de las familias. Susana Díaz opinaba que era un colectivo diverso: desde las muy implicadas a otras que no lo están en absoluto. Mercedes estaba de acuerdo con esa diversidad, pero creía que predominaban las que miman demasiado a sus hijos y opinan que obligarles a hacer nada que no deseen les hace sufrir. Han comprado el discurso de que todo tiene que ser, además, divertido. Ni la sobreprotección ni el abandono de los hijos son buenas opciones y casi son dos caras de la misma moneda: al abandonar al chico y no otorgarle el tiempo necesario puede operar algún tipo de sentimiento de culpa que se compensa con un exceso de protección frente a quienes desde fuera del ámbito familiar tratan de hacer lo que ellos no han hecho. Es algo que les recuerda su negligencia y su fracaso y ante ello reaccionan con violencia.

La participación de los padres y madres en la vida de los centros no ha sido un aspecto recurrente en las conversaciones, aunque sí ha hecho acto de presencia. Inger Enkvist, como vimos, era tajante en exigir que desaparecieran. Ricardo Moreno Castillo coincidía con ella. En opinión de este último, quieren influir en todo, incluyendo cómo se enseña y lo que se enseña. Los profesores nunca han sabido defender su profesionalidad y han claudicado para no parecer insensibles o que les tachen de autoritarios. Ya sabemos que estos dos conceptos aterran a una gran mayoría de docentes. Ricardo cree que las familias han comprado la jerga pedagógica. Educar es establecer límites, pero les han repetido tanto que eso traumatiza que muchos se lo han creído y no soportan que sus hijos deban enfrentarse a la más mínima dificultad.

No he conseguido que ningún periodista en activo quiera hablar conmigo, ni siquiera aquellos que han obtenido cierta notoriedad por dar cabida a voces críticas con el sistema educativo. Les mencionaré el caso de Diego Garrocho, profesor de Ética y Filosofía Política de la Universidad Autónoma de Madrid, que no quiso bajo ningún concepto hablar conmigo por encontrarse muy ocupado. Había conseguido cierta notoriedad por sus artículos sobre educación, pero fue elevado a director de opinión de un importante diario nacional y ahora vive refugiado en el silencio. Vi a Diego en la Feria del Libro de Madrid firmando ejemplares de su última novela. No había nadie y tuve tentaciones de acercarme y reiterarle mi invitación. Pero decidí pasar de largo.

Un último aspecto al que apenas he tenido acceso es la enseñanza privada. He hablado con algunos docentes, pero no me han permitido reproducir las conversaciones mantenidas. Temen represalias por opiniones que las direcciones de las que depende su empleo encuentren poco adecuadas. Y no puedo llegar a unas conclusiones razonables a base de entrevistas anónimas. A modo de apunte, hay cierta coincidencia en que las situaciones de falta de convivencia son menos habituales, no porque los estudiantes no puedan crearlas, sino porque se atajan con mayor rapidez ante el temor de que otras familias, que deben hacer frente a cantidades muy significativas para que sus hijos estudien, puedan culpar al centro de no ponerles freno. Otra cuestión que preocupa a los docentes es el excesivo servilismo de las empresas frente a la más mínima queja de un alumno. Se ha normalizado, al parecer, que un profesor que no consigue conectar con sus estudiantes debe ser expulsado sin contemplaciones. El nivel de exigencia depende mucho del centro: en los más prestigiosos ese nivel se mantiene y la preparación de los alumnos suele ser buena, hoy por hoy incluso mejor que en los centros públicos.

Sigo sin verlo claro, sin embargo. La mayoría de los colegios privados basa su publicidad en eso que venimos viendo que ha lastrado a los públicos: tecnología hasta la saciedad, enseñanza competencial y emotiva, enfoques lúdicos. A lo mejor es una forma de atraer clientes que han comprado el discurso dominante. Pero también puede ser que atribuyamos a los centros privados unas cualidades que no son del todo exactas, por el mismo pensamiento mágico que muchos docentes de primaria se consuelan pensando que los chicos que no aprenden nada en esa etapa tendrán que ponerse las pilas en secundaria, ignorando que en secundaria se aprende casi tan poco como en primaria. Por su parte, los profesores de secundaria creen que en la universidad es donde de verdad se mantiene el rigor, sin saber que a eso hemos renunciado hace ya mucho tiempo.

He recorrido buena parte de España con la única intención de entender mejor nuestra educación. Durante ese viaje no me he encontrado con ningún político o pedagogo haciendo el mismo trayecto. ¿No les interesa saber? ¿Quizás piensan que desde los despachos es donde mejor se ve la realidad? ¿Estará escondida entre los pliegues de la moqueta? Puede que ni siquiera les interese lo que opinan los docentes o las familias ni nadie que no les diga lo que quieren oír. A lo mejor piensan que la realidad es algo que solo está en sus cabezas y que no guarda relación alguna con la que perciben aquellos que pisan el aula a diario, lo cual es solo producto de una imaginación desbordante. En el viaje sí me he encontrado a algún inspector, pero pocos. Quizás a ellos tampoco les apetece preguntar demasiado. Y estas personas que no le preguntan a nadie, ¿en qué basan su triunfalismo? ¿En unos datos inexistentes (o que por lo menos no se dan a conocer)? ¿En la alegría de las familias al recibir las calificaciones de sus retoños y aferrarse a la falsa comodidad de que esas notas significan algo? ¿En una ceguera absoluta frente a la realidad?

Después de este viaje, sigo teniendo dudas, pero hay cosas que he conseguido ver con absoluta claridad. Una de las más importantes es que nuestro actual sistema educativo solo hace bien una cosa: tapar los problemas y transmitir la idea de que todo marcha correctamente. Las deficiencias o no se ven o no se admiten, pero el relato de cara al exterior es que dichas deficiencias son inventos de la «caverna mediática», de los «nostálgicos del franquismo» o de los que «ponen piedras en las ruedas». Si los problemas de convivencia amenazan el paraíso que vendemos, no pasa nada: para eso están los proyectos. Los alumnos, apenas supervisados, hacen lo que les parece en el aula y la indisciplina es así menos visible, que es al final lo que importa. ¿Se aprende con ellos o no? Eso es lo que menos preocupa al *establishment* educativo. Hemos oído despreciar los saberes por obsoletos y enciclopédicos y ya hemos explicado en este libro por qué no interesan. No he hablado absolutamente con nadie que crea que enseñar es solo exigir la memorización de una serie de datos descontextualizados. Pero el sistema nos repite por activa y por pasiva que las leyes educativas están para impedir eso, o sea, para impedir algo que nadie hace. ¿Qué son entonces los saberes o cómo los conciben los actuales docentes que se quejan de su relegación? Equivalen a tener conocimiento del mundo y entender la realidad que nos rodea, tanto desde las ciencias como desde las humanidades, mediante datos, por supuesto, pero sobre todo mediante la compresión de conceptos y fenómenos que posibiliten el pensamiento crítico. Para poseer saberes uno necesita entrar en comunicación con el pasado y entender de dónde venimos; eso nos hace personas cultas, conscientes e informadas que parece que no interesa que seamos.

Se nos dice que los alumnos carecen de algunos conocimientos comunes en el pasado, pero disponen de abundantes competencias. Es otra mentira. Por desgracia, no tienen ninguna de las dos cosas. No estamos ante una opción por lo competencial, como podría parecer, y que si fuera así tendría un cierto sentido y podría resultar útil en algunos contextos. Las competencias, en boca de los de siempre, son solo una forma de esconder la falta de cualquier tipo de enseñanza. Como son muchos más intangibles que los saberes, es más difícil constatar su ausencia: si le pregunta a su hijo quién fue Lope de Vega, lo sabrá o no. Pero si le pregunta si tiene capacidad de empatía, le conteste lo que le conteste, usted se quedará sin saber si la posee o no. Mientras más difuso sea lo que se dice que se enseña, mejor, porque menos constatable es si se posee o no y ya sabemos la alergia tan extendida a colocarnos frente a la verdad. Pero ¿son necesarias las competencias? Desde mi punto de vista lo son y complementan los saberes, pues permiten su puesta en práctica. Pero quienes de verdad creen en ellas son los buenos docentes, los que las exigen y enseñan desde el rigor y la seriedad, con objetivos claros y evaluándolas con equidad y precisión. Nada que objetar a las competencias bien entendidas, pero no a aquellas que flotan en el éter y se encuentran deslindadas de cualquier otra cosa. El no más resonante deben ustedes dárselo a quienes pretendan convencerles de que los chicos no saben casi nada del mundo en el que viven porque el sistema educativo ha decidido potenciar lo competencial: son dos cosas que pueden y deben adquirirse al unísono.

Enseñar ha sido el blanco de los ataques del *establishment* durante décadas y de hecho hemos conseguido que el término caiga en desuso y se haya sustituido por algo tan vago como *educación*. Esto último es un proceso que se produce de manera espontánea en el ser humano como resultado de su progresiva maduración. Nos educan las relaciones familiares y nuestros amigos, las películas que vemos, los libros que leemos, las interacciones a través de las redes sociales, las experiencias negativas y positivas a las que nos enfrentamos. Pero la escuela, al margen de una educación que es inherente al crecimiento, debe transmitir saberes y capacidades, que es justo lo que no pueden hacer los amigos, padres y abuelos o las redes sociales. Para eso existen unas personas que han dedicado los mejores años de su vida a formarse para transmitir todo ello, pero a quienes hemos decidido colocar bajo sospecha y arrinconar con el pretexto de no robar protagonismo al alumnado en su proceso de aprendizaje. ¿Por qué se ha hecho? Claramente porque el Estado, a través de un entramado muy cuidadosamente urdido, ha decidido que era mejor que él mismo, mediante leyes, inspectores, pedagogos, etc., sustituyera a los profesores, con su enseñanza basada en conocimientos y capacidades, por la inculcación de valores, aquellos que les puedan interesar al poder. Por ello, es urgente recuperar el papel fundamental del profesorado y reivindicar la enseñanza, con estrategias participativas y de implicación del alumnado, por supuesto, pero con docentes empoderados y con la responsabilidad de transmitir unos saberes. Esto último no es deseable sino exigible al cuerpo docente y debemos asegurarnos de que se cumple. No queremos en educación más farsantes, que, escudados en el protagonismo del alumnado, han encontrado en la no docencia una forma cómoda de ganarse la vida.

Otra cosa que tengo clara es que tenemos que hablar. Todos aquellos a los que verdaderamente nos importa la educación debemos sentarnos y tener una conversación sincera, sin excluir a nadie del debate, salvo a aquellos para los que la educación es solo un trampolín hacia otros lugares. Por desgracia, estos últimos han acaparado y secuestrado durante mucho tiempo el debate educativo, construyéndolo en términos binarios y antitéticos que les beneficiaban a ellos y a sus agendas, pero perjudicaban seriamente a todos los demás. Es hora de recuperar nuestra voz y nuestra agencia política para reclamar, exigir y promover cambios que nos permitan progresar y avanzar hacia un sistema más equitativo, sensato, respetuoso con la diversidad, inclusivo de verdad, parcialmente competencial y parcialmente basado en saberes, con didácticas probadas y útiles, sin dogmatismos y, por favor, sin políticos tomando decisiones que competen a los profesionales. Por profesionales de la educación no me refiero solo a los pedagogos, sino a todos los que nos dedicamos a esto. Bienvenidos los pedagogos sensatos y serios, pero basta de considerar que quienes ejercemos esta profesión no tenemos la más mínima idea ni de cómo enseñar, ni para qué, ni de cuáles son las necesidades de nuestro alumnado.

Abramos esos cajones casi oxidados (de no abrirlos) y afrontemos la tarea de identificar los problemas, no para revolcarnos en ellos, sino para tratar de resolverlos. De esa conversación debe surgir un discurso que, como primer paso, destape las falacias y mentiras que nos rodean, empezando por un lenguaje que complica o impide la comprensión de la realidad. Hay mantras por todas partes, también entre los que critican el sistema: por ejemplo, que la LOGSE es la responsable de todos los problemas. Que esa fuera la sensación en un primer momento es entendible. Más de tres décadas después obcecarse en ello es poco productivo. El problema es más complejo. De hecho, hay quien, siendo crítico, opina que la ley tenía aportaciones interesantes. Incluso en el momento de su aprobación la percepción generalizada era que el sistema necesitaba mejoras. Pero se actuó más desde la ideología que desde un análisis técnico de la situación. Importaba más parecer progresista que serlo y por eso, por ejemplo, la ley se cebó con la autoridad del profesor, que había que erradicar a toda costa, aunque eso creara unos problemas de convivencia descomunales. La ley tampoco llevaba adherida a sus costuras un desprecio a la especialización, pero sí trajo una ubicuidad de los pedagogos, votantes del PSOE y a quienes había que contentar. Como estos no sabían nada de contenidos, se lo llevaron todo hacia lo falsamente competencial y a un cierto *mayodelsesentayochismo* que ponía el foco en la felicidad, en adaptarse a los ritmos de los chicos, en no crearles traumas, etc. Los saberes concretos eran al parecer solo secundarios. Hoy día no son ya ni siquiera eso.

Muchos no le perdonan al PSOE lo que ha hecho con la educación. Pero hay que reconocer que este partido no ha escondido nunca cuál es su visión de la educación, lo cual es de agradecer, y por lo menos ha tenido una y ha sido coherente con la misma. Nunca ha admitido los fallos, pero eso es normal en política. El PP, en cambio, con sus periódicas bravatas sobre la cultura del esfuerzo, ha reivindicado un modelo educativo al tiempo que fomentaba o toleraba otro muy distinto. Existen excepciones, pero la tónica ha sido esa: callar, tragar y discrepar solo cuando llegaban las elecciones y sin entrar en ningún asunto medular. Ciudadanos fue continuista con el PP y quienes llegaron al partido con la esperanza de un nuevo discurso educativo se dieron de bruces con esa realidad y terminaron desencantados. A la órbita de Podemos solo le interesa introducir adoctrinamiento que contente a su nicho de votantes, pero la educación está claramente ausente de su ideario, para bien o para mal. ¿Cómo interpretamos este acuerdo tácito que algunos han calificado de pacto educativo no declarado? ¿Sumisión a un sistema económico que ya no necesita ciudadanos bien preparados salvo en cantidades ínfimas? ¿Mediocridad de unos políticos que solo piensan en las próximas elecciones y son incapaces de abordar políticas de estado como la educación? ¿Interés de los neoliberales por favorecer la enseñanza privada convirtiendo a la pública en la escuela de los pobres y los que jamás llegarán a nada? Y sí, es posible que sea una combinación de factores y que algunos de los responsables lo sean por acción y otros por omisión, necedad, estrechez de miras o comodidad. Existe ya bastante bibliografía sobre el proceso que nos ha traído hasta aquí y por eso quizás conviene centrarse más en propuestas para el futuro.

Hasta los docentes más vinculados al sistema confiesan que estamos ante unos niveles alarmantemente bajos, cada vez más. Hay poca conciencia de ello porque nada se evalúa ni controla. Siempre están las pruebas PISA, pero nos llegan sus resultados solo de vez en cuando, y el sistema se afana, días y semanas antes de que se publiquen, en cuestionarlas o relativizar cualquier cosa que sepa que PISA nos va a afear: si es la comprensión lectora, activamos la máquina mediática para cuestionar la necesidad de la lectura en los tiempos actuales. Pensemos en positivo: necesitaríamos más pruebas diagnósticas, pero por lo menos tenemos PISA, lo que no significa que uno no sienta envidia de aquellas naciones (la inmensa mayoría de las de nuestro entorno) en que el sistema es supervisado y en las que se vela por su calidad y eficacia. Pruebas diagnósticas, ¿para qué? En un ejemplo de pensamiento mágico sin parangón, el *establishment* ha concluido que el sistema es bueno porque decimos y creemos que lo es. Además, lo hemos creado nosotros. ¿Cómo va a ser malo?

Debemos plantear una reflexión profunda sobre la innovación y la digitalización. ¿Desterrarlas del sistema educativo? En absoluto. Tienen su utilidad. Pero hay que arrebatarles el protagonismo que el *establishment* les ha dado. Lo último que los chicos necesitan es más pantallas, pues viven en un mundo en que son omnipresentes. Como algunos entrevistados opinan, la escuela debe ser un remanso de paz, aprendizaje y reflexión en un mundo cada vez más violento y descerebrado. Lo digital es una fuente de distracción masiva de las cuestiones importantes, fomenta la dispersión, impide la concentración y estimula los conflictos y las divisiones acerca de cuestiones superficiales. En cuanto a la innovación, hay que conseguir que bajo esa rúbrica dejemos de incluir ocurrencias con las que los pedagogos construyen carreras académicas y que no tienen nada de innovadoras. Cualquier nueva herramienta debe venir avalada por estudios que prueben su efectividad y por mecanismos que permitan testar su efectividad. Y lo que funciona bien no hay que cambiarlo por algo de incierta utilidad pero novedoso. El sentido común nos dice que lo novedoso debe aplicarse a lo que no funciona.

Prácticamente todos los entrevistados coinciden en que mantener a los chicos de entre 12 y 16 años estudiando lo mismo es un error. Admitamos que quien tuvo la idea actuara con la mejor de las intenciones. Pero la evidencia demuestra que eso solo consigue que quienes no tienen interés por las materias que estudian se dediquen a entorpecer el avance de los demás. Ni ellos ni sus compañeros se benefician de estudiar todos lo mismo. El sector oficialista partidario de una enseñanza mínima esgrime que los itinerarios nos hacen menos inclusivos. Va siendo hora de denunciar a estas personas como negacionistas de la realidad y malabaristas de las palabras, que esconden mediante cabriolas lingüísticas lo que es una ideología que busca la mediocridad imperante y no soporta que haya grupos de chicos que avancen y destaquen. Quien realmente cree en la inclusión debe aportar recursos y ya hemos conocido la respuesta de las administraciones cuando estos se solicitan: más pantallas. Pero para que los alumnos menos interesados o con menor capacidad lleguen al mismo sitio, o sea, la verdadera inclusión, necesitamos legiones de profesores y orientadores. Y eso es caro. Pero muchos entrevistados y yo estaríamos de acuerdo en pagar más impuestos si se van a usar para ello. O recursos o itinerarios. Las demás fórmulas que se proponen son falaces y engañosas.

Hablando de falacias, ¿qué decir del comodín de Franco? Cada solución que no convence a los que mandan es tildada de franquista. Reclamar esfuerzo es fascista y retrógrado. La disciplina también lo es, pese a que signifique únicamente conseguir que en las clases reine el mismo clima que debe presidir cualquier grupo de personas que ocupan el mismo espacio: silencio, respeto mutuo y un ambiente de trabajo serio y ordenado. Pero defender esto es como aplaudir el Holocausto: hasta ese punto llega lo ideológico. Es demagogia, pero en una sociedad cada vez más vacua la demagogia funciona y la cultura del tuit hace que las acusaciones no necesiten argumentos. Las mentes débiles se lo creen todo. No sé cuál es la forma de combatir todo esto, pero creo que hay que armarse de valor. Y cuidado con asumir ciertas cosas. Daniel Arias Aranda se refería a una clase anárquica en la universidad como «una clase de instituto», normalizando lo que jamás deberíamos haber aceptado como normal.

Otra arma de atontamiento masivo es el bilingüismo. ¿Quién no quiere ser bilingüe? El problema es que se ha usado esa modalidad de enseñanza para falsear la realidad y decir que se pretende lo que, en las actuales circunstancias y con la excepción de un puñado de centros con el profesorado y los recursos necesarios, es imposible conseguir. Ni ha habido la inversión adecuada, ni se ha sabido cómo hacer, ni probablemente se pretendía que el bilingüismo fuera otra cosa que una herramienta de propaganda. No solo no tenemos alumnos bilingües, sino que hemos conseguido alumnos con menos conocimientos y destrezas a cambio de aprender algunos términos o expresiones en inglés. Otro ejemplo: el profesor acompañante parece una figura benéfica, radicalmente alejada del autoritario de antaño. Pero, como algún invitado ha demostrado en sus trabajos científicos, el docente que enseña es el que más empodera al estudiante; el que acompaña es el fiel servidor de una pedagogía que solo busca inculcar ideología. Salgan corriendo cuando les digan que vivimos en un momento de cambios en el que no sabemos cómo va a ser el futuro. Decir tal perogrullada es la antesala de algo que se nos dirá después y que tendremos que acatar como dogma de fe. En educación se utiliza para justificar que no se enseñe. ¿Para qué? Todo lo que se aprende se vuelve pronto obsoleto, que es la mayor estupidez que he oído jamás, pero que es una frase que la mediocridad que domina la educación tiene siempre en la boca. Motivar, dinamizar y aplaudir. Lo primero, motivar, es una verdadera obsesión. Y es bueno que el aprendizaje resulte atractivo y ameno. Pero se motiva también siendo exigente, porque el alumno que sabe que se espera mucho de él y que percibe su propio avance también se siente motivado. Y hay alumnos inmotivables, digan lo que digan. Dinamizar es otra prioridad y es verdad que hay momentos en que es necesario, pero no todos. La enseñanza exige pausa y reflexión y tanto dinamismo es contraproducente. Aplaudir está bien cuando uno se lo merece, pero cuando a uno le aplauden por todo lo que hace… ya se lo imaginan.

Lo mejor que podría habernos pasado es que los problemas hubieran surgido de manera natural y que la educación se hubiera deteriorado sin una intencionalidad. En ese caso sería relativamente sencillo identificar los problemas y buscar soluciones. Pero la cosa es mucho más complicada. La educación se ha convertido en un crisol de intereses y agendas no declaradas, con actores poco claros, posturas muy dogmatizadas e ideologizadas y nulo interés por escuchar las aportaciones del otro. Y no se trata de falta de capacidad de diálogo, sino de algo incluso más complejo de afrontar. Para empezar, no se dialoga cuando uno tiene justo aquello que desea y aceptar que cambie supone una afrenta contra los intereses propios y pone en riesgo lo que se ha trabajado durante años para conseguir. Hay un sector muy poderoso encantado con esta deriva y que no tiene la más mínima intención de permitir que se les mueva de la silla. La pedagogía forma parte de ese sector, aunque las personas con las que he hablado me dicen que hay una investigación pedagógica útil pero minoritaria y que donde está la gallina de los huevos de oro es justamente en la que no lo es: la basada en ocurrencias y en agradar a los políticos y al tejido económico, la que se vende como progresista y es profundamente involucionista, la de los collares de macarrones, los proyectos y las narices de payaso, disfrazada de bonachona y divertida, pero que amenaza con llevarse todo por delante. Los propios pedagogos serios y razonables aborrecen de ella, aunque tampoco se atreven a combatirla porque saben que es la que se ha instalado en los cenáculos de poder y es inexpugnable. De hecho, en ninguna Facultad de Educación se enseña a nadie que sea crítico con el actual sistema educativo, en una parcialidad impropia de una institución universitaria.

Esa pedagogía atontadora es la que ha primarizado la secundaria, la ha vaciado de contenido y es la que amenaza con primarizarla aún más borrando del mapa a los especialistas y desterrándolos si acaso al bachillerato o al desempleo y reemplazándolos por más pedagogos. Ahora vienen a por la universidad, que ya han primarizado todo lo que han podido. Es el momento de decir basta y de plantar cara a este intento burdo de convertir todo en un gran jardín de infancia. ¿Qué es sino todo el énfasis en los proyectos integrados o los ámbitos de aprendizaje? Suenan bien, pero son una vuelta de tuerca a desdibujar las especialidades, enseñándolo todo y nada al mismo tiempo mientras uno se revuelca en una facilidad pringosa por todo el azúcar que hemos puesto en ella. Hay que seguir denunciando todo esto, pero conviene también volver la mirada a otros modelos pedagógicos que están surgiendo a nuestro alrededor y que se basan en la ciencia y no en la ideología. Hay que potenciar esa pedagogía, aprender de ella y poco a poco dar la espalda a la otra, la que domina la mayor parte de la formación del profesorado y los CEP.

Para escribir este libro, he intentado aprender también de aquellos que no piensan igual que yo. He aprendido que no hay que estigmatizar ningún método de enseñanza, por esotérico que a uno le pueda resultar, si quien lo emplea lo hace con rigor y exigencia y buscando la mayor cantidad posible de aprendizaje, y no meramente entretener o presumir de moderno. A cada docente le puede venir bien un método distinto y hay que respetarlo. Pero también hay que respetar a quienes, igualmente desde el rigor, la seriedad y el compromiso, quieran mantenerse apegados a metodologías de las llamadas tradicionales y que a veces lo son menos de lo que parece. La diversidad de estrategias de aprendizaje que conviven en un sistema educativo es una garantía de salud de ese sistema. No pasa nada por que en un centro convivan diversos estilos de aprendizaje. Los chicos aprenden más y mejor y esa gama de enfoques les permite construirse como individuos. La homogeneidad y la estandarización son enemigos de una educación de calidad. Se me ha pasado por la cabeza que una mayor autonomía de los centros podría ser buena idea, de manera que cada uno desarrolle un modelo propio, más innovador o más tradicional, o un modelo híbrido que respete la idiosincrasia de cada docente. Eso haría que las familias tuvieran posibilidad de elegir. Y, sobre todo, sabrían lo que hacen sus hijos, cómo y para qué. Uno de los principales problemas del sistema es el divorcio existente entre la sociedad y la escuela y el hecho de que, por culpa de los mantras y la demagogia, muy pocas familias sepan ni cómo ni para qué se está educando a sus hijos.

No dejen que les convenzan de que el problema está en la manera de enseñar si de lo que les hablan es del binarismo educación tradicional o innovadora. Es un latiguillo de políticos y pedagogos, pero no se corresponde con la realidad, donde los métodos de enseñanza no son dos, sino muchos. Ninguno es bueno o malo en sí mismo, sino en función de cómo y para qué se utiliza. Pero el *establishment* necesita cabezas de turco para explicar las escasas disfunciones que admite. Si en los centros se respira un mal ambiente es porque el profesorado no innova ni entiende a los chicos. Claro, con esto evitamos un análisis sosegado de los problemas, en el que ese *establishment* tendría muchas vergüenzas que esconder y una historia de uso partidista e interesado de la educación que provocaría estupor en muchos ciudadanos. Dejemos también de pensar que esto es una confrontación entre conservadores y progresistas. La crítica a la educación es lo más progresista que en estos momentos podemos encontrar en la sociedad, no solo porque venga de personas que se definen de izquierda en su mayoría, sino porque busca el empoderamiento de los más desfavorecidos y una educación que no solo los contente y apacigüe, una que los remueva, les obligue a enfrentarse a retos y a superarse a sí mismos incluso si eso les genera algo de sufrimiento. Pedir esfuerzo y exigir resultados es lo realmente progresista. Para vender felicidad facilona e inmediata ya tenemos a todo el sistema capitalista, a Primark, a Zara y a Ikea.

Es urgente sentar a las familias y los alumnos y defender la educación de los ataques explícitos e implícitos de quienes no creen en ella. No se trata de sustituir un adoctrinamiento por otro, sino de aportar claves que las familias no tienen por qué conocer. He podido comprobar en mi viaje que hay mucho sentido común en la sociedad, mucho más que en el *establishment* educativo, y podría ser un gran aliado a la hora de que los ciudadanos de a pie recuperemos la educación que nos han arrebatado. Es fundamental atacar con toda nuestra artillería los binarismos del, como dice Mariano del Mazo, «búnker pedagógico». Un sistema casi totalitario, en nombre de la diversidad, se muestra obsesionado por cercenar cualquier atisbo de diversidad en la manera de enseñar y conseguir docentes clónicos que no enseñen, pero que sean grandes maestros de la simulación.

Hay que prestar atención al profesorado. No son necesariamente las víctimas inocentes que yo pensaba. Algunos docentes, quizás bastantes, sean víctimas, pero otros son colaboradores, por miedo, cobardía, indiferencia, comodidad, mediocridad o en algunos casos por las prebendas que puede llevar aparejadas mantener la boca cerrada, mirar para otro lado y pretender que todo va bien. Y es que quien quiere trabajar poco tiene un sistema perfecto a su alcance: mientras apruebe a todo el mundo, nadie jamás le cuestionará nada y, como no hay una exigencia de aprendizaje ni nada que controle lo que ocurre en el aula y si se enseña o no (más bien, el control se ejerce para que no se enseñe), la vida del vago es muy cómoda. También hay que prestar atención a la primaria, que, como me han repetido, no exhibe problemas tan acusados a simple vista, pero es donde los posteriores se están cociendo a fuego lento.

Hay quienes creen que todo está arrasado por los renovadores y quienes opinan que todo sigue igual que siempre —claro, en el fondo la falta de transparencia del sistema hace que veamos fantasmas donde no los hay, unos y otros—. Quizás ni todo es como antes ni todo ha cambiado radicalmente. No en todos los centros se producen batallas encarnizadas entre ambas partes u hostigación a quienes enseñan de un modo u otro. Los hay respetuosos con la diversidad y en los que impera el sentido común. En aras de un punto intermedio, algún invitado como Julio Carabaña me decía que convenía dejar a un lado de una vez las falaces metodologías de amplio espectro, tan queridas por algunos pedagogos, y reivindicar las didácticas específicas en las que se integran contenidos y metodologías y que además son menos ideológicas, y por tanto menos controlables por el poder político. Otro asunto que genera bastante consenso es que la ESO es donde se concentran los problemas y no tanto por su obligatoriedad, a la que pocos objetan, sino por la insistencia en la uniformidad de la misma. Creo que añadir mayor diversidad, reversible, naturalmente, es un clamor de casi todos.

Casi nadie defiende la disolución de saberes y especialidades y la mayoría considera que esta es la dirección actual. Hay que ser conscientes de que la próxima batalla tendrá lugar por la obligatoriedad de cursar Ciencias de la Educación a todos los docentes de secundaria. Sepamos esto y adelantémonos a algo que aún se está fraguando y que tengo la sensación de que genera algo de recelo entre los políticos por las reacciones adversas que pudiera suscitar y por el miedo a tomar una medida que despierte masivamente a ese profesorado dormido (ya ha sucedido en Cataluña y en la Comunitat Valenciana). Mientras antes reivindiquemos los saberes y su importancia para cualquier enseñanza competencial, mejor. Y ello lleva aparejado que el profesorado recupere la capacidad de exigir unos estándares, por los que los inspectores deberían velar. Este es otro aspecto con el que todo el mundo estaría de acuerdo: la despolitización de la inspección y que esta vele no por cómo se enseñe, sino por que se enseñe, lo que sea, pero que se enseñe. Para ello habría que buscar la forma de modificar los aspectos de la LOMCE que burocratizan la evaluación hasta el punto de que el profesorado deja de tener la capacidad de establecer las calificaciones y se cede tan importante asunto a un algoritmo.

No se me quita de la cabeza la cuestión de las familias. Hay que dirigirse a ellas y explicarles que es muy posible que los aprobados de sus hijos no signifiquen nada y que hace tiempo que aprobar ya no es sinónimo de aprender porque se consigue mediante coacciones directas o indirectas al profesorado. Paradójicamente, un suspenso puede ser lo mejor para su hijo, porque le obligará a trabajar más: eso de que cada uno avance a su ritmo es de nuevo una estrategia para abdicar de nuestra responsabilidad de enseñarles a todos. En línea con lo anterior, conviene alertarles de este nuevo intento de arrebatarles la posibilidad de tener profesores especializados en sus materias y sustituirlos por otros que no tengan nada que enseñarles, pero les mantengan entretenidos. ¿Serán todas las familias sensibles a ello? Me dicen que no: que a muchas les da todo igual. Pero también las hay comprometidas y otras son víctimas de una estafa de la que ni siquiera son conscientes. Son a estos dos últimos grupos a los que debemos dirigirnos.

David López Sandoval me decía que la oposición a esta educación tan necesitada de reflexión, de hablar entre nosotros, de escucharnos, de implicar a las familias (de verdad, no solo para ver de qué color pintamos la cancha de baloncesto) no está en los libros que escribimos, sino en esos profesores que, sin decir una palabra ni alzar la voz, continúan enseñando. Sin duda es cierto. Cuando un aula se cierra, se crea un «agujero negro», en palabras de Alejandro Tiana, dentro del cual es posible que siga produciéndose enseñanza y aprendizaje. Pero no podemos quedarnos ahí. Algunos de esos docentes se irán jubilando y otros puede que en algún momento sucumban a las coacciones del sistema, que llegan por tierra, mar y aire. Con los proyectos las aulas deberán abrirse a que en ellas haya varios maestros. ¿Todos serán sensatos? ¿O aprovechará el sistema para crear una policía política que se infiltre en las aulas y saque a la luz a esos disidentes de David López Sandoval? No lo sé. Pero tengo claro que debemos actuar y desvelar situaciones que casi nadie advierte fuera del ámbito educativo, pero que deben conocer porque este no nos pertenece a nosotros, sino a toda la sociedad. Y tenemos que hacerlo antes de que sea demasiado tarde. El viaje ha concluido. Ahora comienza la tarea.

Brief
Editorial